STUDIENBÜCHER GEOGRAPHIE

Herbert Kirsch, Richard Maurer
Werner Schmidt-Koehl, Kurt Schulz, Otto Völzing

Fachbegriffe der Geographie

Band 2: L–Z

VERLAG MORITZ DIESTERWEG
Frankfurt am Main · Berlin · München

VERLAG SAUERLÄNDER
Aarau · Frankfurt am Main · Salzburg

CIP-Kurztitelaufnahme der Deutschen Bibliothek

Fachbegriffe der Geographie
Herbert Kirsch. [Ill.: Jürg Wagner].–
Frankfurt am Main, Berlin, München : Diesterweg;
Aarau, Frankfurt am Main, Salzburg : Sauerländer.

Bd. 2. L–Z. – 1981.
  (Studienbücher Geographie)
  ISBN 3-425-05162-8 (Diesterweg)
  ISBN 3-7941-1705-0 (Sauerländer)

Herbert Kirsch, Richard Maurer, Werner Schmidt-Koehl,
Kurt Schulz und Otto Völzing
Fachbegriffe der Geographie
Band 2: L–Z
Reihe: Studienbücher Geographie

Illustrationen: Jürg Wagner

Bestellnummer: 5162

ISBN 3-425-05162-8 (Diesterweg)
ISBN 3-7941-1705-0 (Sauerländer)

1. Auflage 1981

© Verlag Moritz Diesterweg GmbH & Co., Frankfurt am Main
Verlag Sauerländer AG, Aarau

Alle Rechte vorbehalten. Die Vervielfältigung auch einzelner Teile, Texte oder
Bilder – mit Ausnahme der in §§ 53, 54 URG ausdrücklich genannten Sonderfälle
– gestattet das Urheberrecht nur, wenn sie mit den Verlagen vorher vereinbart
wurde.

Satz: acomp, Wemding
Druck: aprinta, Wemding
Bindearbeiten: Großbuchbinderei Monheim, Monheim

Vorwort

Die Neugestaltung der Lehrpläne, insbesondere im Oberstufenbereich der weiterführenden Schulen, und die geänderten Studiengänge an den Hochschulen werfen die Frage nach einem Lehrbuch auf, in dem die Inhalte der neuentwickelten Curricula abgedeckt sind. Gerade in der Geographie, deren Entwicklung im zurückliegenden Jahrzehnt nicht nur durch eine intensive Methodendiskussion, sondern vor allem auch durch die Einbeziehung oder stärkere Gewichtung neuer Sachbereiche gekennzeichnet ist, erscheint diese Frage noch nicht gelöst.

Der Schüler möchte die Grundlagen des Faches Geographie in übersichtlicher Anordnung, in konzentrierter und dabei doch problemorientierter Darstellung sowie in einer der Schwerpunktbildung innerhalb des Faches entsprechenden Auswahl verfügbar haben. Die Autoren des vorliegenden zweiteiligen Buches – alle selbst Mitarbeiter der Fachdidaktischen Kommission Geographie im Saarland für die Sekundarstufe II – nahmen dieses Bedürfnis des Schülers zum Anlaß, die fachlichen Grundbegriffe der Geographie zusammenzustellen und aus dem Problemzusammenhang heraus, in den sie durch ihren Stellenwert innerhalb der Curricula gerückt sind, zu erklären. So ist das Studienbuch „Fachbegriffe der Geographie" mehr als eine Reihung isolierter Definitionen; es erlaubt durch die fallstudienartige Ausarbeitung zentraler Begriffe und durch zahlreiche Querverweise ein Einlesen in aktuelle Grundfragen des Faches; damit bietet es sich auch dem Geographiestudenten, vor allem in den Eingangssemestern, als Studienhilfe an.

Die Orientierung an den gültigen Lehrplänen erfordert zwangsläufig eine Filterung der Fachinhalte in dreifacher Hinsicht:

1. In Entsprechung zur Entwicklung der Fachwissenschaft wurde biogeographischen und sozialgeographischen Fragestellungen ein breiterer Raum gewährt, als sie ihn im herkömmlichen Geographieunterricht hatten.

2. Die Frage nach der gesellschaftlichen Bedeutsamkeit der Lerninhalte führt zu der gleichen Schwerpunktbildung, denn die drängenden Fragen der gegenwärtigen Menschheit sind sozialökonomische und ökologische Fragen.

3. Die Ausrichtung auf eine bestimmte Zielgruppe (Oberstufenschüler) erfordert bei der gebotenen umfangmäßigen Begrenzung des Buches den Verzicht auf rein regional bedeutsame Begriffe der Länderkunde wie auch auf topographische Bezeichnungen überhaupt. Zugleich ergibt sich daraus die Aufgabe, den Anspruch einer wissenschaftlichen Darstellung mit der Forderung nach Anschaulichkeit und leicht faßbarer Begrifflichkeit zu verbinden.

Im übrigen konnten aus Raumgründen die instrumentalen Grundlagen der Geographie (Kartographie, mathematische Geographie) nicht aufgenommen werden.

So kann das vorliegende Buch nicht ein umfassendes geographisches Lexikon ersetzen; wohl aber wird es in der Lage sein, das Grundwissen der Geographie leichter verfügbar zu machen und in grundlegende Fragestellungen einzuführen.

Die alphabetische Anordnung erlaubt ein rasches Auffinden des gesuchten Begriffes. Damit der Text nicht in eine Vielzahl kurzer Einzelerklärungen zerfällt, sind nur Kernbegriffe mit eigenen Kapiteln ausgeführt; untergeordnete Begriffe sind in der alphabetischen Ordnung nur genannt und mit einem Hinweis auf das Stichwort versehen, unter dem eine Erklärung zu finden ist. Dort ist der gesuchte Begriff durch Kursivdruck hervorgehoben. In den Kapiteln wird durch Pfeil (→) auf solche Stichworte hingewiesen, unter denen für das Verständnis notwendige Erklärungen oder zusätzliche Ausführungen zu dem betreffenden Sachverhalt zu finden sind.

Begriffe, die die Darstellung von Systemzusammenhängen erfordern, sind fallstudienartig ausgeweitet, z. B. ,,tropischer Regenwald" als Beispiel für ein naturnahes Landökosystem oder ,,Rheinisch-Westfälisches Industriegebiet" als Beispiel für die Entwicklung eines industriellen Ballungsraumes.

Die Verfasser hoffen, mit dem vorliegenden Buch einen Beitrag dazu zu leisten, daß das Fach Geographie den Platz behauptet bzw. wiedergewinnen kann, der ihm aufgrund seines Bildungswertes zukommt.

Saarbrücken, im Winter 1980/81   Die Verfasser

L

labile Luftschichtung → Konvektion, → **Luftschichtung,** → Stadtklima, → Wetter, → Wolken
Labilisierung → **Gewitter,** → **Luftschichtung,** → Wetter

Lagerstätten: Die natürlichen Vorkommen von *Bodenschätzen* in oder auf der Erde, die abbauwürdig sind, d. h. die die Voraussetzung für eine wirtschaftliche Nutzung besitzen. Man zählt zu den Bodenschätzen im wesentlichen die Erze (→ Eisen, → Kupfer), Salze, → Mineralien, nutzbare Steine und Erden sowie Brennstoffe und → Bitumen, auch Mineralwasser und -gase.
Die L. bestimmter Bodenschätze (z. B. Erze, → Steinkohle) können dadurch Ballungstendenzen hervorrufen, daß sie bestimmten Industrie- und Wirtschaftszweigen (→ Wirtschaftssektoren) einen Ansiedlungsanreiz bieten (→ Standortfaktoren). Die durch die → Industrie geschaffenen Arbeitsplätze führen zu einem Zuzug von Menschen, was wiederum die Ansiedlung von weiteren Gewerbe- und auch von Dienstleistungsbetrieben nach sich zieht. So kann auf der Grundlage der L. ein → Ballungsgebiet entstehen (→ Rheinisch-Westfälisches Industriegebiet).
Der Abbau der L. stellt häufig einen erheblichen Eingriff in die → Landschaft dar, so daß der → Raumordnung wichtige Aufgaben bei der Wiederherstellung des Gleichgewichts zufallen.

Lagune → Korallenriffe
Lakkolith → Plutonismus

Landbauzone: Von TH. H. ENGELBRECHT (1853–1934) geprägter Begriff als Bezeichnung für Agrargebiete globaler Größenordnung, die er nach Auswertung der Agrarstatistik der Länder unter Beachtung der Abhängigkeit der Nutzpflanzen von → Boden und → Klima erhält (→ Agrarstruktur). ENGELBRECHT verfolgt dabei das Prinzip der jeweils dominanten Nutzpflanzen und kommt zu der folgenden agrarwirtschaftlichen Differenzierung der Erde (→ Agrarwirtschaft, → Belt):
A. Die außertropischen Landbauzonen
   1. Subarktische Gerstenzone
   2. Haferzone
   a) Haferzone mit vorwiegend Futtergetreide
   b) Weizen-Roggenzone
   c) Sommerweizenzone des kontinentalen Bereichs
   3. Maiszone
B. Die subtropischen Landbauzonen
   4. Subtropische Gerstenzone
   5. Baumwollzone (→ Baumwolle)
   6. Zuckerrohrzone

C. Die tropischen Landbauzonen
 7.a) Indische Zone mit tropischen und europäischen Getreidepflanzen im Jahreszeitwechsel
   b) Hirsezone
   c) Reiszone (→ Reis) (OTREMBA 1976)
Nach ENGELBRECHT hat später C. TROLL besonders die L.n Europas untersucht und ihre Verbreitung dargestellt.

Länderkunde → Geographie
Landesplanung → Ökosystem Industriestadt, → **Raumordnung,** → Stadt, Physiognomie

Landflucht: Abwanderung (→ Wanderung) ländlicher Arbeitskräfte und deren Familien vom Land in die → Stadt bzw. in die Industriegebiete (→ Abwanderungsraum). Unter L. wird dabei nicht die Aufgabe landwirtschaftlicher Klein- und Kleinstbetriebe im Rahmen einer Umstrukturierung der → Landwirtschaft verstanden, sondern das ständige Verlagern des Wohnsitzes durch eine Vielzahl von Personen. Vorstufen sind oft → Pendelwanderung und Saisonwanderung. Diese *Land-Stadt-Wanderung* stellte in Mittel- und Westeuropa vom Beginn der → Industrialisierung bis nach dem Zweiten Weltkrieg die wichtigste Wanderungsform dar. Sie hat vor allem in den Ländern zu extremen *Bevölkerungsbewegungen* geführt, in denen nicht das gesamte Staatsgebiet mit gleicher Intensität industriell überformt wurde, sondern sich auf Grund bestimmter Gunstfaktoren industrielle → Ballungsgebiete bildeten. In diesen Räumen führte die → Konzentration von → Industrie und Gewerbe zur Erhöhung der → Tragfähigkeit und der Aufnahmekapazität an Arbeitskräften.
Im hochindustrialisierten Zeitalter ist die L. weiterhin ein dominanter Wanderungstyp, doch hat sich ihre Verbreitung von den → Industrieländern in die → Entwicklungsländer verlagert, wo der Industrialisierungsprozeß z. T. gerade erst begonnen hat. Für diese an die Industrialisierung gebundene frühe Phase der L. können rein ökonomisch bestimmte Motive angenommen werden (z. B. sichere, bessere Verdienstmöglichkeiten). Auch heute sind diese Motive noch zutreffend, doch sind weitere dazugekommen wie z. B. unzureichende Ausbildungsmöglichkeiten, unzureichende → Infrastruktur, Mängel im *Dienstleistungssektor* (→ Wirtschaftssektoren), begrenztes Arbeitsplatzangebot und fehlende Aufstiegschancen auf dem Lande.
Folgen der L. sind für die Abwanderungsgebiete neben der Verringerung der Bevölkerungszahl die Veränderung des *Altersaufbaus* der → Bevölkerung (da besonders die Altersgruppe der 25–40jährigen abwandert, die *Geburtenrate* abnimmt, → Bevölkerungspyramide) und der Sozialstruktur (da vor allem die Angehörigen bestimmter sozialer *Schichten* abwandern, → Gesellschaft). Gleichzeitig sind als Folge der Zuwanderung negative Erscheinungen in den Zielgebieten zu verzeichnen; somit ergeben sich aus der Sicht der → Raumordnung eine Reihe wichtiger Aufgaben. Vordringliches Ziel einer Abwanderungspolitik ist neben der Steuerung eines

volkswirtschaftlich (→ Volkswirtschaft) gesunden Verhältnisses zwischen landwirtschaftlich und nichtlandwirtschaftlich orientierter Bevölkerung die Schaffung außerlandwirtschaftlicher Arbeitsplätze in den Abwanderungsräumen (z. B. durch Industrieansiedlungen), um einer weiteren L. entgegenzuwirken.
Für die ländlichen Gebiete gewinnen positive Bewertungskriterien immer mehr an Bedeutung, z. B. günstige Umweltbedingungen, gute Erholungsmöglichkeiten, günstige Miet- und Bodenpreise. Die Aufwertung der Wohnfunktion im ländlichen Raum kann aber andererseits die → Pendelwanderung weiter verstärken.
Eine Sonderform der L. ist die *Höhen- und Bergflucht,* d. h. die Aufgabe der Wirtschaftsflächen in Gebirgsweidegebieten (z. B. im dinarischen → Karst, im Apennin, im französischen Zentralmassiv).

Landklima → Klima

Landschaft: In der → Geographie Gesamtinhalt und Totalcharakter einer Erdgegend, die durch das Zusammenwirken vieler Faktoren, der *Geofaktoren,* ihr besonderes Gepräge erhält. Zu den Geofaktoren, die das Bild der Erdoberfläche bestimmen, gehören als Naturfaktoren z. B. Relief, → Klima, Pflanzen- und Tierwelt (→ Vegetationsgeographie, → Tiergeographie), als Kulturfaktoren z. B. Siedlungen (→ Siedlungsgeographie), → Landwirtschaft, → Industrie, Verkehrseinrichtungen (→ Verkehr) und als Soziofaktoren die menschlichen Gruppen und Gesellschaften (z. B. Familien, Staaten, Parteien; → Sozialgeographie). L. ist aber nicht die Summe der einzelnen Geofaktoren, sondern ihre Integration zu einem geographischen Komplex. Die Einzelerscheinungen bilden ein Wechselwirkungsgefüge und werden nicht um ihrer selbst willen, sondern im Landschaftszusammenhang betrachtet (→ ökologische Landschaftsforschung).
Nach SCHMITHÜSEN (1964) ist die L. „die Gestalt eines nach dem Totalcharakter als Einheit begreifbaren Geosphärenteils von geographisch relevanter Größenordnung" [28]. In der *Geosphäre,* der Erdhülle, sind die drei Seinsbereiche Anorganisches, Biotisches und Geistiges in einem System räumlichen Zusammenwirkens vereint. Sie beeinflussen und durchdringen sich gegenseitig, bilden eine Integration, ein dynamisches Gefüge, das in sich nicht geschlossen, sondern offen ist.
Jeder der genannten Seinsbereiche besitzt eine Eigengesetzlichkeit: die physikalische und vitale Gesetzmäßigkeit sowie die menschliche Eigengesetzlichkeit. Die *Landschaftskunde* stellt sich zur Aufgabe, diese Wirkungszusammenhänge durchschaubar zu machen.
Nicht alle drei Seinsbereiche müssen eine L. aufbauen. Man spricht von → Naturlandschaft, wenn sie vom Menschen weitgehend unberührt blieb, und von → Kulturlandschaft, wenn menschlicher Geist wesentlich an ihr mitgestaltet hat.
Der Begriff der geographischen Relevanz zieht eine untere, der Begriff der Geosphäre eine obere Grenze der landschaftlichen Größenordnung.

Durch systematisches Anwenden des Vergleichs und Abstrahieren des Singulären kommt die Landschaftskunde zum Aufstellen von *Landschaftstypen* (z. B. Karstlandschaft, Agrarlandschaft), die bei genauer Kenntnis ihrer Verbreitung zu *Landschaftsräumen* abgegrenzt werden können.

Landschaftskunde → **Landschaft,** → Ökosystem
Landschaftsökologie → Ökologie, → **ökologische Landschaftsforschung**
Landschaftsraum → Klimatologie, → **Landschaft**
Landschaftstyp → Geomorphologie, → **Landschaft**
Landstadt → Stadt
Land-Stadt-Wanderung → Landflucht
Landterrasse → Schichtstufe

Land- und Seewind: Durch die unterschiedliche Erwärmung von Land und Wasser ausgelöster lokaler Luftaustausch (→ Wind). Am Tage bildet sich über dem Land ein *thermisches Tief* (→ Luftdruckgebilde), die erhitzte Luft steigt auf und wird in einer flachen Bodenströmung durch kühlere Luft von der benachbarten Wasserfläche her ersetzt *(Seewind)*. In der Höhe kommt es zu einem Rückfluß von Luft zum Wasser hin, so daß ein geschlossener konvektiver Kreislauf (→ Konvektion) entsteht. Der Seewind setzt im allgemeinen zwischen 10 und 11 Uhr vormittags ein und dauert – je nach den orographischen Verhältnissen – bis zum späten Nachmittag an. Gleichzeitig nimmt über dem Lande infolge der aufsteigenden Luftbewegung die Bewölkung zu (→ Wolken). In den mittleren Breiten reicht der Seewind bei einer vertikalen Mächtigkeit von meist weniger als 600 m maximal 50 km ins Landesinnere; in den Tropen dagegen kann er bis zu 1500 m hoch reichen und etwa 100 km ins Landesinnere vordringen.

Nachts kommt es durch die stärkere Abkühlung der Landoberfläche zur Umkehr des Temperatur- und *Luftdruckgefälles* und damit auch zur Um-

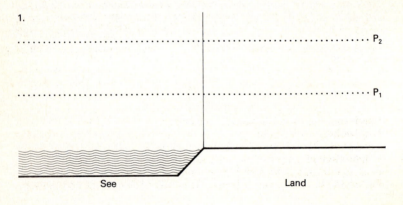

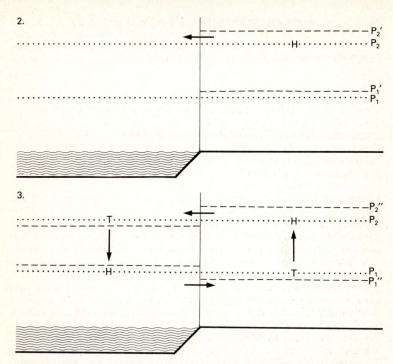

Abb. 62 Entstehung einer Land-Seewind-Zirkulation am Tage; schematisch. – 1. Bei ruhigem Strahlungswetter liegen vormittags die isobaren Flächen (P_1 und P_2) etwa in gleicher Höhe. – 2. Durch die intensivere Erwärmung des Landes infolge der Einstrahlung werden hier die isobaren Flächen am Tage angehoben (P₁' und P_2'). Das hat Luftdruckanstieg in den oberen Schichten zur Folge; Luft fließt in der Höhe vom Land zur See hin ab. – 3. Infolgedessen sinkt der Druck auf dem Land in Bodennähe und steigt über der Wasseroberfläche (P_1''). Durch den dadurch ausgelösten Seewind fällt der Druck über der See in höheren Schichten, während er über dem Land in der Höhe weiter steigt (P_2''). Die Aufsteigtendenz der Warmluft über dem Land und die Absinktendenz der kühlen Seeluft vervollständigen die Zirkulation.

Land- und Seewind-Zirkulation → Monsun
Landverkehr → Verkehr
Landwind → Land- und Seewind
Landwirtschaft *(Agrarwirtschaft)***:** Bewirtschaftung des Grunds und Bodens zur *Produktion* von Nahrungsmitteln (→ Grundnahrungsmittel), Futtermitteln und gewerblichen → Rohstoffen pflanzlicher und tierischer

Herkunft (→ Viehwirtschaft). → Landwirtschaftliche Nutzflächen (LNF oder LN) sind: Ackerland, Wiesen, Weiden (→ Flurformen), Wälder (→ Forstwirtschaft) und Gärten (→ Gartenbau). Im Rahmen der Landschaftspflege kommt der L. heute eine maßgebliche Rolle zu.

Landwirtschaftliche Nutzfläche (LNF oder LN): Bezeichnung für die Bodenfläche, die sich aus Ackerland, Gartenland, Grünland und aus durch Dauerkulturen (z. B. Obst, Wein) genutztem Land zusammengesetzt.

Landwirtschaftliche Produktionsgenossenschaft → Genossenschaft, → Kolchos, → **LPG**
Landwirtschaftsgesetz → Agrarplanung, → **Agrarpolitik,** → Bodenrecht, → Einzelsiedlung
Landwirtschaftsgürtel in den USA → Belt
Längsdüne → Dünen
Längsküste → Küste
Längsspalte → Gletscher
Längstal → Tal
Langstreifenflur → Drubbel, → Eschländereien, → **Flurformen,** → Haufendorf
Lapilli → Vulkan

Lärm: Unter L. versteht man gewöhnlich solche Geräusche, die die physiologischen Funktionen des menschlichen Organismus nachteilig beeinflussen (→ Immissionen, → Belastung). Bei längerer Einwirkung kann L. mit über 90–100 *Dezibel* (dB) (→ Schallpegel) Gehörschäden hervorrufen. Bei 120–125 dB wird die Schmerzschwelle erreicht. „Jeder zweite Einwohner der Bundesrepublik fühlt sich durch Lärm belästigt" [12c]. Da der einzelne jedoch eine jeweils subjektive Einstellung zu seiner *Umwelt* besitzt, kann ein- und dieselbe Lärmquelle von unterschiedlichen Personen als angenehm oder auch als unangenehm empfunden werden: So werden z. B. im Freien laut spielende Kinder in ihrer Lärmäußerung von der Mutter dieser Kinder, die in der Nähe im Haushalt beschäftigt ist, als nicht störend empfunden, da die Mutter weiß, wo sich ihre Kinder aufhalten, während sich der Nachbar, der sich bei einer Lektüre entspannen möchte, wegen des „Kinderlärms" äußerst gestört fühlen kann. Der L. hat also auch eine psychische Auswirkung auf den Menschen.
Beim L. meßbar ist nur der Schalldruck (→ Lautstärke). Nach OLSCHOWY (1970) liegt der durchschnittliche Großstadtlärm bei 70 dB. Straßenlärm, Baulärm, Fluglärm sowie L. gewerblich-industrieller Anlagen und privater Haushalte (z. B. Diskotheken, Stereoanlagen) können Schädigungen des vegetativen Nervensystems sowie Schlaf-, Herz- und Kreislaufstörungen hervorrufen. Leistung und Arbeitsfähigkeit werden dadurch allgemein herabgesetzt.
Infolge der fortschreitenden Technisierung und der zunehmenden Bevölkerungsverdichtung können vor allem die → Industrieländer heute ohne → Lärmschutzmaßnahmen nicht mehr auskommen (→ Belastungsreduk-

tion). Die durchschnittliche Zunahme des L.s in → Ballungsgebieten wird gegenwärtig mit 5 dB(A) pro Jahrzehnt angegeben (JÄGER 1975).

Lärmschutzmaßnahmen: Zum Schutz der Allgemeinheit vor → Lärm besteht die von der Bundesregierung am 16. Juli 1968 herausgegebene „Technische Anleitung zum Schutz gegen Lärm" *(TA-Lärm)* mit Immissionsrichtwerten (→ Immissionen; → Belastungsreduktion). Danach dürfen z. B. in Gebieten, in denen nur gewerbliche oder industrielle Betriebe vorhanden sind, 70 dB, in Gebieten mit gewerblichen Anlagen und Wohnungen, also in Mischgebieten, 60 dB bei Tag und 45 dB bei Nacht (22–6 Uhr), in Gebieten, in denen sich vorwiegend Wohnungen befinden, 55 dB bei Tag und 40 dB bei Nacht sowie in Gebieten mit Kuranlagen und Krankenhäusern 45 dB bei Tag und 35 dB bei Nacht nicht überschritten werden (→ Schallpegel).
Konkrete Maßnahmen zur Belastungsreduktion beim Lärm sind u. a.: Bau von Lärmschutzwänden, z. B. bei der Neuanlage von Bundesfernstraßen; Einrichtung von Umgehungsstraßen zur Entlastung des innerstädtischen → Verkehrs; Schaffung von Fußgängerzonen in der → City; Lärmschutzpflanzungen zwischen gewerblich-industriell genutzten Gebieten bzw. Verkehrswegen und Wohngebieten; schalldämmende Materialien im Wohnungsbau (s. auch das → Bundesbaugesetz vom 18. August 1976); Entwicklung geräuschärmerer Triebwerke und Maschinen; Einschränkung der Nachtstarts von Flugzeugen etc.

Lateritboden → Bodentyp

Lautstärke: Früher in Phon, heute in *Dezibel* gemessen (→ Schallpegel). Meßbar ist nur der Schalldruck im Schallfeld (→ Lärm).
Phonskala und Dezibelskala lassen sich in etwa gleichsetzen, da die Abweichungen zwischen beiden nur geringfügig sind. 0 Phon bzw. 0 dB kennzeichnen die Hörschwelle des menschlichen Ohres.

Tabelle 31

Beispiele für die Lautstärke häufiger Geräusche	
leises Blättergesäusel	10 dB
Ticken eines Weckers	30 dB
gedämpfte Unterhaltung	40 dB
Schreibmaschine	50 dB
lauter Rundfunkempfänger	60 dB
mittlerer Straßenverkehr, Eisen und Straßenbahn	70 dB
Staubsauger	60–70 dB
Preßlufthämmer, Rammhämmer bei Bauarbeiten	110 dB
Überschallknall eines Flugzeuges	130 dB
Weltraumrakete beim Start	170 dB

(KULL/KNODEL 1974/1975; JÄGER 1975)

Eine Zunahme von 10 dB entspricht einer Verdoppelung der L. So hat z. B. ein lauter Rundfunkempfänger von 60 dB (A) die doppelte L. einer Schreibmaschine von 50 dB (A). Die L. nimmt mit zunehmender Entfernung von der Schallquelle ab.

Lava → Plutonismus, → **Vulkan**

Lawine: An Steilhängen in großen Mengen plötzlich talwärts beförderte *Schnee-* oder *Eismasse*. Als günstig für die Lawinenbildung gelten Hänge mit einer Neigung über 20°, eine glatte Unterlage sowie geringer Zusammenhalt der Schneeteilchen. Innerhalb der *Schneelawinen* unterscheidet man zwischen *Trockenschnee-* und *Feuchtschneelawinen*. Als Voraussetzung für die *Trockenschneelawine* (früher: *Staublawine*) gilt trockener, pulverförmiger Schnee, der nicht zusammenbackt und auf einer gefrorenen glatten Unterlage liegt. Frost und Neuschnee sind daher die geeignete → Wetterlage. Unter gewaltiger Staubentwicklung und begleitet von orkanartigen Luftwirbeln stürzt der Schnee über die Wände und Steilhänge hinab. Die *Feuchtschneelawinen* (früher: *Grundlawinen*) bilden sich bei Tauwetter, wenn die Schnee- und Firndecken (→ Firn) naß werden oder wenn feuchter Neuschnee besonders auf verharschtem Altschnee liegt, der das Wasser von unten kapillar ansaugt und dadurch eine gefährliche Schmierschicht als Gleitbahn schafft. Eine geringe Erschütterung, z. B. Schallwellen, Tritt eines Bergsteigers oder einer Gemse, genügt oft, um die Masse in Bewegung zu bringen. Von *Firn-* oder *Eislawinen* spricht man, wenn sich auf steilen Abhängen Eismassen ablösen und in die Tiefe gehen.
L.n können schwere Schäden hervorrufen und fordern oft große Opfer an Menschenleben und Material. Es gibt verschiedene Möglichkeiten, die Gefahren abzuwenden *(Lawinenschutz)*, z. B. durch Erhaltung des *Waldes* oder Aufforstung *(Bannwald)*, Lawinenverbauung (Terrassieren der Hänge, Errichten von Trockenmauern), Lawinenleitwerke, um die L.n in bestimmte gewünschte Bahnen zu lenken, besonders lawinenschützende Dächer und Tunnel, überdachte Verkehrswege u. a.

Lawinenschutz → Lawine
Lebensformgruppe → sozialgeographische Gruppe
Lehm, → **Bodenart,** → Frostboden, → tropischer Regenwald
Leichtwasserreaktor → Kernenergie

Leitbild: Zielvorstellung der → Raumforschung eines optimal strukturierten Raumes, in dem die → Daseinsgrundfunktionen harmonisch nebeneinander und funktionsräumlich verflochten ausgeübt werden können (→ Sozialgeographie).
In der Literatur wird der Begriff doppelsinnig verwandt:
1. gesellschaftspolitisches Datum (→ Gesellschaft), an dem sich die → Raumordnung zu orientieren hat; Teil des umfassenderen gesellschaftspolitischen L.s, das in verschiedenen Bereichen des Lebens Gültig-

keit hat, im Bereich der → Wirtschaft z. B. als *„soziale Marktwirtschaft"* (→ Marktwirtschaft). Die Raumforschung entwickelt ihr L. also nicht aus sich selbst heraus, sondern erhält es von außen (nach R. GILDEMEISTER 1973),
2. allgemein gehaltene, räumliche Zielvorstellung für die Entwicklung eines konkreten Raumes (Raumordnungskonzeption).

Leitfossil → fossil

limnisch (griech. limne – Teich): Das Süßwasser betreffend (→ Limnologie). Limnische Kohlenlager (→ Lagerstätten) sind in Süßwasserbecken *(limnischen Becken)* entstanden (z. B. Saarkohlenrevier), im Gegensatz zu den *paralischen* Kohlenlagern, die in *paralischen Becken* an Meeresküsten entstanden (z. B. Ruhrkohlenrevier, → Steinkohle).

limnisches Becken → **limnisch,** → Steinkohle

Limnologie: Wissenschaft von der Erforschung der Struktur und Funktion von *Binnengewässern* (→ limnisch; → Ökosystem; → Fließgewässer; → stehende Gewässer).

Limnoplankton → Plankton

Lithosphäre: Gesteinshülle der Erde (→ Gestein). Im weiteren Sinne umfaßt sie den oberen *Erdmantel* und die *Erdkruste* (→ Schalenbau), im engeren Sinne nur die Erdkruste, die Zone festen Gesteins.

Litoral → stehende Gewässer
Lochkarren → Karren
Lockersediment → Ablagerung, → Frostboden
lokale Schneegrenze → Schneegrenze
Longitudinalwelle → Erdbeben

Löß: Durch → äolische → Akkumulation von Staub entstandene → Ablagerung von gelblicher Farbe. Die Korngröße der Gemengeteile liegt unter 1–2 mm, wobei die Anteile von 0,06–0,01 mm Durchmesser häufig mehr als die Hälfte ausmachen (→ Boden). Mineralogisch besteht der L. überwiegend aus Quarz (60–70%), außerdem aus Calciumcarbonat (10–30%) und Aluminiumsilicaten, besonders Feldspäten (10–20%) (→ Mineralien). Zahlreiche senkrechte Haarröhrchen (Kapillaren) – vom Wurzelwerk früherer Pflanzen herrührend – durchziehen den primär ungeschichteten L.; die Porosität kann daher bis zu 50% erreichen. Die Staubteilchen sind oft von Calciumcarbonat durch Lösungs- und Abscheidungsvorgänge umkrustet, was dem L. eine hohe Standfestigkeit verleiht (senkrecht brechende Wände, steilwandige Hohlwege).
L. entsteht *rezent* in Nordchina, wo der Staub in den trockenkalten Wintern aus den zentralasiatischen Wüsten angeweht wird. Seine Mächtigkeit

kann dort 400 m übersteigen. Der L. Mitteleuropas entstammt den Kaltzeiten des Pleistozäns. Die Winde wehten den Staub aus den Sanderflächen und Schotterfluren (→ Sander) im Vorlande des Eisrandes heraus und lagerten ihn in den vegetationsbedeckten Randzonen ab.
L. verwittert zu Lößlehm; dabei zersetzen sich die Feldspäte zu Ton, vor allem wird der Kalk ausgelaugt und in Konkretionen, den oft eigenartig gestalteten *Lößpuppen* oder *Lößkindeln*, im *Untergrund* wieder ausgefällt. Der L. besitzt aufgrund seiner natürlichen Fruchtbarkeit einen hohen Wert für die *Agrarwirtschaft* (→ Landwirtschaft); verantwortlich dafür sind der Kalkgehalt, das große Wasserspeichervermögen *(kapillares Haftwasser),* die gute Durchlüftung und die leichte Bearbeitbarkeit. Die Lößgebiete gehören zu den wichtigsten Agrarräumen der Erde.

Lößkindel → Löß
Lößpuppe → Löß
Lösungsverwitterung → Karst, → Karstkorrosion, → **Verwitterung**

LPG *(Landwirtschaftliche Produktionsgenossenschaft): Kollektive* landwirtschaftliche Betriebsform in der DDR, dem → Kolchos ähnlich (→ Genossenschaft). Die → Kollektivierung vollzog sich in der DDR in mehreren Phasen. Die erste wurde eingeleitet durch die Bodenreformgesetze 1945 (→ Bodenreform), die wichtigsten Maßnahmen waren Enteignung aller privaten Grundbesitzer über 100 ha Betriebsfläche und Bildung von *Volkseigenen Gütern* (VEG) sowie Privatisierung des Bodens durch Bildung von Neubauernbetrieben von 5–10 ha Betriebsfläche. Mit der Verkündigung des „planmäßigen Aufbaus des Sozialismus" und der gezielten Werbung für die LPG und dem gleichzeitigen Kampf gegen die Großbauern begann die zweite Phase. Um den Übergang vom Privatbesitz zur LPG zu erleichtern, wurden drei Typen von LPG je nach dem Grad der Vergesellschaftung geschaffen: Beim Typ I ging das Ackerland (eventuell auch Grünland und Wald) in genossenschaftliche Nutzung über, während die Viehhaltung und die Zugkräfte individuell genutzt bzw. gegen Bezahlung der genossenschaftlichen Nutzung überlassen wurden. Der kaum vertretene Typ II läßt dem Bauern nur einen Teil der Viehhaltung zur individuellen Nutzung. Die → landwirtschaftliche Nutzfläche, Wald, Maschinen und Zugtiere werden genossenschaftlich genutzt. Von Beginn der Kollektivierung an war es das Ziel, diese beiden Typen der LPG in den Typ III überzuführen, bei dem, abgesehen von der individuellen Hauswirtschaft, die LPG volles Nutzungsrecht über Boden und Inventar besitzt.
Politische und wirtschaftliche Hauptstützpunkte auf dem Weg der Kollektivierung waren seit 1953 die *Maschinen-Traktoren-Stationen* (MTS), die aus den *Maschinenausleihstationen* (MAS) hervorgegangen waren und als Maschinenhöfe der gegenseitigen Bauernhilfe vorwiegend Klein- und Neubauern unterstützt hatten.
Die dritte Phase der Kollektivierung ab Januar 1960 ist gekennzeichnet durch radikal erzwungene Vollkollektivierung und die Zusammenfassung

Tabelle 32 Entwicklung der landwirtschaftlichen Produktionsgenossenschaften in der DDR

	1960	1965	1970	1971	1972	1973	1974	1975
Anzahl der LPG								
insgesamt	19313	15139	9009	8327	7575	6587	5764	4566
Typ I und II	12976	8973	3485	2664	1939	1185	698	306
Typ III	6337	6166	5524	5663	5636	5402	5066	4260
landwirtschaftliche Nutzfläche in 1000 ha								
insgesamt	5408	5455	5392	5394	5405	5400	5388	5123
Typ I und II	2024	1726	866	647	491	347	217	95
Typ III	3384	3729	4526	4747	4914	5053	5171	5028
Anzahl der Mitglieder in 1000								
insgesamt	901	987	915	899	906	885	871	821
Typ I und II	358	341	159	113	85	53	29	11
Typ III	543	646	756	785	820	832	842	810

Zahlenangaben: Statistisches Jahrbuch der DDR 1975, 1976. Nach Diercke Statistik '77, Braunschweig 1977, S. 17

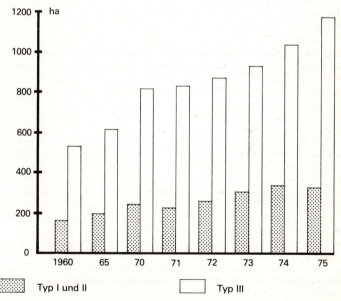

Abb. 63 Durchschnittliche Betriebsgrößen der LPG
(nach Diercke Statistik '77, Braunschweig 1977, S. 17)

der Bauern in Arbeitsbrigaden. Teilweise kam es zum Zusammenschluß mehrerer LPG zu Großbetrieben über 2000 ha. Zentrale Technikhöfe wurden seit 1959 geschaffen, die MTS verblieben staatliche Reparatur- und Technische Stationen (RTS) und Kreisbetriebe für Landtechnik und landtechnische Versorgung. Dieser Strukturwandel bezog sich in der Endphase sowohl auf die → Flurform als auch auf die Siedlungsstruktur durch den Ausbau → zentraler Orte, die gleichzeitig Siedlungsschwerpunkte wurden und mehrgeschossige Wohnhäuser aufweisen, womit eine Angleichung der Sozial-, Arbeits- und Lebensbedingungen der ländlichen Bevölkerung an die der Stadt erreicht werden soll (Tab. 32, Abb. 63).
Die DDR geht bei der Kollektivierung der → Landwirtschaft somit andere Wege als die Sowjetunion, wo die → Sowchosen (mit VEG zu vergleichen) einen größeren Anteil an der landwirtschaftlichen Nutzfläche bearbeiten als die → Kolchosen (mit LPG vergleichbar). Seit 1972 werden durch die Kooperation von Landwirtschaftsbetrieben untereinander oder mit Betrieben der Nahrungsgüterindustrie bzw. des Handels *Kooperative Einrichtungen* (KOE) neu gegründet.

Luftdruck: Der von der atmosphärischen Luft (→ Atmosphäre) infolge der Schwerkraft auf die Erdoberfläche oder eine tiefer liegende Luftschicht (→ Luftschichtung) ausgeübte Druck. Er wird als die auf eine Flächeneinheit wirkende Kraft definiert und in *Millibar (mbar)* (früher auch in *Torr*) angegeben:

$$1000 \text{ mbar} = 1 \text{ bar} = 10^6 \text{ dyn} \cdot \text{cm}^{-2} \; (= 750 \text{ Torr})$$

In der Höhe des Meeresspiegels lastet die Luft auf jedem cm^2 mit einer Masse von 1033 g; das entspricht 1013 Millibar bzw. der Masse einer Quecksilbersäule von 760 mm Höhe (1 mm Hg = 1 Torr).
Für die Umrechnung ergibt sich die Formel 3 Torr = 4 mbar. Die Angabe des L.s in mm Hg, abgeleitet aus der ursprünglichen Form der Luftdruckmessung mit dem Quecksilberbarometer, ist nicht mehr gebräuchlich. Die heute verwendeten *Aneroidbarometer* sind auf Millibar geeicht.
Da mit zunehmender Höhe die über dem Beobachtungsort stehende Luftsäule immer kürzer wird, nimmt der L. und im Zusammenhang damit die Luftdichte mit der Höhe ab. Diese Druckabnahme erfolgt gesetzmäßig und erlaubt daher die Messung der Höhe mit dem Druckmesser. Die Höhenunterschiede, in denen der Druck um je eine Einheit abnimmt, werden als *barometrische Höhenstufen* bezeichnet. In Bodennähe beträgt die Höhenstufe – bezogen auf ein Millibar – 8 bis 9 Meter, in 5 km Höhe schon ca. 15 Meter. Diesen Zusammenhang gibt die *statische Grundgleichung* wieder:

$$dp = - g \cdot \varrho \cdot dh$$

(Dabei bedeutet dp die Druckänderung, g die Schwerebeschleunigung, ϱ die Dichte der Luft, dh die Höhendifferenz.)
Globale und regionale Temperaturunterschiede einerseits (→ Lufttemperatur) und die atmosphärischen Strömungsvorgänge andererseits (→ Zir-

kulation der Atmosphäre) bewirken eine ungleichmäßige Luftdruckverteilung mit einem räumlichen Nebeneinander von veränderlichen → Luftdruckgebilden (s. auch → Luftdruckgürtel).
Die Darstellung der Luftdruckverteilung erfolgt entweder mittels *Isobaren,* d. h. Linien, die Orte gleichen L.s verbinden, oder mittels *Isohypsen,* die die absolute Höhenlage einer ausgewählten Fläche mit gleichem L. (*isobare Flächen* von 1000 mbar, 500 mbar, 100 mbar usw; → Topographie) in Dekametern (dkm) angeben. Um repräsentative und vergleichbare Werte zu erhalten, müssen die gemessenen Luftdruckwerte auf das darzustellende Niveau (Bodenluftdruckkarte: NN), auf eine einheitliche Temperatur (0 °C) und auf mittlere geographische Breite (Normalschwere) reduziert werden. *Luftdruckkarten* sind entweder Momentaufnahmen, die die horizontale Luftdruckverteilung zu einem bestimmten Zeitpunkt festhalten und in der synoptischen Meteorologie eine wichtige Rolle spielen (→ Wetterkarte), oder Mittelwertdarstellungen, die die mittlere Druckverteilung langjähriger Beobachtungsreihen wiedergeben. Von der jeweiligen Luftdruckverteilung sind die Windverhältnisse (→ Wind), die Luftmassensteuerung (→ Luftmasse) und damit auch Temperatur-, Feuchtigkeits- und Niederschlagsverhältnisse eines Areals unmittelbar abhängig (→ Luftfeuchte, → Niederschlagsverteilung).

Luftdruckgebilde: Gebiete niedrigen oder hohen → Luftdrucks, die durch unterschiedliche Form der *Isobaren*anordnung in *Luftdruckkarten* gekennzeichnet sind. In ihrem räumlichen Nebeneinander ergeben sie das *barische Relief* eines Areals (Abb. 64).

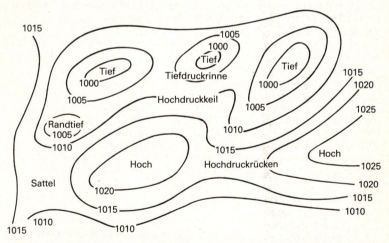

Abb. 64 Formen des barischen Reliefs
(nach W. BERTH/W. KELLER/U. SCHARNOW, Wetterkunde, Leipzig 1973[3], S. 39)

a) Hoch

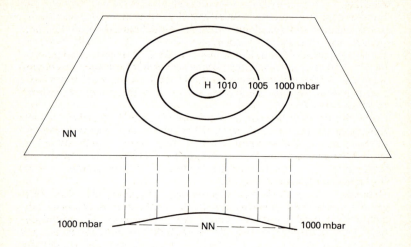

b) Tief

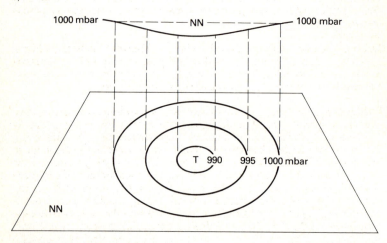

Abb. 65 Die isobaren Flächen verschiedener Luftdruckgebilde in Grund- und Aufriß
(nach W. WEISCHET, Einführung in die Allgemeine Klimatologie, Stuttgart 1977, S. 53 und 55)

Nach der Entstehung sind *thermische* und *dynamische* L. zu unterscheiden.
Werden benachbarte Areale unterschiedlich erwärmt (z. B. Land/Meer), so werden im wärmeren Gebiet durch die Ausdehnung der Luft die *isobaren Flächen* (→ Luftdruck) angehoben; in der Höhe entsteht ein *Luftdruckgefälle* zum kälteren Gebiet hin, und die Luft beginnt dorthin abzufließen. In den unteren Schichten sinkt dadurch der Luftdruck, ein *thermisches Tief (Hitzetief)* ist entstanden. Im kälteren Gebiet wird in der Höhe Luft zugeführt, der Druck in Bodennähe steigt, es entsteht ein *thermisches Hoch (Kältehoch)*.
Durch die Aufstiegtendenz der erwärmten Luft im Tief und absinkende Bewegung der kälteren Luft im Hoch entsteht ein geschlossener Kreislauf (→ Konvektion). Dabei kommt es in der Aufsteigzone durch Abkühlung zu → Kondensation und Wolkenbildung (→ Wolken), während die Absinkbewegung über der kalten Unterlage wolkenauflösend wirkt (→ Land- und Seewind).
Dynamische L. verdanken ihre Entstehung großräumigen Luftströmungen der allgemeinen → Zirkulation der Atmosphäre. So bilden sich innerhalb des *subtropisch-randtropischen Hochdruckgürtels* (→ Luftdruckgürtel) Hochdruckzellen *(dynamische Hochs),* die bis in große Höhen mit Warmluft angefüllt sind und vermutlich in der Hauptsache aus der Höhenströmung des tropischen Kreislaufs gespeist werden. Auch die wandernden → Zyklonen der mittleren Breiten, die durch Wellenbildung an der → planetarischen Frontalzone entstehen, sind dynamische L. *(dynamische Tiefs).*

Luftdruckgefälle → Berg- und Talwind, → Fallwind, kalter, → Föhn, → Land- und Seewind, → Luftdruckgebilde, → Monsun, → planetarische Frontalzone, → Wetter, → Wind, → Zirkulation der Atmosphäre
Luftdruckgradient → RYD-SCHERHAG-Effekt, → Wind

Luftdruckgürtel: Aufgrund von Durchschnittswerten zu ermittelnde, etwa breitenkreisparallel verlaufende Zonen hohen oder tiefen → Luftdrucks (→ Luftdruckgebilde). Die *äquatoriale Tiefdruckrinne* (ca. 5° südlicher – 10° nördlicher Breite) ist thermisch bedingt und daher nur in Bodennähe ausgeprägt. Das *Subtropenhoch,* von WEISCHET (1977) treffender als *subtropisch-randtropischer Hochdruckgürtel* bezeichnet, hat eine mittlere Breitenlage bei ca. 30°; es ist dynamisch bedingt und bis in große Höhen mit Warmluft aus der tropischen Höhenströmung angefüllt. Polwärts folgen die kräftigen, ebenfalls dynamisch zu erklärenden *subpolaren Tiefdruckgürtel (subpolare Tiefdruckrinnen),* deren Achsen nahe dem Polarkreis liegen. Über den Polargebieten selbst liegen die flachen, thermisch bedingten *Polarhochs.* Der Austausch zwischen den L.n vollzieht sich in der allgemeinen → Zirkulation der Atmosphäre.
In der Wirklichkeit sind die L. kaum als erdumspannende Gürtel ausgeprägt. Die Verteilung von Land und Wasser bedingt vielmehr, daß die einzelnen Gürtel an mehreren Stellen durch Zellen mit entgegengesetz-

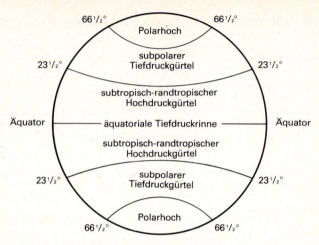

Abb. 66 Die Luftdruckgürtel der Erde; schematisch
(nach W. WEISCHET, Einführung in die Allgemeine Klimatologie, Stuttgart 1977, S. 218)

tem barischem Gepräge unterbrochen sind, z. B. der nördliche subtropisch-randtropische Hochdruckgürtel durch sommerliche thermische → Zyklonen im Bereich Nordafrikas, des Hochlands von Iran und des Hochlands von Mexiko, ebenso der nördliche subpolare Tiefdruckgürtel durch mächtige winterliche *Kältehochs* im Bereich Kanadas und des nördlichen Eurasien.

Luftdruckkarte → Luftdruck, → Luftdruckgebilde
Luftelektrizität → Atmosphäre, → Gewitter, → Klimaelemente

Luftfeuchte (Luftfeuchtigkeit): Ausdruck für den Wasserdampfgehalt der Luft. Atmosphärische Luft (→ Atmosphäre) enthält stets einen in seiner Größenordnung stark schwankenden Anteil an gasförmigem Wasser, im Mittel etwa 1,3% (→ Kondensation). Der unsichtbare „Wasserdampf" ist physikalisch zu unterscheiden von den aus Kühltürmen oder Wärmekraftmaschinen austretenden oder beim Ausatmen in kalter Luft zu beobachtenden „Dampfschwaden", die auch kleinste Wassertröpfchen enthalten und mit *Nebel* oder → Wolken vergleichbar sind.
Die tatsächlich in einem Kubikmeter Luft enthaltene Wasserdampfmenge wird als *absolute Feuchte* bezeichnet. Sie wird entweder in g pro m^3 Luft ausgedrückt oder als Dampfdruck in *Millibar* (früher auch in *Torr* oder mm Hg) (der vom Wasserdampf bewirkte Teil des Gesamtluftdrucks, → Luftdruck).
Wichtig ist, daß die Luft bei einer bestimmten → Lufttemperatur nur eine bestimmte Menge an gasförmigem Wasserdampf enthalten kann, und

zwar wächst die maximal mögliche Wasserdampfmenge exponentiell mit zunehmender Temperatur (s. Tab. 33). Die Temperatur, bei der eine Luft mit einer bestimmten absoluten Feuchte die maximal mögliche Wasserdampfmenge enthält, wird als *Sättigungspunkt* oder *Taupunkt* bezeichnet. Sinkt die Temperatur unter diesen Wert, so überschreitet die tatsächliche Feuchte die maximal mögliche: der überschüssige Wasserdampf wird durch → Kondensation oder → Sublimation ausgeschieden, und es entstehen *Tau, Reif, Nebel* oder → Wolken. Die Tatsache, daß die maximale absolute Feuchte bei niedrigen Temperaturen extrem gering wird, erklärt, daß ergiebige → Niederschläge aus solchen Luftmassen nicht zu erwarten sind.

Tabelle 33   Höchstmögliche Wasserdampfmenge in der Atmosphäre bei verschiedenen Temperaturen (maximale absolute Feuchtigkeit)

Temperatur (°C)	+50	+40	+30	+10	+20	0	−10	−20	−30	−40	−50
Wasserdampf (g/m^3)	83,0	51,0	30,3	17,2	9,4	4,8	2,4	1,1	0,5	0,2	0,1

Nach R. SCHERHAG/J. BLÜTHGEN, Klimatologie, Braunschweig 1973[7], S. 15

Der Begriff der *relativen Feuchte* gibt das prozentuale Verhältnis zwischen der tatsächlichen und der bei gleicher Temperatur maximal möglichen Feuchte an. Enthält Luft bei einer Temperatur von 30 °C z. B. 17,2 g Wasserdampf pro Kubikmeter, so beträgt die relative Feuchte 17,2 von 30,3 g/m^3, das sind ca. 56,8%. Wird diese Luft auf 20 °C abgekühlt, so steigt die relative Feuchte auf 100%. Bei weiterer Abkühlung kondensiert der überschüssige Teil des Wasserdampfs. Während die absolute Feuchte ohne gleichzeitige Angabe der Temperatur wenig Aussagekraft besitzt, erlaubt die relative Feuchte Rückschlüsse auf zu erwartende meteorologische Vorgänge wie Nebel- oder Wolkenbildung, Niederschläge usw. (→ Wetter).

Luftmasse: Atmosphärische Luft (→ Atmosphäre) mit bestimmten, durch das Herkunftsgebiet, die Bewegungsbahn und -geschwindigkeit geprägten meteorologischen Eigenschaften. Im deutschen Wetterdienst (→ Wetterkarte) werden heute die von R. SCHERHAG (1948) in seiner Klassifikation eingeführten Luftmassenbegriffe verwendet. Die wichtigsten Grundtypen und ihre Eigenschaften sind in Tab. 34 (Seite 18) zusammengestellt.

Luftschichtung: Die durch die jeweilige → Wetterlage bedingte vertikale Verteilung der Temperatur- und Feuchtigkeitsverhältnisse (→ Luftfeuchte, → Lufttemperatur) in der *Troposphäre* (→ Atmosphäre).
Stabile L. liegt vor, wenn der in der Troposphäre über einem bestimmten Ort gemessene vertikale → Temperaturgradient geringer ist als die jeweilige → adiabatische Zustandsänderung aufsteigender Luft, bei trockener Luft also unter 1 °C pro 100 m. Aufsteigende Luft wird sofort kälter als

Tabelle 34

Luftmasse	Eigenschaften Sommer	Winter
maritime Tropikluft (mT)	warm, feucht, Gewitterneigung	trüb, mild, Nebel oder Hochnebel, Nieseln
kontinentale Tropikluft (cT)	heiß, trocken, geringe Gewitterneigung	Inversion mit Bodennebel (sehr selten)
maritime Polarluft (mP)	kühl, feucht, labil, Schauer und Gewitter	mäßig kalt, labil, Regen- oder Schneeschauer; nach Alterung: Inversionslagen
kontinentale Polarluft (cP)	mäßig kühl, bei südlicher Bahn auch warm, trocken	extrem kalt, geringe Neigung zu Schneeschauern

die Umgebung und somit zum Absinken gezwungen. Stabil ist die L. meist in *Antizyklonen* (→ Wind), sowohl in den bodennahen *Kältehochs* als auch in den Gebieten *dynamischer Hochs,* die bis in große Höhen mit *trockenadiabatisch* absinkender Warmluft angefüllt sind.

Labile L. setzt überadiabatische Gradienten voraus, also von mehr als 1 °C pro 100 m bei trockener Luft und mehr als ca. 0,5 °C pro 100 m bei gesättigter Luft. Ursache für labile L. ist meist Erwärmung der Luft von der Auflagefläche her, sei es durch *Insolation* (→ Strahlung) oder durch Aufheizen von relativ kalter Luft durch eine wärmere Unterlage. Es kommt zu → Konvektion mit Wolken- und Niederschlagsbildung (→ Wolken, → Niederschläge); dabei sind hochreichende *Cumulonimbuswolken* und großtropfige Schauerniederschläge, häufig mit → Gewittern, charakteristisch. *Labilisierung* durch Insolation bewirkt sowohl die tropischen *Zenitalregen* als auch die sommerlichen *Wärmegewitter* der mittleren Breiten. Wird Polarluft über warme Meeresgebiete geführt oder kühle Meeresluft über erhitzte Kontinentflächen, so bewirkt die relativ warme Unterlage eine Labilisierung: ‚Aprilwetter', Gewitter nach sommerlichen Kaltlufteinbrüchen, Rückseitenschauerwetter (→ Zyklone) verdanken diesen Vorgängen ihre Entstehung. Die Auftriebstendenzen in labiler Luft sind um so stärker, je höher der Feuchtigkeitsgehalt der Luft ist; durch *Kondensationswärme* bleibt die adiabatische Temperaturabnahme gering; die Temperatur der aufsteigenden Luft bleibt bis in große Höhen über derjenigen der in der Höhe vorhandenen Luft oder erfährt sogar eine relative Erhöhung, die die Aufsteigbewegung noch verstärkt. In hochreichenden Gewitterwolken wurden Aufwinde von 30 m/s gemessen. An → Inversionen, bisweilen erst an der *Tropopause* (→ Atmosphäre), kommt die Auftriebsbewegung zum Stillstand.

Lufttemperatur: Ausdruck für den Wärmezustand der atmosphärischen Luft (→ Atmosphäre) und damit eines der bedeutendsten → Klimaelemente. Die sog. „wahre L." wird von einem Thermometer angezeigt, das im Wärmeleitungsgleichgewicht mit der Luft steht. Um vergleichbare und für das betreffende Areal repräsentative Werte zu erhalten, sind die Meßbedingungen international vereinbart: Messung in 2 m Höhe über dem Erdboden und Abschirmung des Meßinstruments gegen → Strahlung durch Aufhängung in einer gut belüfteten Wetterhütte *(Englische Hütte)*. Zur Temperaturmessung ist heute die von dem französischen Physiker CHRISTIN 1740 aufgestellte, von dem Schweden ANDERS CELSIUS bereits 1736 mit umgekehrter Zahlenfolge verwendete metrische Skala am gebräuchlichsten. Sie setzt den Gefrierpunkt des Wassers als 0 °C und den Siedepunkt als 100 °C fest (jeweils bei normalem atmosphärischem Druck, → Luftdruck). Sie soll durch die internationale, nach dem englischen Physiker THOMSON (Lord KELVIN) benannte Kelvin-Skala ersetzt werden, die auf der gleichen Gradeinteilung beruht, aber von dem absoluten Nullpunkt ($-273,15$ °C) ausgeht. Für die Umrechnung gilt:

$$n\,°C \approx (n + 273)\,K$$

Die L. resultiert aus dem Zusammenspiel von *Einstrahlung, Ausstrahlung* (→ Strahlung), Wärmetransport durch die *Turbulenz* der Luft (→ Advektion, → Konvektion) und Wärmeleitung zwischen Erdboden und bodennaher Luftschicht (→ Luftschichtung).

Die L. an einem Ort unterliegt einem Tagesgang und einem Jahresgang. Während in den inneren Tropen wegen der geringen Schwankungsbreite des Einstrahlungswinkels die tageszeitlichen Temperaturunterschiede stärker ausgeprägt sind *(Tageszeitenklima),* werden sie in den übrigen Breiten von den jahreszeitlichen Unterschieden mehr oder weniger stark übertroffen *(Jahreszeitenklima).* Hohe → Luftfeuchte und → Wolken senken die Amplituden des *Temperaturgangs* (Abb. 67).

Die Temperaturverteilung auf der Erde spiegelt nicht nur die Abhängigkeit von der Strahlungsintensität je nach Breitenlage wider, sondern sie ist durch vielfältige geographische Faktoren (→ Klimafaktoren) beeinflußt. So bedingt z. B. die ungleiche Verteilung von Land und Wasser in Verbindung mit der unterschiedlichen Länge des Sommers auf den beiden Hemisphären (Exzentrizität der Erdbahn; der Nordsommer ist länger und wärmer), daß der thermische Äquator mit ca. 5° gegenüber dem mathematischen Äquator nach Norden verschoben ist. Bei gleicher Breitenlage bedingen kalte Meeresströmungen vor allem an den Westküsten der niederen Breiten negative Abweichungen vom Breitenkreismittel; in den höheren Breiten sind solche kalten Strömungen vor allem an den Ostküsten wirksam. Die Meeresnähe selbst senkt einerseits die Amplituden beträchtlich *(maritimer Temperaturgang),* hebt aber andererseits die mittleren Jahrestemperaturen wegen des *Glashauseffekts* des Wasserdampfs in der Atmosphäre (→ Strahlung). Meeresferne Gebiete weisen oft extreme Temperaturgegensätze sowohl im Tages- als auch im Jahresgang auf *(kontinentaler Temperaturgang).* Mit zunehmender Höhenlage nimmt die Temperatur ab, jedoch läßt die geringe Strahlungsabsorption (→ Absorption) in der dünnen Atmosphäre auch positive Extremwerte zu (z. B.: höchste gemessene L. $+57,8$ °C bei San Luis, Hochland von Mexiko; nach

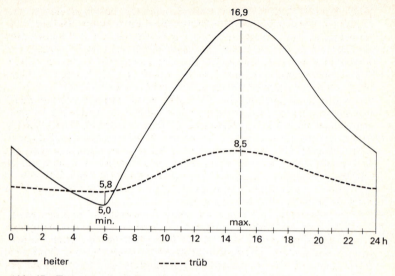

Abb. 67 Tagesgang der Lufttemperatur im April in Wien
(nach HANN-SÜRING bzw. W. WEISCHET, Einführung in die Allgemeine Klimatologie, Stuttgart 1977, S. 97)

BLÜTHGEN 1966). In freien Berglagen sind die Jahresamplituden herabgesetzt, in Hochplateaus dagegen erhöht. Auch der Verlauf von Gebirgsketten, die Exposition, die Bodenbeschaffenheit und die Bodenbedeckung beeinflussen die Temperaturverhältnisse.

Luftverkehr → Verkehr

Luftverschmutzung: Bis jetzt sind ca. 300 Schadstoffe bekannt, die die Luft verunreinigen und damit die natürliche Zusammensetzung der → Atmosphäre verändern. Kohlenmonoxid (CO) gilt als Leitgas für die L. durch den Straßenverkehr (ca. 93% der → Emissionen in den *Industriestaaten*). „In einer verkehrsreichen *Großstadt* erzeugen die Kraftfahrzeugmotoren täglich etwa 5000–8000 t Kohlenmonoxid, 1000 t Kohlenwasserstoff, 300 t Stickoxide und 30–50 t Schwefeldioxid. Auch Flugzeugabgase verunreinigen die Luft. Ein Düsenflugzeug (Boeing 707) entläßt beim Start soviel Abgase wie etwa 7000 startende Volkswagen" [12d]. Das Kohlenmonoxid ist ein farb- und geruchloses Gas, das bei der unvollkommenen Verbrennung von kohlenwasserstoffhaltigen Brennstoffen entsteht. Bei laufendem Motor in geschlossener Garage kommt es immer wieder zu tödlichen Unfällen durch Vergiftung mit CO. Es verhindert die Sauerstoffversorgung des Organismus und wirkt daher auch nervenlähmend.

Auch Schwefeldioxid (SO_2) gilt als Leitgas für die allgemeine L., vor allem in den *Industriestädten* (→ Ökosystem Industriestadt). Bei bestimmter Konzentration erfolgt die Auslösung von Smogalarm (→ Smog). Den Behörden, z. B. dem Amt für Umweltschutz, stehen entsprechende Meßwagen zur Verfügung. Schwefeldioxid stammt hauptsächlich aus den industriellen und privaten Feuerungsanlagen und entsteht bei der Verbrennung → fossiler Brennstoffe wie Kohle und Heizöl.

Bei Verbrennungsprozessen unter hohen Temperaturen, z. B. in *Kraftwerken* oder in Metallverarbeitungsbetrieben, treten vor allem Stickstoffoxide (Stickoxide/NO_x) als luftverunreinigende Stoffe auf. Durch den Abrieb der Gummireifen und der Straßenoberfläche fallen beim Fahrzeugverkehr zunehmend größere Mengen an Stäuben an, die als → Aerosole anthropogenen Ursprungs vor allem in die bodennahen Luftschichten emittiert werden. → Niederschläge in Form von *Regen* oder *Schnee* können teilweise einen Reinigungseffekt ausüben. Allerdings reichern sich die Schadstoffe dann meist im Boden an.

Als hauptsächliche *Emittenten* kommen → Industrie, → Verkehr und private Haushalte in Betracht (s. auch die Anlagen zur → Müllbeseitigung). Unter den Folgen der L. steht die Schädigung der menschlichen Gesundheit an erster Stelle: vermehrtes Auftreten von chronischer Bronchitis, Reizung der Schleimhäute, Augenleiden etc. Verringerte Sonneneinstrahlung infolge von L. (Bildung von *Dunstglocken* vor allem über den Industriestädten) kann zu einer Zunahme von Rachitis führen. Bei Pflanzen zeigen sich die Schädigungen u. a. in Form von *Blattnekrosen* und Wuchsverminderung, oft verbunden mit einer Minderung des Nutzwertes bei den Kulturpflanzen.

In urbanen → Ökosystemen werden bestimmte Pflanzen zu wichtigen → Bioindikatoren für die jeweilige Raumqualität. Nach den gesetzlichen Bestimmungen dürfen z. B. in unseren Städten bei Langzeiteinwirkung 0,14 mg SO_2 pro m^3 Luft nicht überschritten werden. Die Flechtenart Hypogymnia physodes verschwindet bereits bei einer Konzentration von 0,13 mg SO_2 pro m^3 Luft aus den oft besonders belasteten Innenstädten *(Flechtenwüste)*. Auch andere Schadstoffe können ihr Verschwinden bewirken (z. B. Fluor).

Die Reduktion der durch die L. verursachten → Belastung muß daher ein vorrangiges Planungsziel für die Um- und Neugestaltung der natürlichen *Umwelt*, vor allem in den → Verdichtungsräumen, sein (MÜLLER 1973) (→ Belastungsreduktion).

Bei hoher L. führt die ätzende Wirkung der gelösten Oxide des Schwefels zu starker *Korrosion*, z. B. an freistehenden Sachgütern wie Denkmälern, Kirchen, Residenzen, Plastiken u. dgl. Die Zunahme der *chemischen Verwitterung* ist in solchen Fällen rein anthropogen bedingt.

M

Mäander: Nach dem kleinasiatischen Fluß Mäander, heute Menderes, benannte Krümmungen und Windungen eines → Flusses. Die Bezeichnung M. gilt nur für Flußschlingen, in denen der Fluß streckenweise entgegengesetzt zu seiner Hauptrichtung fließt. Die Pendelschwingungen des *Stromstrichs* haben ihre Entstehungsursache in der Dynamik des Fließvorganges; häufig sind M. Gleichgewichtsformen zwischen → Erosion und → Akkumulation in Flußstrecken mit flachem Gefälle.

Windet sich der Fluß auf breiter Sohle in seiner Aue, so spricht man von *freien* oder *Wiesenmäandern*. Durch Seitenerosion an den *Prallhängen* und *Sedimentation* an den *Gleithängen* werden die Krümmungen ständig ausgeweitet und seitwärts bzw. flußabwärts verlegt. Bei Hochwasser können die schmalen Mäanderhälse durchbrochen werden, so daß strömungslose *Altwasser* entstehen, die allmählich verlanden → Sukzession.

Vollzieht das gesamte → Tal einschließlich der begrenzenden Hänge die Schwingungen mit, so handelt es sich um *eingesenkte* oder *Talmäander*. Ihre Entstehung verdanken sie der Tiefenerosion, die häufig durch Hebungsvorgänge belebt wird. Talmäander unterliegen denselben Veränderungen wie die freien M., allerdings vollzieht sich die Umgestaltung langsamer. Werden die Schlingenhälse durchbrochen, so entstehen *Umlaufberge* (Abb. 68).

Flüsse mit schön ausgebildeten M.n sind Mosel und Saar.

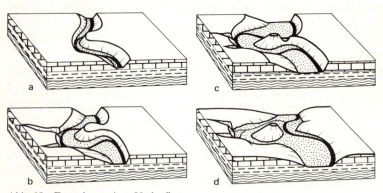

Abb. 68 Entstehung eines Umlaufberges
(nach G. WAGNER 1960 bzw. R. GERMANN, Studienbuch Geologie, Stuttgart 1970, S. 38)

Mäanderwelle → planetarische Frontalzone
Maar → Vulkan

Magma → endogene Kräfte, → Epirogenese, → Erdbeben, → Gestein, → Plutonismus, → Schalenbau, → Tektonik, → **Vulkan,** → Vulkanismus
Magmagestein → Formation, → **Gestein**
Magmaherd → Schalenbau, → **Vulkan**
Magmatit → Gestein
Makroklima → Bestandsklima, → **Klima,** → Stadtklima, → Standortfaktoren
Mallungen → Zirkulation der Atmosphäre
Malthusianischer Gürtel → Tragfähigkeit
Mangrove → tropischer Regenwald
Mangroveküste → Küste
marin: Zum Meer gehörig, durch das Meer entstanden, im Meer lebend (lat. mare – Meer).
maritimer Temperaturgang → Lufttemperatur
maritimes Klima → Klima

Markt: Zunächst Ort des Tausches, an dem sich durch Zusammentreffen von Angebot und Nachfrage der Güter bzw. → Dienstleistungen der → Preis bildet *(Preisbildung)*. Da mittels moderner Kommunikationssysteme Preise auch überregional ausgehandelt werden können, umschließt der Begriff M. auch abstrakte Formen wie Kapitalmarkt, Weltmarkt. Der M. entsteht immer in einer arbeitsteiligen → Wirtschaft (→ Arbeitsteilung), deren Betriebe über den Eigenbedarf hinaus produzieren (→ Marktwirtschaft).

Marktort → intensiv, → **Stadtentwicklung,** → THÜNENsche Kreise, → zentraler Ort
Marktrecht → Stadt, → **Stadtentwicklung**
Marktstadt → Stadttypen, funktionale

Marktwirtschaft: In ihrer idealtypischen Ausprägung die → Wirtschaftsordnung, in der Konsument und Produzent aufgrund ihrer selbständig erstellten Einzelwirtschaftspläne im freien Wettbewerb am → Markt auftreten. Der Preismechanismus (→ Preis) koordiniert diese Pläne. Alle Nachfrager und Anbieter besitzen wirtschaftliche Entscheidungsfreiheit (Wahl des Berufes, des Arbeitsplatzes, des *Konsums,* der *Produktion,* der Kombination der → Produktionsfaktoren). Privateigentum und Gewinnstreben sind die Grundpfeiler der M. Die Leistungsbemessung erfolgt über den → Markt. Die wirtschaftliche Verantwortung trägt derjenige, der den Einzelwirtschaftsplan aufgestellt hat (Unternehmerrisiko).
Manipulative Werbung, *Monopol*-Bildung (→ Preis) und Preispolitik (→ Wirtschaftspolitik) z. B. machen deutlich, daß „freie" M. ein Ideal ist. Ein ökonomisches Mischsystem mit überwiegend marktwirtschaftlichen Elementen ist z. B. die konkrete Ausprägung der *sozialen Marktwirtschaft* in der Bundesrepublik Deutschland mit u. a. folgenden Zielen: Förderung des Wirtschaftswachstums durch steuerliche Begünstigung von Investitio-

nen, relativ gleichmäßige Vermögensverteilung durch gelenkte Eigentumsbildung (z. B. Bausparen, Aktienbesitz), Vorrang eines ausgeglichenen Arbeitsmarktes vor Preisstabilität z. B. durch staatliche Stützung (→ Subvention) vorübergehend strukturschwacher Wirtschaftszweige (→ Landwirtschaft, *Bergbau*), Verhinderung wirtschaftlicher Machtkonzentrationen durch *Kartell*-Gesetze.

Marschhufenflur → Flurformen

Marsch- und Moorhufensiedlung: Durch planmäßige Neulanderschließung in den Marschen bzw. den Moorniederungen des Norddeutschen Tieflands entstandene ländliche Siedlungen mit geometrischen *Grundrissen*. Es handelt sich, ähnlich wie bei den → Waldhufensiedlungen, um *Reihendörfer,* deren Höfe sich entlang vorgegebener oder geschaffener Leitlinien (Marsch- oder Moorränder, Deiche, Flüsse, Kanäle, Entwässerungsgräben) anordnen. Die → Flur besteht aus Streifenparzellen (→ Flurformen); das Verhältnis Länge zu Breite war in den einzelnen Kolonisationsepochen sehr unterschiedlich.
Eingeführt wurden die Hufensiedlungen von niederländischen Siedlern im 12. Jh. in den See- und Flußmarschen von Weser und Elbe *(Fehnsiedlungen).* Im 18. Jh. wurde das Marschhufenprinzip im Rahmen der *friderizianischen Kolonisation* bei der Trockenlegung des Oderbruchs, des Netzebruchs und des Warthebruchs verwendet.

Marshall-Plan → **OECD,** → RGW
Maschinenausleihstation → LPG
Maschinen-Traktoren-Station → LPG
Massenbewegung → **Abtragung,** → Denudation, → Geomorphologie, → Solifluktion
Massenfertigung → Industrialisierung, → Industrie
Massengestein → Gestein
Massengüter → Stadtlage, → **Verkehr**
Massentransport → **Abtragung,** → Denudation, → Solifluktion
materielle Infrastruktur → Infrastruktur
mathematische Geographie → Geographie
mathematisches Klima → Klimafaktoren, → **solares Klima**
Mauritius-Orkan → Wirbelstürme, tropische
mechanische Energie → Elektrizität, → **Energiewirtschaft,** → Steinkohle
mechanisches Reinigungsverfahren → Abwasserreinigung
mechanische Verwitterung → Bodentyp, → Gestein, → **Verwitterung**
Mehr-Kerne-Theorie → Viertelsbildung
Mergelboden → Bodenart
Mesoklima → **Klima,** → Ökosystem Industriestadt
Mesopause → Atmosphäre
mesosaprob → Saprobitätsstufen
Mesosphäre → Atmosphäre
Messing → Kupfer

Meßfühler → kybernetische Mechanismen in der Ökologie
Metalimnion → stehende Gewässer
metamorphes Gestein → Gestein
Metamorphose → **Gestein,** → Steinkohle
meteorologische Elemente → **Klimaelemente,** → Wetter, → Wetterkarte, → Wetterlage
Mikroklima → **Klima,** → Standortfaktoren
Millibar → **Luftdruck,** → Luftfeuchte
Mineralien, Minerale: Anorganische, natürlich entstandene Körper der *Erdkruste* und entweder chemische Verbindungen oder Elemente. Von den etwa 3000 bekannten M. sind nur rund 200 gesteinsbildend (→ Gestein). Die größte Verbreitung haben die Feldspäte (58,1%); es folgen Augit, Hornblende, Olivin (16,4%), Quarz (12,6%). M. sind z. T. wichtige → Rohstoffe (z. B. Erze, Tone); die → Lagerstätten, d. h. die Anreicherung verwertbarer M., werden wirtschaftlich genutzt.
Die Lehre von den M. ist die *Mineralogie*. Sie untersucht und beschreibt die Formen und Eigenschaften der M., ihre Zusammensetzung, Entstehung und Verbreitung.
Mineralogie → Mineralien
Mineralquelle → Vulkan

Mir-System: Bezeichnung für die Gemeindebesitzverfassung mit der besonderen Form der Feldgemeinschaft und Landzuteilung im früheren Rußland. Im engeren Sinne bedeutet Mir die Versammlung bzw. Gesamtheit aller bäuerlichen Haushaltungsvorstände eines Dorfes mit der Pflicht der Steuerhaftung und der Aufgabe der Landzuteilung. Hauptverbreitungsgebiete des M.s waren die nord- und zentralrussischen Provinzen und das ukrainische Schwarzerdegebiet.
Im zaristischen Rußland besaß im allgemeinen der Bauer nur seinen Hof mit dem Hofplatz. Das Nutzland war im Besitz von Großgrundbesitzern, zu denen auch Kirche und Staat gehörten. Dieses wurde dem Mir mit der Aufgabe überlassen, das Ackerland möglichst gerecht unter den Bauern zu verteilen. Weiden, Wald und Fischplätze wurden gemeinschaftlich genutzt. Der Landanteil wurde nur für einen bestimmten Zeitraum von den Bauern individuell bewirtschaftet, dann fiel er an den Mir zurück, der eine neue „Umteilung" vornahm, weil sich inzwischen die Bevölkerungszahl des Dorfes verändert hatte. Diese wiederholte Umverteilung wirkte sich sehr hemmend auf den wirtschaftlichen Fortschritt aus, da sie zu *Flurzersplitterung* und zu Rückständigkeit der Anbaumethoden führte.
Bei der Aufhebung der Leibeigenschaft 1861 blieb das M. bestehen, das Nutzland fiel an die Dorfgemeinschaften als *kollektive* Besitzer. Die von 1906 bis 1916 durchgeführten *Stolypinschen Agrarreformen* gaben den Bauern die Möglichkeit, aus dem Mir-Verband auszutreten. In vielen Teilen Rußlands blieb die „Umteilungsgemeinde" selbst nach der Revolution 1917 und der Enteignung des Landes nahezu unverändert erhalten und wurde erst durch die 1929 einsetzende → Kollektivierung beseitigt (→ Kolchos, → Sowchos).

Mistral → Fallwind, kalter
Mittellauf → Fließgewässer, → **Fluß**
Mittelmoräne → Moräne
Mittelstadt → Satellitenstädte, → **Stadt,** → Viertelsbildung

Mobilität: *Bevölkerungsbewegung;* allgemein jede Bewegung von Menschen in der Zeit, im physischen Raum oder innerhalb eines sozialen Rahmens (FICHTER 1970). Als *soziale* M. wird die Bewegung von Personen aus einer *Position* in eine andere bezeichnet, wobei unter Position der Platz eines Menschen in einem sozialen Gefüge verstanden wird: Die Positionen umreißen die Stellung eines Menschen im Verhältnis zu seinem sozialen Umfeld (z. B. aufgrund von Beruf, Herkunft, Besitz). Soziale M. erfolgt in verschiedenen Richtungen und schließt sozialen Auf- und Abstieg *(vertikale M.)* und Positionsbewegungen innerhalb einer *sozialen Gruppe* mit gleichem *Status (horizontale M.)* ein. Bezugnehmend auf den Zeitfaktor lassen sich *Intergenerationenmobilität* (z. B. Vater Hüttenarbeiter, Sohn Arzt) und *Intragenerationsmobilität* (Facharbeiter wird Ingenieur) unterscheiden.
Die *geographische* (auch physische oder räumliche) M. wird meist als → Wanderung bezeichnet. Entgegen dem offiziellen Wanderungsbegriff, der sich lediglich an der Wohnsitzverlagerung über Gemeindegrenzen orientiert, gehören zur geographischen M. auch andere Bewegungen im Raum, z. B. Reisen verschiedenster Art, *Nomadismus (*→ Wechselweidewirtschaft), → Pendelwanderung, Stadtkern-Stadtrand-Bewegungen (Umzüge). In der Soziologie wird häufig der Begriff „soziale M." im engeren Sinne für vertikale M. gebraucht; unter horizontaler M. wird die geographische M. verstanden.

Mobilitätsziffer → Wanderungsstatistik
Modell der zentralen Orte → zentraler Ort
Mofette → Vulkan

Monokultur: Form der Bodenbewirtschaftung (→ Landwirtschaft), bei der eine einzige Pflanze unter optimaler Ausnutzung standörtlicher Möglichkeiten (→ Standortfaktoren) und marktpolitischer Vorteile (→ Marktwirtschaft) angebaut wird. Betriebe mit M. kommen vor allem in den Tropen und Subtropen vor, deren Länder als Folge der Kolonialherrschaft in erster Linie Rohstoffproduzenten (→ Rohstoffe) sind und sich weniger an den eigenen Bedürfnissen als an den Interessen einer arbeitsteiligen Weltwirtschaft orientieren (→ Plantage).
Nachteile der M. ergeben sich in zweierlei Hinsicht. Zum einen bedeutet der Anbau einer einzigen Pflanze einseitige Beanspruchung des Bodens, die zu früher Auslaugung führt, aber auch ein erhöhtes Ertragsrisiko durch Schädlingsbefall und Pflanzenkrankheiten mit sich bringt. Zum andern bedeutet die Beschränkung auf ein einziges Produkt mehrfache Abhängigkeit (→ Monostruktur), z. B. von Saisonarbeitern wegen fehlender arbeitswirtschaftlicher Ausgleichsmöglichkeiten und von den Weltmarkt-

preisen, die durch Überproduktion und Absatzschwierigkeiten starken Schwankungen unterworfen sein können.
Abhilfe gegen diese Nachteile der M. bringt oft nur eine vielseitige Fruchtfolge (gegen die Bodenauslaugung) (*Fruchtwechselwirtschaft,* → Bodennutzungssystem), die wirtschaftliche Abhängigkeit wird durch eine auf Vielseitigkeit ausgerichtete Landwirtschaft *(Polykultur)* vermieden.

Monopol → Marktwirtschaft, → Plantage, → **Preis**, → Terms of Trade

Monostruktur: Abhängigkeit der → Wirtschaft bzw. des Exportes eines Staates oder einer → Region von einem einzigen Wirtschaftszweig (z. B. *Bergbau*) oder von einem einzigen Produkt (→ Monokultur, z. B. → Kaffee). Die M. ist vor allem für viele → Entwicklungsländer charakteristisch. „Bei 45 Entwicklungsländern konzentrieren sich die Exporterlöse nahezu ausschließlich auf ein Produkt. So stammen die Exporteinkünfte von Mauritius zu 93% aus der Zuckerausfuhr, Mauretanien ist zu 93% auf die Ausfuhr seiner *Eisenerze* angewiesen, Sambia zu 93% auf → Kupfer ..." [33]. Die Gefahren der einseitigen Abhängigkeit zeigen sich deutlich am Beispiel Kolumbiens (→ Kaffee), dessen → Außenhandelsbilanz immer dann negativ wird, wenn der Weltmarktpreis (→ Welthandel) für Kaffee deutlich absinkt. Schwerwiegende Folgen der M. zeigten sich auch in den Steinkohlenrevieren, als infolge der → Steinkohlenkrise viele Zechen schließen mußten und Massenentlassungen zu langanhaltender Arbeitslosigkeit führten, da andere Wirtschaftszweige, die die freiwerdenden Arbeitskräfte hätten aufnehmen können, nicht oder nur schwach ausgebildet waren. Gegen die M. gibt es als wirksame Maßnahme die *Diversifikation,* d. h. den Abbau der Einseitigkeit durch die gezielte Entwicklung und Ansiedlung weiterer Wirtschaftszweige, um durch größere Vielseitigkeit eine Risikostreuung und Marktanpassung zu ermöglichen (→ Marktwirtschaft). Diversifikation bedeutet aber auch, auf einen Betrieb bezogen, die Aufnahme neuer Produkte ins Produktionsprogramm zur Kapazitätserweiterung und Kapazitätsausnutzung.

Monsun (arab. mausim = Jahreszeit): Zwischen Sommerhalbjahr und Winterhalbjahr um mindestens 120° *(Monsunwinkel)* wechselnder → Wind (→ Zirkulation der Atmosphäre). Ursprünglich wurde der Richtungswechsel als jahreszeitliche Ausweitung der *Land- und Seewind-Zirkulation (*→ Land- und Seewind) gedeutet. Nach FLOHN (1949) ist der M. ein Ergebnis der jahreszeitlichen Verlagerung der Wind- und → Luftdruckgürtel, kann also in allen Gebieten mit jahreszeitlich wechselndem Einfluß von Windzonen gegensätzlicher Richtung auftreten (*tropische Westwinde/Passate;* Passate/*außertropische Westwinde;* außertropische Westwinde/*polare Ostwinde*).
Am ausgeprägtesten und bekanntesten ist der M. Vorderindiens *(tropischer M.).* Hier rückt der thermische Äquator wegen der großen Landmasse Asiens besonders weit nach Norden vor. Die Zone tiefsten → Luft-

drucks und damit auch die *innertropische Konvergenz (ITC)* erreicht eine Lage von ca. 30° nördlicher Breite, liegt also über dem Hochland von Iran und Nordpakistan und weist mit einem Trog nach Osten. So bildet sich im Sommer ein durchgehendes *Luftdruckgefälle* zwischen dem *subtropisch-randtropischen Hochdruckgürtel* der Südhemisphäre und diesem *Tiefdruckgebiet* aus; der SE-Passat der Südhemisphäre wird nach Überschreiten des Äquators zum SW-Wind umgelenkt *(äquatorialer Westwind)*, der als feuchtwarmer *Sommermonsun* auf dem indischen Subkontinent ankommt. Die Hauptniederschläge fallen in Störungswellen beim Durchzug der ITC, während die bis zu 3 km mächtige Monsunströmung selbst nur mäßig starke Schauer, vor allem im Stau der Gebirge liefert (→ Niederschlagsverteilung). Beim Überschreiten des mathematischen Äquators werden, da hier die CORIOLIS-Kraft gleich Null wird (→ Wind), die Passatströmung abgebremst und damit die Aufsteigtendenz und die Niederschlagsneigung erhöht, so daß man mit FLOHN von einer Aufspaltung der ITC in einen südlichen Zweig (SITC) und einen nördlichen Zweig (NITC) sprechen kann.

Im Winterhalbjahr kommt es zur Umkehr des Druckgefälles: über Zentralasien ist der subtropisch-randtropische Hochdruckgürtel thermisch verstärkt und nordwärts verschoben. Er steuert trockene und relativ kühle Luft nach Süden bis zur *äquatorialen Tiefdruckrinne*, die jetzt südlich des Äquators liegt. Diese Strömung, der sog. *„Wintermonsun"*, hat in Bodennähe nordöstliche Richtung und entspricht damit dem Nordostpassat anderer Regionen in gleicher Breitenlage.

Daraus ergibt sich eine ausgeprägte jahreszeitliche → Niederschlagsverteilung. In der kühlen Jahreszeit (Januar–März) kommt es nur an den Küsten des Golfs von Bengalen zu ergiebigerem Niederschlag. Am Himalayarand fällt geringer Niederschlag aus Störungen des südlichen Zweiges der über Asien aufgespaltenen außertropischen Westwindtrift. In der heißen Jahreszeit (April–Mai) wird das Festland bei zunächst ungestörter Sonneneinstrahlung aufgeheizt, die ITC erfaßt mit ihren Niederschlägen bereits die Südspitze Indiens. In der Regenzeit (Juni–September) erreicht der M. schließlich in mehreren Wellen zuerst die gesamte Dekkan-Halbinsel, dann Bengalen, Assam und Hindostan und zuletzt das Industiefland. Unregelmäßigkeiten beim Vordringen der Monsunwellen führen dazu, daß Trockenheit und Überschwemmungskatastrophen einander häufig ablösen oder sogar in verschiedenen Regionen Indiens gleichzeitig auftreten. Am stärksten beregnet sind die Westabdachung der Westghats, das indisch-birmanische Grenzgebiet mit dem Khasi-Gebirge (Cherrapunji ist mit 11850 mm einer der niederschlagsreichsten Orte der Erde) und Bengalen. Niederschlagsarm ist der gesamte Nordwesten, wo der M. durch das Tiefdruckzentrum über dem Iran bereits zu einem Wind mit östlicher Komponente abgelenkt ist, der, über die Schwelle des Arawalligebirges herabfallend, kaum noch Niederschlag bringen kann. Die Übergangsjahreszeit (Oktober–Dezember) ist durch das Zurückweichen der ITC geprägt. Sie bringt im Süden noch einmal reichliche Niederschläge. Erste Vorstöße außertropischer Kaltluft führen über dem aufgeheizten Süden des Golfs von Bengalen zur Entstehung von *Taifunen* (→ Wirbelstürme, tropische), die – nordwärts ziehend – auch Bengalen noch starke Niederschläge bringen können.

Innerhalb der Tropen gibt es M.e oder monsunartige Winde auch an der Oberguineaküste, in Ostafrika, in Nordaustralien.

Der *außertropische M.* ist am eingehendsten für Ostasien beschrieben. Im Winterhalbjahr setzt sich hier die Westwindtrift zum Boden hin durch, erhält aber durch das asiatische Hoch eine nördliche Komponente (NW-M.) und bringt trocken-kalte Luft aus dem Innern des Kontinents. Der sommerliche SE-M. ist dagegen eine weniger als 1000 m mächtige reibungsbedingte Bodenströmung, die von dem asiatischen *Hitzetief* ausgelöst wird. Sie ist überlagert von einer südwestlichen Höhenströmung. An der Grenze zur kühleren Luft über Nordasien und dem nördlichen Pazifik bilden sich Störungswellen, die für die sommerlichen Niederschläge verantwortlich sind.

Als *monsunale Effekte* bezeichnet man alle mit dem jahreszeitlich wechselnden Wärmehaushalt von Land und Meer zusammenhängenden Erscheinungen, auch das Umschlagen des Windes nach frühsommerlichen Schönwetterperioden beim Einbruch kühler Meeresluft in den Mittelbreiten. Solche monsunalen Kaltlufteinbrüche sind für den Witterungsverlauf Mittel- und Westeuropas während der Sommermonate (Juni–August) charakteristisch.

monsunale Effekte → Monsun
Monsunwinkel → Monsun
Montanindustrie → Rheinisch-Westfälisches Industriegebiet
Montanunion → **EGKS,** → Steinkohlenkrise
Moorhufenflur → Flurformen
Moorhufensiedlung → Marsch- und Moorhufensiedlung

Moräne: Bezeichnung für das vom → Gletscher transportierte und abgelagerte Gesteinsmaterial. Der Schutt, der auf der Oberfläche des Gletschers liegt, heißt *Obermoräne* und stammt vorwiegend aus der *Frostverwitterung* (→ Verwitterung) der Hänge und Wände, die den Gletscher begleiten. Am Rande des Eisstromes befindet sich die *Seitenmoräne,* die sich bei negativen Schwankungen des Gletschers in Form eines seitlichen Walles als *Ufermoräne* abtrennen kann und dann mehr oder weniger hoch über dem Eis liegt. Wenn zwei Gletscher zusammenfließen, so vereinigen sich die beiden inneren Seitenmoränen zu einer *Mittelmoräne.*

Am Grunde schleift das Eis die Gesteinsoberfläche ab und mahlt aufgenommene Steine rund und klein. Dieses *Sediment,* die *Grundmoräne,* ist meist feinkörnig und durchsetzt von geschliffenen → Gesteinen (→ Geschiebe). Die Wälle, welche die gegenwärtigen oder früheren Enden der Eiszungen umschließen, heißen *Wall-, Stirn-* oder *Endmoränen.*

Die unter dem Eis abgelagerte Grundmoräne besteht aus Geschieben der verschiedensten Größe, die unsortiert in ein kalkhaltiges oder lehmiges Bindemittel eingelagert sein können *(Geschiebemergel* oder *Geschiebe-*

lehm). Im frischen Zustand ist der → Boden grau, durch Verwitterung wird er gelblich oder braun. Wegen seiner günstigen Eigenschaften ist er für den Ackerbau besonders wertvoll. Morphologisch ist die Grundmoränenlandschaft durch einen einheitlichen Charakter gekennzeichnet; auf weiten Flächen wechseln schwache Schwellen und seichte Vertiefungen miteinander ab, die die Entstehung zahlreicher flacher Seen *(Grundmoränenseen)* bedingen. Z. T. sind die Seen auch aus *Toteislinsen* hervorgegangen (→ Toteis, → Sölle). Die Oberfläche der Grundmoräne wird in der Nähe des ehemaligen Eisrandes unruhig und kuppig wegen der Einwirkung der Schmelzwässer. Kleinformen wie die → Drumlins, → Oser oder → Kames treten auf.

In den Endmoränen wird das gröbere Material durch die Schmelzwässer angereichert und umgelagert, so daß für sie die *Blockpackung,* d. h. die regellose Ansammlung großer, vielfach riesenhafter Geschiebe, typisch ist. Die fortgesetzte *Sedimentation* bei unveränderter Randlage und die Aufstauchung führen zu bedeutenden Aufhöhungen. So besteht die Endmoräne aus Hügeln und langgestreckten Wällen, die oft in Staffeln hintereinander liegen, die den verschiedenen Stillstandsphasen des Eisrandes entsprechen. Wegen des blockreichen Bodens sind die Endmoränen für die → Landwirtschaft weniger geeignet und daher oft von *Wald* bedeckt.

Morphogenese → Geomorphologie
Morphographie → Geomorphologie
Mulde → **Falte,** → Steinkohle, → Tal
Muldental → Tal

Müll: *Abfälle* aller Art, die sich nach ihrer Zusammensetzung (z. B. feste, schlammige und flüssige Abfälle), nach ihrer Herkunft (z. B. kommunale Abfälle wie Hausmüll, Straßenkehricht, Marktabfälle und gewerbliche Abfälle wie Altöl, Altreifen, Schlachthofabfälle) sowie nach ihrer Beseitigungsmöglichkeit (→ Müllbeseitigung) untergliedern lassen.

Die Zusammensetzung des M. s hat sich in den letzten Jahren quantitativ und qualitativ erheblich verändert. Verbesserter Lebensstandard und wachsender Wohlstand, verbunden mit einem gesteigerten Konsum bei aufwendigem Verpackungsmaterial, haben den Müllberg immer stärker anwachsen lassen („Wohlstandsmüll"). Viele Artikel haben außerdem eine im Vergleich zu früher kürzere Lebensdauer.

Die andersartige Zusammensetzung der Abfälle mit einem hohen Anteil an Kunststoffen macht ihre Wiederverwertung (→ Recycling) oft unwirtschaftlich, so daß nur noch deren Beseitigung übrigbleibt (z. B. die Einwegflasche und alle Einwegpackungen). Pro Einwohner und Jahr rechnet man in der Bundesrepublik Deutschland in einer mittelgroßen Stadt mit insgesamt 400 kg M. Die großen Mengen an M. verursachen Lagerungs- und Beseitigungsprobleme. Hohe Kosten sind die Folge. „Der Anteil des Hausmülls ist in den letzten Jahren stark gewachsen. Schätzungen ergeben einen Grenzwert der Müllproduktion von 1,5 t oder 7,5 m^3 (1980) pro Haushalt (3 Personen) und Jahr" [15c].

Müllkippe, wilde → Müllbeseitigung

Müllbeseitigung: Besonders in den → Verdichtungsräumen zur Wahrung des Wohls der Allgemeinheit unbedingt erforderlich (→ Müll). Da *wilde Müllkippen* eine große → Belastung für die *Umwelt* darstellen (Brut- und Lebensstätten für Ungeziefer aller Art; Staub- und giftige Rauchgasentwicklung; Geruchsbelästigung; Schwelbrände mit Waldbrandgefahr; Verunreinigung der oberflächennahen Gewässer [→ Fließgewässer, → stehende Gewässer] und des → Grundwassers), müssen die *Abfälle* auf eigens dafür hergerichteten Plätzen, den *Deponien,* geordnet und kontrolliert abgelagert werden.
Die Deponien werden meist als Großdeponien an zentralen Stellen außerhalb der Siedlungen eingerichtet, so daß u. U. lange Transportwege für die Müllfahrzeuge in Kauf genommen werden müssen.
Nur bei geordneten Deponien können die Auflagen zur Reinhaltung der Luft (→ Luftverschmutzung), des Bodens und der Gewässer, zur Lärmbekämpfung (→ Lärmschutzmaßnahmen) sowie zum Landschafts- und Naturschutz gebührend berücksichtigt werden (→ Belastungsreduktion). Im Gegensatz zur wilden Müllkippe wird bei der geordneten Deponie der Untergrund nach dem Aushub abgedichtet, und die Müllablagerungen werden – z. B. durch Zerkleinerung – maschinell verdichtet sowie schichtenweise übereinander angeordnet. Der Erdaushub dient zur Abdeckung der einzelnen Abfallschichten.
Eine weitere Methode der M. ist die *Müllverbrennungsanlage,* wobei die Verbrennungsrückstände ebenfalls in einer geordneten Deponie gelagert werden. Um die Gefahr der → Luftverschmutzung durch Chloride (PVC enthält z. B. bis zu 57% Chlor), Schwefeldioxid (die SO_2-Produktion erreicht ein Mittel von 4 kg SO_2 pro t Müll), Fluoride u. a. herabzusetzen, werden entsprechende Filteranlagen notwendig (s. auch das *„Rotovent-Naß-Abgasreinigungsverfahren",* MÜLLER 1974).
Die bei der Verbrennung von Kunststoffen in *Sondermüllverbrennungsanlagen* freiwerdenden Chlorgase verbinden sich mit Wasserdampf in den Abgasen zu Salzsäure, so daß *Gaswaschanlagen* zwischengeschaltet werden müssen. Um die bei der Müllverbrennung entstehenden Schlacken steril zu gewinnen, müssen die zu verbrennenden Stoffe (Abfälle) auf ca. 1000 °C erhitzt werden.
Die Müllverbrennung ist gegenwärtig zwar die wirksamste, aber auch die teuerste Methode der M. Wegen der hohen Abscheidungen an gas- und staubförmigen Partikeln (→ Aerosole) ist sie in Verdichtungsräumen nach Möglichkeit zu vermeiden.
Zur *Müllkompostierung,* einem Verfahren, das die geringste Umweltbelastung hervorruft, eignet sich nur Müll, der keine giftigen oder nicht verrottbaren Abfälle (wie Metall, Glas, Kunststoff u. a.) enthält. Der aus den organischen Abfällen gewonnene Müllkompost kann mit Klärschlamm vermischt werden (→ Abwasserreinigung) und bildet einen wertvollen Humusdünger.
Maschinell durchgeführte Zerkleinerung und Verdichtung, Verbrennung

und Kompostierung dienen bei der M. der Volumenreduzierung der Abfälle. Auch die *Sonderabfälle* wie Bauschutt, Autowracks (s. die *Schredderanlagen*), Klärschlamm, Abfälle aus der Tierkörperverwertung u. a. sind auf geordneten Deponien zu lagern.

In dem Maße, wie Abfälle und Altmaterial wieder aufbereitet und in den Wiederverwendungskreislauf (→ Recycling) eingebracht werden können, werden sich die o. g. Schwierigkeiten bei der M. verringern. Bei Verpakkungen z. B. sollte nur solches Material verwendet werden, das leicht, d. h. problem- und schadlos, beseitigt werden kann. Der heutigen, ständig verfeinerten und ausgereifteren Produktionstechnik ist eine zumindest ebensolche Abbautechnik gegenüberzustellen.

Noch weitgehend ungelöst ist das Problem der radioaktiven Abfälle (→ Kernenergie).

Müllkompostierung → Müllbeseitigung
Müllverbrennungsanlage → Müllbeseitigung

Mure: Bezeichnung für einen Strom aus zähflüssigen, sich ruckartig zu Tal bewegenden Massen, die aus einem Gemisch von Wasser, Erde, Schutt, Felsblöcken und mitgerissenen Bäumen und Sträuchern bestehen. M.n bilden sich durch → Abspülung in den Hochgebirgen, z. B. bei Starkregen, besonders in Verbindung mit der Schneeschmelze, und sind in ihrer Entstehung an steile Gehänge, großen Schuttreichtum und eine lockere Vegetationsdecke gebunden. Die Bewegungsbahnen der M.n folgen häufig den Wildbachfurchen. Durch das Material der M. werden im Tal schichtweise nach oben wachsende, stark geneigte Schwemm- bzw. Schuttkegel aufgebaut. Die transportierten Massen können bisweilen ganz gewaltig sein und in den Talsiedlungen verheerend wirken. Schutzbauten haben sich bisher als wenig wirksam erwiesen.

N

Nachrichtenverkehr → Verkehr
Nachtbevölkerung → Tag- und Nachtbevölkerung
nackter Karst → Karst
Nährgebiet → Gletscher

Nahrungskette (Abb. 69, 70): Weitergabe der → Biomasse und der darin enthaltenen *Energie* über verschiedene Konsumentenebenen (→ Konsumenten, → trophisches Niveau). Die in der Nahrung enthaltene Energie geht von den *Primärproduzenten* (→ Produzenten) auf eine Reihe von Organismen über, wobei sich der Vorgang des Fressens und Gefressenwerdens mehrfach wiederholt. Entlang der N. findet ein Energiefluß durch die → Biozönose statt. Er beginnt mit der Bindung der eingestrahlten Sonnenenergie bei der → Photosynthese (*Primärproduktion*) und endet mit der vollständigen Zerlegung der organischen Substanzen. Dabei geht auf jeder neuen Konsumentenebene Energie verloren. Die Erhaltung der Biozönosen setzt daher stets die Zufuhr von Lichtenergie voraus (→ stehende Gewässer). Während die Energie ein → Ökosystem nur einmal durchfließt, durchlaufen ihre Trägerstoffe (z. B. C, H, N, P, S) es mehrmals (→ Kohlenstoff-, → Phosphor-, → Stickstoff- und → Wasserkreislauf).
Wenn sich bestimmte Elemente (z. B. Quecksilber, Blei) im abiotischen Bereich des Ökosystems in größerer Menge angereichert haben und von dort in die → Stoffkreisläufe in der Biosphäre gelangen, können Vergiftungen in den N.n auftreten.

Nahrungsmittelbedarf → Tragfähigkeit
Nahrungsspielraum → Bevölkerungsentwicklung, → generative Struktur, → **Tragfähigkeit**
Nahverkehr → Verkehr

Naturlandschaft: Mit dem Begriff N. kennzeichnet man die vom Menschen fast unberührten Teile der Erde (*Geosphäre*) in ihrer ursprünglichen Ausstattung, „wo die Natur ungestört hat wirken können" (WILDENOW 1792 nach [27b]). Wegen der starken und immer mehr zunehmenden anthropogenen Überformung der gesamten Erde ist die (reine) N. wohl nur noch außerhalb der *Ökumene* vorhanden (→ Wirtschaftsraum). Der N. steht die vom Menschen beeinflußte → Kulturlandschaft gegenüber. „Naturlandschaften finden sich in größerer Ausdehnung nur dort, wo die Landesnatur dem Menschen keinen Anreiz zur Besiedlung bietet oder seinem dauernden Aufenthalt Schwierigkeiten, die noch nicht überwunden werden konnten, entgegensetzt. Dieses gilt für Eiswüsten, einen Teil der Trockenwüsten, hochalpine Gebirge und für begrenzte, in ihrer Ausdehnung schwer schätzbare Teile der tropischen Regen- und Berg-

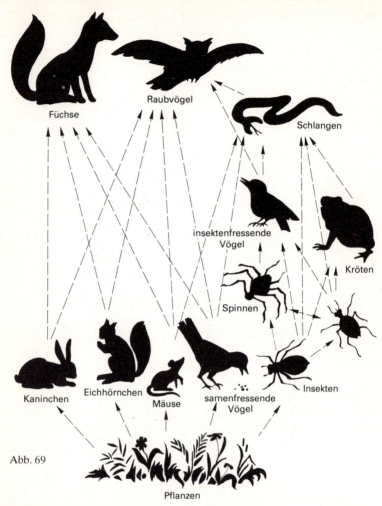

Abb. 69 Nahrungsbeziehungen in einer Wald-Biozönose; stark vereinfacht (nach G. T. MILLER jr., Replenish the earth. A primer in human ecology, Wadsworth Publ. Comp., Belmont, California, 1972 bzw. Funkkolleg Biologie, Studienbegleitbrief 9, Weinheim und Basel 1974, S. 22)

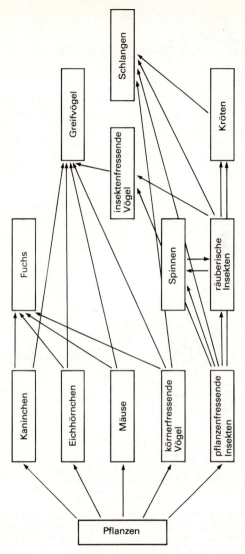

Abb. 70 Schematische Darstellung der Nahrungsbeziehungen eines Waldrandgebüsches
(nach A. BACH, Pädagogische Abhandlung, Neunkirchen/Saar 1975, unveröffentlicht, S. 121; vereinfacht)

Nahrungskette

waldlandschaften, der borealen Wälder und der Tundren" [27b] (→ tropischer Regenwald).
Ausgehend von der Frage, was geschehe, wenn der Mensch eine → Landschaft sich selbst überläßt, kommt man zu dem Begriff der potentiellen N. (→ Naturwaldzellen).

natürliche Sukzession → Sukzession
Naturwald → Forstwirtschaft

Naturwaldzellen: Nach SCHMITHÜSEN (1973) Waldflächen, die aus der forstlichen Bewirtschaftung (→ Forstwirtschaft) ausgeschlossen werden, um das natürliche Wuchspotential an unterschiedlichen Standorten (→ Standortfaktoren), die Vorgänge der *Wald*-Entwicklung und die → ökologische Valenz der einzelnen Arten besser kennenlernen zu können.

Nebel → Aerosole, → Kondensation, → Luftfeuchte, → **Niederschlag,** → Niederschlagsverteilung, → Ökosystem Industriestadt, → Stadtklima, → Verwitterung, → Wasserkreislauf, → **Wetter,** → Wolken
Nebenfluß → Erosion, → **Fluß**
Nebka → Schlüsselart
negative Strandverschiebung → Strandverschiebungen
Nehrungsküste → Küste
Nettoprimärproduktion → Produzenten
Nettosozialprodukt → Bruttosozialprodukt
Neusilber → Kupfer

Niederschlag: In der → Klimatologie die Ausscheidung von Wasserdampf aus der → Atmosphäre entweder durch unmittelbare → Kondensation oder → Sublimation an der festen Erdoberfläche (*Tau, Reif*) oder durch Herabfallen in fester oder flüssiger Form aus den → Wolken (*Niesel, Regen, Schnee, Graupel, Hagel*).
Tau bildet sich, wenn die feste Erdoberfläche oder Teile davon durch nächtliche *Ausstrahlung* (→ Strahlung) unter den *Taupunkt* abgekühlt werden oder nach einem vorausgegangenen kälteren Witterungsabschnitt (→ Wetter) entsprechend niedrige Temperaturen aufweisen. Er besteht aus kleinen Wassertröpfchen und ist dort am stärksten ausgeprägt, wo aufgrund geringer Wärmeleitung die Abkühlung am stärksten ist (z. B. auf Gräsern, behaarten Blättern usw.).
Reif besteht sowohl aus gefrorenen Tautropfen als auch aus durch Sublimation abgesetzten Eiskristallen.
Rauhreif wird gebildet, indem unterkühlte *Nebel*-Tröpfchen bei Temperaturen unter 0 °C gegen feste Gegenstände getrieben werden und dort gefrieren. So wachsen Rauhreifnadeln entgegen der herrschenden Windrichtung. Vor allem Nadelbäume können auf diese Weise große Feuchtigkeitsmengen aus der Nebelluft ausfiltern und sind durch das Gewicht des Rauhreifs vom *Frostbruch* bedroht.

Der Ausfällung von Niederschlägen aus → Wolken gehen komplizierte Vorgänge innerhalb der Wolken voraus. Dabei sind zwei Prozesse, die zur Niederschlagsbildung führen können, zu unterscheiden:
1. das Zusammenfließen von Wassertröpfchen (die *Koagulation*),
2. der Weg über das Eisstadium mit Vergraupelung, Schneeflockenbildung und – je nach Temperaturschichtung – anschließendem Schmelzen.
Koagulation in reinen Wasserwolken bewirkt meist nur kleintropfigen Regen oder *Niesel*. Voraussetzung ist das Vorhandensein von Wolkentröpfchen unterschiedlicher Größe mit unterschiedlicher Sinkgeschwindigkeit bzw. in Konvektionswolken (→ Konvektion) mit unterschiedlicher Auftriebsgeschwindigkeit; so wird die Wahrscheinlichkeit von Zusammenstößen, die zum Tropfenwachstum führen, heraufgesetzt (Abb. 71). Außerdem ist eine bestimmte Koagulationsstrecke erforderlich, damit die zum Ausfallen notwendige Tropfengröße erreicht wird (ca. 1000 m bei *Schichtwolken*, ca. 1500 m bei Konvektionswolken; WEISCHET 1977). Sind beide Bedingungen erfüllt, so kann es in allen geographischen Breiten zum Nieseln oder zu Nebelnässen aus wasserreichen Schichtwolken kommen (z. B. *Garua* – Niederschlag der chilenisch-peruanischen *Küstenwüste*). Aus tropischen Konvektionswolken des unteren Stockwerks können sogar mittel- bis großtropfige Regenschauer von mittlerer Ergiebigkeit fallen.

Kräftige und ergiebige Regenfälle setzen sowohl in den mittleren Breiten als auch in den Tropen die Eisphase voraus und sind somit an Wolken mit großer Vertikalerstreckung gebunden. In Höhen von 6–8 km (Tropen) bzw. von 5–6 km (mittlere Breiten im Sommer) sind in den Wolken neben unterkühlten Wassertröpfchen im allgemeinen auch Eiskristalle vorhanden, die als *Eiskeime* für die Niederschlagsbildung dienen. Da der Dampfdruck über Eis niedriger ist als über wäßrigen Oberflächen, wachsen die Eiskristalle durch → Sublimation (*Sublimationswachstum*) auf Kosten der Wassertröpfchen rasch zu Schneekristallen oder verzweigten Schneesternen an, die zu sinken beginnen. Welche Rolle für das Wachstum der Eiskristalle die Verteilung der elektrischen Ladungen auf Wasser- bzw. Eisteilchen spielt, ist noch nicht restlos geklärt (vgl. TANK 1969). Bei Temperaturen in Gefrierpunktnähe bilden sich mehr oder weniger große Schneeflocken, indem sich mehrere Schneesterne oder -kristalle miteinander verhaken. Je höher die Temperatur im unteren Bereich der Wolke, um so größere Schneeflocken können im allgemeinen entstehen. Liegt die Temperatur auf der gesamten Fallstrecke unter oder nur wenig über dem Gefrierpunkt, so kann der N. den Erdboden als *Schnee* erreichen. Unterhalb der Frostgrenze schmelzen die Schneeflocken und kommen, wenn die Fallstrecke zum vollständigen Schmelzen ausreicht, als *Regen* am Boden an.

Fällt der Regen, z. B. nach Durchzug einer Höhenwarmfront, in eine frostkalte Bodenluftschicht, so gefriert er beim Auftreffen auf dem Boden bzw. anderen festen Gegenständen; es kommt zu *Glatteis* auf den Straßen und u. U. zu *Eisbruch* in Wäldern und an Überlandleitungen. Nicht vollständig geschmolzene Schneeflocken können auch in der Luft wieder ge-

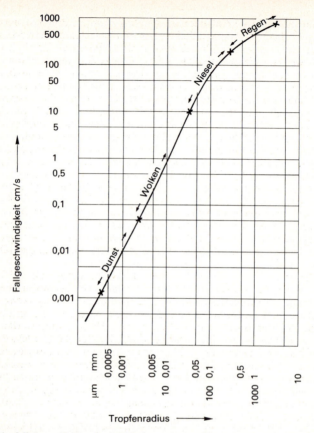

Abb. 71 Mittlere Fallgeschwindigkeit und Größe von Aerosolen, Wolkentröpfchen und Niederschlag
(nach STÜVE bzw. W. WEISCHET, Einführung in die Allgemeine Klimatologie, Stuttgart 1977, S. 190)

frieren und als *Eisregen* am Boden auftreffen, d. h. als glasklare Eiskörner, die nicht mit Hagel (s. u.) zu verwechseln sind.
Fallen die Schneeflocken oder -sterne in eine Wolkenschicht mit starker *Turbulenz* (Konvektionswolken), so stoßen sie häufig mit unterkühlten Wassertröpfchen zusammen, die dabei gefrieren und sich als Eiskörnchen unregelmäßig anlagern. Aus der Schneeflocke wird die lockere, kugelige *Reifgraupel*. Bei noch stärkerer Turbulenz oder höheren Temperaturen legen sich die gefrierenden Tröpfchen als geschlossene Eisschale um den Schneekern. So entsteht die *Frostgraupel,* aus der schließlich, wenn der

Vorgang durch starke Aufwinde in der Wolke längere Zeit andauert oder sich nach vorübergehendem Fallen des Niederschlagskorns wiederholt, das bis über taubeneigroße *Hagel*korn wird. Der von Eisschalen umschlossene schneeig-poröse Kern läßt noch das Ausgangsstadium seiner Entwicklung erkennen. Hagel fällt aus sommerlichen bzw. tropischen Gewitterwolken (→ Gewitter), wo allein die erforderlichen starken Aufwinde vorkommen. Graupel hingegen erreichen aufgrund der geringeren Fallgeschwindigkeit nur bei niedrigen Temperaturen den Erdboden in fester Form; sie sind eine charakteristische Niederschlagsform bei Schauerwetterlagen der kühleren Jahreszeiten in den mittleren Breiten.

Nach den die Niederschlagsbildung auslösenden atmosphärischen Prozessen unterscheidet man vor allem zwischen *Konvektionsniederschlag* (→ Konvektion) und *zyklonalem N.* (→ Zyklone). Konvektionsniederschläge treten hauptsächlich in den Tropen auf (*Zenitalregen*), aber auch in den kontinentalen Gebieten der mittleren Breiten mit Niederschlagsmaximum im Sommer ist ihr Anteil relativ hoch. Insgesamt stellen in den mittleren Breiten die zyklonalen Niederschläge, die im Zusammenhang mit Aufsteigbewegungen vor allem an den Fronten der Zyklonen großflächig auftreten, den weitaus größeren Anteil an der Gesamtniederschlagsmenge.

Das Relief hat starken Einfluß auf Niederschlagsmenge und → Niederschlagsverteilung. Im Luv der Gebirge kommt es bei genügend hochreichender Grundströmung zu *Stau-* oder *Steigungsniederschlag,* während es bei absinkender Luftbewegung auf der Leeseite häufig vollkommen trocken ist. Bei Vorherrschen einer bestimmten Windrichtung werden Gebirge zu *Klimascheiden.* Die Hawaii-Inseln, im Bereich des NE-Passats gelegen, besitzen extrem feuchte Nordostseiten und ebenso trockene Südwestseiten. Die nordamerikanischen Kordilleren trennen im Bereich der Westwinde die feuchten pazifischen Küstenlandschaften von den trockenen Great Plains im Landesinnern. Auch Konvektionsniederschlag wird durch Gebirge verstärkt, da die Hänge aufgrund ihrer unterschiedlichen Erwärmung Auftriebsbewegungen in der Atmosphäre begünstigen (→ Berg- und Talwind). In den Tropen allerdings fällt in den hohen Gebirgslagen insgesamt weniger N., da hier wegen des geringeren horizontalen Austauschs die besonders wasserdampfreiche Luft der tropischen Niederungen fehlt.

Künstlicher N. kann dadurch ausgelöst werden, daß in vorhandene unterkühlte Wasserwolken von Flugzeugen aus oder mittels Raketen fein verteilte Kristalle ausgestreut werden, die dem Eiskristall isomorph gebaut sind (z. B. Silberjodid- oder Kohlensäurekristalle); sie wirken als Eiskeime, an denen die Wolkentröpfchen gefrieren. Ähnlich wird beim *Hagelschießen* die Ausfällung von unterkühltem Wasser vorzeitig ausgelöst, bevor sich in der Wolke die für starken Hagelschlag erforderlichen Mengen an unterkühlten Wassertröpfchen angesammelt haben.

Niederschlagsverteilung: Die regionale Verteilung der Niederschläge (→ Niederschlag) ist von der allgemeinen → Zirkulation der Atmosphäre

abhängig. Die größten jährlichen Niederschlagsmengen fallen in den inneren Tropen im Bereich der *äquatorialen Tiefdruckrinne* (ca. 10° nördlicher Breite–10° südlicher Breite) als *Konvektionsniederschlag* (→ Konvektion); da sie – mit zeitlicher und räumlicher Verzögerung – dem Zenitstand der Sonne folgen, werden sie auch als *Zenitalregen* bezeichnet. Nach Norden und Süden schließen sich Gebiete mit eingeschalteter Trockenzeit im Winterhalbjahr und dadurch abnehmendem Jahresniederschlag an; sie reichen bis ca. 18°, im Bereich des vorderindischen → Monsuns (*tropischer Monsun*) bis ca. 30° polwärts und gehen in einen ausgeprägten Trockengürtel mit nur episodisch auftretenden Niederschlägen über. Er verdankt seine Entstehung dem *subtropisch-randtropischen Hochdruckgürtel* (→ Luftdruckgürtel) bzw. den ihm entströmenden trockenen und stabil geschichteten *Passaten*. Polwärts überschneidet sich der Einfluß dieses *Hochdruckgebietes* im Sommer mit dem Einfluß der zyklonalen Westwindtrift (→ Zyklone) im Winter (Winterregengebiete zwischen ca. 30° und 45°). Die Niederschlagsmengen nehmen ab ca. 30° polwärts wieder zu und erreichen in der Zone, die ganzjährig unter dem Einfluß der zyklonalen Westwinde steht (ca. 45°–65°), ein sekundäres Maximum auf jeder Halbkugel. Da die Niederschläge jeweils in den von den zyklonalen Westwinden begünstigten ozeanischen Gebieten höher sind als im kontinentalen Bereich mit konvektiven Sommerregen, ist es naheliegend, in den zyklonalen Prozessen an der → planetarischen Frontalzone die Ursache für die sekundären Niederschlagsmaxima zu sehen (*zyklonale Niederschläge*). Die Polgebiete sind, vor allem wegen der Wasserdampfarmut der kalten Luft, niederschlagsarm, obwohl → Zyklonen der planetarischen Frontalzone häufig das flache *Polarhoch* durchdringen.
Tellurische Einflüsse wandeln die dargestellte N. vielfältig ab. Während in den inneren Tropen die Westseiten mehr Niederschlag erhalten, sind in den äußeren Tropen die Ostseiten durchgehend niederschlagsreicher, eine Folge der Luvseitenwirkung gegenüber der jeweils vorherrschenden Windrichtung. Auf den Westseiten entstehen zwischen etwa 10° und 30° im Lee der Kontinente und unter dem stabilisierenden Einfluß kalter Meeresströmungen ausgeprägte *Küstenwüsten*, in denen bei hoher → Luftfeuchte außer gelegentlichem *Niesel* aus flachen, wasserreichen *Nebel*-Bänken kaum Niederschlag fällt (Namib in SW-Afrika, chilenisch-peruanische Küstenwüste in Südamerika: *Garua,* kalifornische Küstenwüste in Nordamerika). Im Bereich der zyklonalen Westwinde polwärts von 45° sind die Westseiten wieder stärker beregnet. Zwischen 30° und 45° überwiegen auf den Westseiten Winterniederschläge, da im Winter die zyklonalen Westwinde nach Süden vorstoßen (s. o.); auf den Ostseiten dagegen fallen monsunal verstärkte Sommerregen.
Die Darstellung der N. erfolgt mittels *Isohyeten,* d. h. Linien, die Orte gleicher Niederschlagsmengen (im Monat, Jahr) verbinden.

Niederterrasse → Terrasse
Niefrostboden → **Dauerfrostboden,** → Frostboden
Niesel → **Niederschlag,** → Niederschlagsverteilung

Nife → Schalenbau
NITC → **Monsun,** → Zirkulation der Atmosphäre
Nitrate → Abwasserreinigung, → Eutrophierung, → Stickstoffkreislauf

nival: Von *Schnee* bedeckt, durch Schnee geprägt. Als n.e Region in den Polargebieten bzw. n.e Stufe in den Hochgebirgen wird derjenige Bereich bezeichnet, in dem der → Niederschlag vorwiegend in fester Form fällt und durch → Gletscher abtransportiert wird. Im subnivalen Bereich mit Regenfällen in der kurzen warmen Jahreszeit ist bereits Pflanzenleben entwickelt (z. B. Tundra).

nivales Klima → Klima
Nomadismus → Bodennutzungssystem, → Mobilität, → **Wechselweidewirtschaft**
Nordföhn → Föhn

NÖS(PL) (Neues Ökonomisches System der Planung und Leitung der Volkswirtschaft): Reform der Wirtschaftsplanung in den Ländern des *COMECON* (→ RGW) im Anschluß an die Thesen von E. G. LIBERMANN, in der DDR 1963 eingeführt. Die Einführung des neuen Systems war notwendig geworden, um die veralteten Planungsmethoden an die erhöhten Ansprüche eines hochindustrialisierten Landes anzugleichen (→ Wirtschaftspolitik). Ziel der Reformen war eine Steigerung der ökonomischen Effizienz des *Wirtschaftssystems.* Diese soll erreicht werden durch Verbindung wissenschaftlich begründeter zentraler staatlicher Planung mit der schöpferischen Teilnahme der Werktätigen an der Leitung des Staates und der Wirtschaft. Kernstück der Reformen ist das in sich geschlossene System ökonomischer Hebel, wobei die Hebel „Gewinn, Kosten, → Preis und Umsatz" dazu dienen, die wirtschaftlichen Entscheidungen der Betriebe mit den volkswirtschaftlichen Erfordernissen (→ Volkswirtschaft) zu koordinieren. Die Hebel „Lohn und Prämie" sollen die Leistungsbereitschaft der Arbeitnehmer durch die Weckung materiellen Interesses verstärken.
Seit 1967 wurde auch die → Landwirtschaft in die Reformbewegung einbezogen (*Agrarreform*). Neben dem Zusammenschluß landwirtschaftlicher Betriebe (*horizontale Konzentration,* → Konzentration; → Kollektivierung, → LPG) werden Kooperationsketten durch *vertikale Konzentration* landwirtschaftlicher Betriebe mit Industrie- und Handelsbetrieben (z. B. Kooperationskette Milch) geschaffen.

Nunatakker → Inlandeis

O

OAPEC → OPEC
Oberboden → **Boden,** → Eschländereien
Oberflächenwelle → Erdbeben
Oberlauf → Fließgewässer, → **Fluß**
Obermoräne → Moräne
Oberpassat → Zirkulation der Atmosphäre
Oberstadt → Stadtlage
Objektsanierung → Sanierung

OECD (Organization for Economic Cooperation and Development = *Organisation für wirtschaftliche Zusammenarbeit und Entwicklung*): Besteht seit 1961 und ist die Nachfolgeorganisation des *Europäischen Wirtschaftsrates* (*OEEC* = Organization for European Economic Cooperation). Während die ehemalige OEEC ihre Hauptaufgabe darin sah, die im Rahmen des *Marshall-Plans* zur Verfügung gestellten Gelder zum Europäischen Wiederaufbau (*ERP* = European Recovery Program = *Europäisches Wiederaufbauprogramm,* 1947 von dem amerikanischen Außenminister G. MARSHALL ins Leben gerufen) zu verteilen und den wirtschaftlichen Zusammenschluß Europas zu fördern (→ Wirtschaftspolitik), soll die neue Organisation drei Hauptziele verfolgen:
1. größtmögliche wirtschaftliche Expansion und steigenden Lebensstandard bei Wahrung der *Geldwertstabilität* (→ Geld) und Schaffung bzw. Wahrung der Vollbeschäftigung in den Mitgliedstaaten,
2. Ausbau des → Welthandels unter Berücksichtigung bestehender internationaler Verpflichtungen,
3. Mitarbeit bei der wirtschaftlichen Entwicklung der Mitgliedstaaten und Nichtmitgliedstaaten, namentlich der → Entwicklungsländer.
Die praktische Arbeit vollzieht sich in den zahlreichen Ausschüssen, die einen Überblick geben über die weiteren Aufgabenbereiche, die die OECD inzwischen übernommen hat, z. B. Förderung der internationalen Verkehrsforschung (→ Verkehr), wissenschaftliche und wirtschaftliche Zusammenarbeit u. a. in Fragen des Umweltschutzes, der Energieversorgung (→ Energiepolitik) und der Bildung. Das handelnde Organ der OECD ist ein aus allen Mitgliedern bestehender Rat. Der OECD gehören als Vollmitglieder an: Australien, Belgien, Bundesrepublik Deutschland, Dänemark, Finnland, Frankreich, Griechenland, Großbritannien, Irland, Island, Italien, Japan, Kanada, Luxemburg, Niederlande, Norwegen, Österreich, Portugal, Schweden, Schweiz, Spanien, Türkei, USA. Jugoslawien wird als assoziiertes Mitglied an bestimmten Arbeiten beteiligt.

OEEC → OECD, → RGW
öffentlicher Verkehr → Elektrizität, → **Verkehr**
Offshore-Vorkommen → Erdöl

Okklusion → Zyklone

Ökologie: Die Ö. untersucht die naturgesetzlich faßbaren Wechselwirkungen zwischen Organismen (Pflanze, Tier, Mensch) untereinander und deren Außenwelt (Struktur- und Funktionsmechanismen). Der Ö.-Begriff geht auf den deutschen Naturforscher und Zoologen ERNST HAECKEL (1866) zurück und ist bei ihm grundsätzlich an Leben-Raum-Relationen gebunden. HAECKEL definierte 1866: „Unter Oecologie verstehen wir die gesammte Wissenschaft von den Beziehungen des Organismus zur umgebenden Aussenwelt ..." und 1879: „Oecologie ist die Lehre vom Haushalt der Natur".

Ist der Ausgangspunkt der Betrachtung des Ökologen auf das Studium des einzelnen Lebewesens (Individuums) in Abhängigkeit von den in seinem Lebensraum herrschenden Umweltbedingungen gerichtet, spricht man von *Autökologie* (physiologische Ö.). Der Begriff wurde von SCHRÖTER 1896 geprägt. Gilt das Studium mehr den Wechselbeziehungen von Organismenkollektiven zu ihrer *Umwelt,* ist von *Demökologie* die Rede (SCHWERDTFEGER 1968; Populationsökologie, Populationsgenetik; → Population). In der *Synökologie* schließlich (SCHRÖTER 1902) werden die Beziehungen zwischen der Gesamtheit aller Organismen und ihrer Umwelt untersucht. Die Analyse gilt dem gesamten, komplexen → Ökosystem.

Die mehr allgemeine Betrachtungsweise der Synökologie, die von der Gesamtheit des Systems ausgeht und das Ziel verfolgt, zu Aussageverallgemeinerungen zu gelangen, schließt indessen die spezielle Betrachtungsweise der Autökologie nicht aus. Beide ergänzen sich vielmehr, wobei die Autökologie sich in die Synökologie integrieren läßt (STUGREN 1974). Da die synökologische Forschung immer stärker in den Vordergrund tritt, hat sich die moderne Ö. vor allem zu einer *System-Ökologie* entwickelt (ALTENKIRCH 1977), die sich mit dem Energiestrom, dem Materie- und Informationsfluß innerhalb der einzelnen Systeme befaßt. Dabei werden auch technische Nachbarwissenschaften miteinbezogen (→ Kybernetik; → kybernetische Mechanismen in der Ökologie).

Die in einem offenen System wirkenden Faktoren wirken begrenzend, richtend und verändernd (→ Standortfaktoren; → stehende Gewässer). Mit ökologischen Methoden können komplexe Systeme wie die → Landschaften genau untersucht werden. In der → ökologischen Landschaftsforschung (*Landschaftsökologie, Geoökologie*) verbinden sich geographisches Forschungsziel (→ Geographie) und ökologische Methoden.

Während sich die „klassische" Ö. mit den Organismen in ihrer natürlichen, ungestörten Umwelt befaßte und der Mensch dabei mehr oder weniger die Rolle eines unbeteiligten Zuschauers spielte, ist es heute nahezu selbstverständlich geworden, „durch menschliche Tätigkeit geschaffene oder aufrechterhaltene Systeme in den Arbeitsbereich der Ökologie einzubeziehen" [1 b]. Die Ö. entwickelt sich immer mehr „zu einem ausgesprochen inter- oder multidisziplinären und synthetischen Wissenschaftszweig, der nicht nur die biologischen und übrigen naturwissenschaftlichen,

sondern auch die humanen, technischen, wirtschaftlichen und politischen Aspekte des Lebens im Gefüge der Ökosysteme und der Biosphäre zu erfassen versucht" [34b].
Durch die Einbeziehung des Menschen in die Ö. (*Humanökologie*) kann es leicht zu Abgrenzungsschwierigkeiten gegenüber der „klassischen" Ö. kommen, denn eine klare Trennung zwischen Natur- und Kulturwesen ist beim Menschen nicht möglich (MÜLLER 1974). Im Bereich der Humanökologie ist die Ö. noch vielfältigen methodologischen Diskussionen ausgesetzt.
Da der Mensch in einer Umwelt lebt, die er selbst täglich zusehends stärker belastet (→ Belastung), bedarf er in erhöhtem Maße fundierter ökologischer Kenntnisse, ökologischen Verantwortungsbewußtseins und eines vertieften ökologischen Systemdenkens.

ökologische Landschaftsforschung (*Landschaftsökologie; Geoökologie* sensu TROLL): Untersucht die funktionalen Zusammenhänge der Landschaftselemente (→ Landschaft) und ihrer räumlichen Wirkungsgefüge (→ Ökosystem). Sie befaßt sich mit der Landschaftsgenese und rezenten Dynamik von Landschaften. Mit dem Bewußtwerden der *Umwelt*-Problematik ist in den letzten Jahren der ö.n L. innerhalb der → Geographie eine besondere Bedeutung zuteil geworden. Ö. L. als funktionale Systemforschung (*System-Ökologie*, → Ökologie) findet ihren räumlichen Ausdruck in der naturräumlichen Gliederung verschiedener Größenordnung (TROLL 1968). „Es geht der Landschaftsökologie bei der Analyse von Ökosystemen um die Aufdeckung von raumprägenden Systemzusammenhängen ... und um die Klärung der inneren Bezüge und Prozesse, die insgesamt sowohl Stabilität als auch Wandel der Systeme bedingen können" [9c].

ökologische Nische: Ökologische Kategorie (→ Ökologie), die die Lebensmöglichkeit einer Art in einem heterogen strukturierten Raum beinhaltet (→ Wettbewerbsfaktoren in Ökosystemen). Eine Art ist in die ö. N., in ihren „Schlupfwinkel", eingepaßt, jedoch ist der Begriff nicht räumlich zu verstehen, sondern bezeichnet eine spezielle Funktion im Haushalt des → Ökosystems. Bestimmte Gegebenheiten der *Umwelt* werden durch eine Art in spezifischer Weise genutzt (→ ökologische Valenz). Nischenbildung ist das Ergebnis eines langen Evolutionsprozesses.
So hat sich z.B. der Specht-Fink, der zu der Gruppe der „Darwin-Finken" gehört, durch einen bei Vögeln einmaligen Werkzeuggebrauch eine ö. N. auf den Galápagos-Inseln (im Pazifik gelegen, zu Ecuador gehörig) erobert. Die Art Camarhynchus pallidus kann zwar wie Spechte an Baumstämmen und Ästen geschickt hinauf- und hinunterklettern, wobei zur Nahrungssuche Löcher in Holz und Rinde gebohrt werden, ihr fehlt aber die lange Spechtzunge, um die aufgespürten Insekten daraus hervorzuholen. Zu diesem Zweck halten die Specht-Finken einen kleinen Zweig oder einen Kaktusdorn im Schnabel und können so ihre Nahrung erbeuten (Abb. 72). Da auf den Galápagos-Inseln keine Spechte leben, konnten die

Abb. 72 „Der Specht-Fink Camarhynchus pallidus, ein Darwin-Fink der Galápagos-Inseln. Mit Hilfe eines Kaktusdorns lockt er Insekten aus Rindenspalten oder von ihm selbst ausgebohrten Löchern hervor: Beispiel für die Besetzung einer ökologischen Nische beim Fehlen des ‚regulären' Nischeninhabers" (P. TSCHUMI 1976)
(aus D. LACK 1953 in P. TSCHUMI, Ökologie und Umweltkrise, Bern 1976, S. 45)

Specht-Finken mit der o. g. Methode bei der Nahrungssuche und -aufnahme eine in der Natur vorhandene ö. N. besetzen, die unbesetzt war (TSCHUMI 1976).
Die ö. N. drückt die Ansprüche einer Art gegenüber ihrer Umwelt aus, in der diese ihr die Existenz ermöglicht. Verschiedene → Populationen besetzen verschiedene ö. N.n. Die „Darwin-Finken", die heute in vier Gattungen und 14 Arten aufgeteilt werden (TSCHUMI 1976), sind äußerlich einander zwar sehr ähnlich, hinsichtlich ihrer Ernährung bestehen jedoch erhebliche ökologische Unterschiede. Im Gegensatz zu den oben beschriebenen Specht-Finken ernähren sich z. B. die Arten der Gattung Geospiza mit ihren kräftigen Finkenschnäbeln vorwiegend von Samen, aber auch von Nektar.
Genaue Zahlen von ö.n N.n innerhalb von → Biozönosen sind unbekannt, jedoch gilt: Je vielfältiger ein Ökosystem gegliedert ist, desto mehr ö. N.n sind möglich. „Gelegentlich können ähnliche, aber doch klar geschiedene ökologische Nischen so gut aufeinander abgestimmt sein, daß es anstelle von Konkurrenz zu einem Zusammenschluß der verschiedenen Funktionen mit ein- oder wechselseitiger Förderung der beteiligten Populationen kommen kann. Große Raubkatzen (z. B. Löwen oder Geparde), Schakale, Hyänen und Aasgeier gehören alle der Ebene der Sekundärkonsumenten an. Ihre Nahrung besteht aus Huftieren, wie Gazellen und Antilopen. Die Beute wird stets durch die Raubkatzen angepirscht und geschlagen oder gerissen, dann aber nur unvollständig gefressen. Auf die Reste der Mahlzeit warten oft von Anfang an Aasgeier, welche sich aber erst dann hinter die Eingeweide und verbleibenden Weichteile machen,

wenn die Raubkatzen mit vollen Bäuchen weggezogen sind. Anschließend wagen sich Schakale heran, und zum Schluß räumen Hyänen auch mit den Knochen auf. Die Raubkatzen werden von den Geiern, Schakalen und Hyänen kaum beeinträchtigt; die letzteren aber ziehen großen Nutzen aus den Speiseresten eines Geparden oder Löwen (s. z. B. HUBER/KÜNG 1967)" [34c].
Aufgrund der begrenzten Verfügbarkeit lebensnotwendiger Ressourcen müssen sich die einzelnen, im gleichen Lebensraum konkurrierenden Arten so voneinander unterscheiden, daß sie dauerhaft nebeneinander bestehen können. Dies wird z. B. durch die Nischenbildung im Bereich der Nahrungswahl oder der Technik des Nahrungserwerbs möglich.

ökologische Potenz → ökologische Valenz
ökologisches Gleichgewicht → Belt, → **Fließgleichgewicht,** → Forstwirtschaft, → stehende Gewässer

ökologische Valenz (*ökologische Potenz*): Spielraum der Lebensbedingungen, innerhalb deren eine Art zu gedeihen vermag. Durch die ö. V. werden die Wechselbeziehungen zwischen Organismen und → Standortfaktoren aufgezeigt. Je größer die ö. V. einer Art ist, an um so mehr Stellen kann sie Lebensmöglichkeiten finden (→ ökologische Nische) und um so weiter ist sie demnach verbreitet: Es handelt sich um eine *euryöke* Art, die eine große Reaktionsbreite gegenüber den verschiedenen ökologischen Faktoren besitzt. Im gegenteiligen Fall spricht man von einer *stenöken* Art (→ Optimum, ökologisches und physiologisches).

Ökonometrie → Statistik
ökonomisches Prinzip → Standortfaktoren

Ökosystem (gr. oikós: Zuhause; Lebensraum eines Organismus): Forschungsgegenstand sowohl der → ökologischen Landschaftsforschung als auch der Biologie. Das Ö. ist eine im Stoffaustausch stehende Einheit von → Biotop und → Biozönose (→ Wettbewerbsfaktoren in Ökosystemen; → Sukzession). Das von den einzelnen → Populationen gebildete Wirkungsgefüge ist offen und weder räumlich noch zeitlich scharf zu begrenzen. Ein Ö. ist ein räumliches Wirkungsgefüge aus → abiotischen und → biotischen Elementen (incl. Mensch) mit der Fähigkeit zur Selbstregulierung. Zentrale Aufgabe der → Ökologie ist die Analyse von Ökosystemen. „Die Selbstregulationsfähigkeit eines Systems ist nicht subjektiv bestimmbar, sondern naturgesetzlich bestimmt, mögen auch viele nicht naturgesetzliche Prozesse in ihm ablaufen" [18].
Über die *Ökosystemforschung* (→ Biogeographie) erhält man genaue Kenntnis über die Umweltpotentiale. Ö.e finden sich im terrestrischen, → limnischen und → marinen Bereich der Erde. Ö.e sind Buchenwälder, Wüsten, Seen (z. B. das Schlüsselarten-Ö. Bibersee mit der → Schlüsselart Biber; → stehende Gewässer), aber auch Städte (→ Ökosystem Industriestadt).

Ö.e sind raumgebundene Lebensgemeinschaften, die über eine eigene Dynamik verfügen. Gegenwärtig gibt es auf der Erde vermutlich nur noch sekundäre, d. h. vom Menschen beeinflußte Ö.e mit allerdings unterschiedlichem Ausmaß anthropogener → Belastung bzw. Beeinflussung. Seit dem Neolithikum hat der Mensch als entscheidende Schlüsselart Struktur, Dynamik und räumliche Verbreitung der Ö.e verändert. Die weltweite Belastung mit Schadstoffen hat die traditionelle Trennung zwischen → Natur- und → Kulturlandschaft weitgehend hinfällig gemacht. Ökosystemforschung und *Landschaftskunde* (→ Landschaft) ergänzen sich wechselseitig.

Die Forschungsergebnisse kausal-ökologischer Untersuchungen lassen sich in den regionalen und großräumlichen Landschaftsaufbau der Erde eingliedern und mit kulturlandschaftlichen Wandlungen in Verbindung bringen.

Bei den Ö.en des Festlandes läßt sich eine hierarchische Ordnung erkennen (Abb. 73). Auf den kleinsten physisch-geographischen Einheiten einer Landschaft, den *Physiotopen,* entwickelt sich eine raumspezifische → Biozönose, die mit ihrem Standort ein Ö. bildet (Ö. I), in das als kleinste Ö.e noch die Schlüsselarten-Ö.e eingefügt sein können. Die nächst höheren Ö.e entfalten sich auf dem Untergrund von aus Physiotopen aufgebauten Landschaften (Ö. II). Diese sind in das Ö. einer → Region eingefügt (Ö. III). Das ranghöchste Ö. ist die *Geosphäre* mit ihrer belebten Hülle, der → Biosphäre.

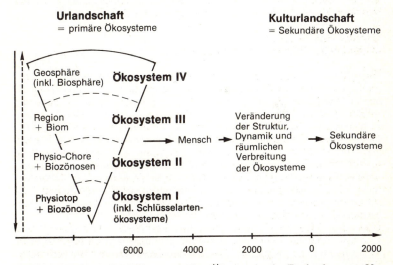

Abb. 73 Hierarchische Ordnung primärer Ökosysteme des Festlandes unter Urlandschaftsbedingungen
(nach P. MÜLLER, Tiergeographie, Stuttgart 1977, S. 111; leicht verändert)

Nach dem Grad der Belastung lassen sich folgende Typen von Ö.en ausgliedern:
1. primäre Ö.e (*Urlandschaft*),
2. sekundäre Ö.e
a) natürliche Ö.e; z. B. *Wald* (→ tropischer Regenwald), Flachmoor, Hochmoor, → Fluß,
b) vom Menschen überformte Ö.e; z. B. Getreidefeld, Obstwiese, → Plantage,
c) vom Menschen geschaffene Ö.e; z. B. Stadt (→ Ökosystem Industriestadt), Bergehalde, Kanal.
In Ö.en vollziehen sich regelhafte Prozeßabläufe (z. B. der → Wasser-, → Kohlenstoff-, → Stickstoff- und → Phosphorkreislauf).

Ökosystemforschung → **Biogeographie**, → Ökosystem

Ökosystem Industriestadt (als Beispiel für ein naturfernes, sekundäres Landökosystem): Im urbanen → Ökosystem ist der Mensch die entscheidende → Schlüsselart, da ohne seine Einwirkung die Funktionsfähigkeit des Systems sehr rasch erlischt. In der → Stadt treten die → Produzenten und die → Destruenten zugunsten der Zahl der → Konsumenten (Menschen) entschieden in den Hintergrund. Wie jedes Ökosystem verfügt auch die Stadt mit ihren Fabriken, Wohnhäusern, Straßen, Waldflächen und eingestreuten Grünanlagen über eine ihr eigene Dynamik. Als Gebiet starker und häufiger anthropogener → Belastungen und Störungen ist das urbane Ökosystem nicht in der Lage, sich selbst zu regulieren, es sei denn, der Mensch könnte die Rolle der Produzenten und Destruenten vollständig übernehmen.

Da Art, Grad und Häufigkeit der Belastungen und Störungen sehr unterschiedlich sind, besteht die Stadt gewöhnlich aus einem Mosaik kleinräumiger, heterogener Flächen. Bei den → abiotischen Elementen bedarf das → Klima besonderer Erwähnung, da es z. B. in bezug auf die → Klimaelemente beachtliche Abweichungen gegenüber dem Klima der Umgebung zeigt, so daß von einem stadteigenen *Mesoklima* (*Standortklima*, → Klima, → Stadtklima, → Bestandsklima) gesprochen wird. Auffälligstes Unterscheidungsmerkmal gegenüber dem Umland ist die *Dunstglocke*, die auf die Anreicherung der Luft mit gas- und staubförmigen → Emissionen aus den Verbrennungsprozessen von → Industrie, → Verkehr und Haushalten zurückzuführen ist. Vor allem in den *Industriestädten* nimmt die Menge der → Aerosole anthropogenen Ursprungs stark zu (→ Luftverschmutzung; → Müllbeseitigung). Auch die Lärmbelastung ist gewöhnlich höher als im Umland (→ Lärm). Die Mächtigkeit der Dunstglocke ist von der Menge der Emissionen und von der jeweils herrschenden → Wetterlage abhängig. Bei ruhigem Wetter, wolkenlosem Himmel und Windstille ist die Dunstglocke am deutlichsten ausgeprägt (→ Inversion). Sie beeinflußt den gesamten Strahlungshaushalt einer Stadt. Während sich die direkte Sonnen-*Einstrahlung* (→ Strahlung) verringert (verkürzte Sonnenscheindauer), vergrößert sich die diffus gestreute Himmelsstrahlung (*diffuse Reflexion*). Damit hängen die Abnahme der Himmelsbläue, der Rückgang der Ortshelligkeit sowie insgesamt eine Schwächung der Sicht unmittelbar zusammen. Infolge der Luftverunreinigungen wird die → Atmosphäre undurchlässiger und trüber. Auch die Temperaturverhältnisse ändern sich, da sich die Stein- und *Asphalt*-Flächen, Mauern und Dächer stärker und schneller erwärmen als die freie Landschaft. Die mittlere Jahrestemperatur in der Stadt liegt um 0,5 °C bis 1,7 °C höher als im Umland.

Während in der freien Landschaft ein großer Teil der Wärme zum Verdunsten des Wassers durch die Pflanzen verbraucht wird (→ Transpiration, → Wasserkreislauf), leiten in den Städten die verschiedenen Baumaterialien die Wärme derart, daß sie recht tief in den Boden eindringen kann. Während der Nachtstunden wird die *Ausstrahlung* durch die Dunstglocke gemindert (*Glashauseffekt*). Daher ist auch in der kalten Jahreszeit die Zahl der Eis- und Frosttage geringer als in der Umgebung.

Das stadteigene Windsystem kann folgendermaßen gekennzeichnet werden: Auf Grund der höheren → Lufttemperaturen steigt warme Stadtluft verstärkt auf und saugt von allen Seiten kältere Luft an. Dadurch kommt es auch an relativ windstillen Tagen zu einer stadteigenen Zirkulation, wobei die bodennahen → Luftmassen zur Innenstadt hin konvergieren, d. h. die meist mit Emissionen angereicherte Luft der Vorstädte und *Industrieviertel* wird zur Innenstadt hin verfrachtet, während den Vorstädten frischere Luft zugeführt wird. Damit wird die Innenstadt zum lufthygienisch ungesündesten Gebiet.

Durch den gezielten Einsatz von naturnahen Systemen, vor allem von Grünflächen, Anpflanzungen mit immissionsresistenten Arten (→ Immissionen) etc., läßt sich eine gewisse → Belastungsreduktion in den Innenstädten erreichen (MÜLLER 1973).

Im Vergleich zum umgebenden Land weist das Stadtklima auch eine viel geringere Luftfeuchtigkeit auf (→ Luftfeuchte). Das meist direkt durch die Kanalisation abgeführte Regenwasser kann kaum verdunsten. Außerdem ist wenig Vegetation vorhanden, die eine bedeutende Verdunstung bewirken könnte. Obwohl die Stadt wärmer und trockener als ihre Umgebung ist, kann häufig *Nebel*bildung festgestellt werden, ein Vorgang, der normalerweise eher an tiefere Temperaturen und höhere Luftfeuchtigkeit gebunden ist. Besonders in den Industriestädten schaffen die Emissionen an Staub und Rauch Unmengen zusätzlicher fester *Kondensationskerne* (→ Kondensation, → Aerosole). In Industriestädten mit hohen Emissionen ist die Nebelhäufigkeit an feuchten Tagen besonders hoch. An solchen Tagen kann der → Smog mit seinen für die Gesundheit des Menschen sehr schädlichen Auswirkungen vermehrt auftreten.

Dem → Wasserkreislauf wird im urbanen Ökosystem das meiste Wasser durch die geschlossenen Kanalsysteme entzogen, was das Absinken des Grundwasserspiegels zur Folge haben kann (→ Grundwasser).

Der zum größten Teil mit *Asphalt* überzogene Boden scheidet aus den → Stoffkreisläufen in der Biosphäre gewöhnlich fast ganz aus. Der natürliche Pflanzenwuchs ist durch die Industrieanlagen, Wohngebäude, Stra-

ßen etc. erheblich beeinträchtigt. Oft handelt es sich um eine gebietsfremde Einwanderungsflora, die sich nur aus wenigen Arten zusammensetzt, aber sehr individuenreich sein kann.
Die pflanzlichen und tierischen Organismen urbaner Ökosysteme werden häufig herangezogen, um die Auswirkungen der durch den Menschen hervorgerufenen Belastungen zu testen. Das Vorhandensein oder Fehlen bestimmter Arten, deren → ökologische Valenz bekannt sein muß, erlaubt Rückschlüsse auf die jeweilige Umweltqualität. So sind z. B. Flechten gute → Bioindikatoren für die Messung des Grades der Verschmutzung mit SO_2 und anderen Schadstoffen (*Flechtenwüsten* in den Innenstädten). Bei jeder *Stadtfauna* und *-flora* sind drei Tendenzen erkennbar: die plötzliche Abnahme des Artenreichtums bestimmter Ordnungen, eine deutliche Verringerung der Diversität sowie eine Bevorzugung der urbanen Ökosysteme durch bestimmte Arten (MÜLLER 1973). Zu der letzteren Gruppe zählen z. B. Mauersegler und Tauben.
Die hohe Störanfälligkeit urbaner Ökosysteme und deren letztlich vollständige Abhängigkeit von der Schlüsselart Mensch machen es erforderlich, sinnvolle Planung zu betreiben, um die Lebensqualität in den Städten zu erhalten bzw. erheblich zu verbessern, zumal die Erscheinung der → Verstädterung weltweit beobachtet werden kann. Aufgabe von *Kommunal-* und *Landesplanung* (→ Raumordnung) muß es daher sein, in funktional zusammenhängenden Gebieten eine bestmögliche räumliche Ordnung für die → Daseinsgrundfunktionen anzustreben, damit dem Konsumenten Mensch gerade in den → Verdichtungsräumen ein Lebensoptimum geboten werden kann. Dazu bedarf es grundlegender ökologischer Kenntnisse über den betreffenden (zu sanierenden) Raum (→ Sanierung). Planungsziel ist in jedem Fall die Reduktion der Belastung, besonders in den Industriestädten.

Ökumene → Naturlandschaft, → **Wirtschaftsraum**
Olefine → Erdöl
oligosaprob → Saprobitätsstufen
oligotroph → Fließgewässer, → stehende Gewässer

Ölpalme (Elaeis guineensis): Fiederpalme, deren Anbau erst seit Beginn des 20. Jh. erfolgt, obwohl sie je ha einen höheren Ölertrag bringt als alle anderen → Ölpflanzen. Über Ursprung und Heimat bestehen mehrere Theorien; angenommen wird, daß sie aus dem tropischen Afrika kommt. Die heutige geographische Verbreitung umfaßt in Westafrika einen 50–200 km breiten Streifen entlang der Guineaküste. Hauptanbaugebiet ist Nigeria. Im Kongobecken dringt der Anbau weit bis zu den ostafrikanischen Seen vor. Neben Afrika ist das zweite große Anbauzentrum Südostasien (Indonesien, Malaysia). In Südamerika findet man den Anbau entlang der brasilianischen Küste.
Die etwa 30 m hohe Ö. kommt in der Region des → tropischen Regenwaldes beiderseits des Äquators zwischen 10° nördlicher und 10° südlicher Breite vor. Der Anbau erfolgt vorzugsweise in Niederungen und ebenem Gelände. In höheren Lagen (über 1000 m) bleibt der Ertrag aus. Die

günstigste mittlere Jahrestemperatur beträgt 24 °C–28 °C mit möglichst geringen jährlichen wie täglichen Temperaturschwankungen. Die Niederschläge sollen gleichmäßig über das gesamte Jahr verteilt sein. Zur Bestäubung ist eine ständige leichte Luftbewegung erforderlich, die mittlere relative Luftfeuchtigkeit soll 50–70% betragen, ein höherer Wert führt zum Befall der Früchte mit Pilzkrankheiten, größere Trockenheit zum Abfall der Blüten. Wichtig für den Ertrag ist eine lange Sonnenscheindauer, da die Ö. zu den ausgesprochen heliophilen Pflanzen gehört. In Indonesien sind aufgrund der sehr günstigen natürlichen Bedingungen die Erträge wesentlich höher als in Afrika.

Die weiblichen Blütenstände der Ö. bilden bis zu 50 kg schwere Fruchtstände mit mehreren Hundert pflaumengroßen Steinfrüchten aus. Fruchtfleisch und Kern zeichnen sich durch einen hohen Fettgehalt aus. Das Fruchtfleisch liefert Palmöl, der Kern das schneeweiße Palmkernöl, die beide bei der Herstellung von Margarine Verwendung finden; sie sind auch Industrierohstoffe für die Herstellung von Seifen und Kerzen (→ Rohstoffe).

Das leicht verderbliche Fruchtfleisch verträgt keinen längeren Transport und wird an Ort und Stelle verarbeitet, die Kerne werden exportiert und erst in den Verbraucherländern verarbeitet.

Die Ö., die in → Plantagen und Kleinbetrieben angebaut wird, hat neben ihrer recht vielseitigen Verwendbarkeit gegenüber anderen Ölpflanzen auch noch den Vorteil, das ganze Jahr über eine gleichmäßig anfallende Ernte zu liefern, da unter den natürlichen Bedingungen des tropischen Regenwaldklimas die Pflanzen keinen gemeinsamen Wachstumsrhythmus haben.

Die Hauptexporteure von Palmöl sind die afrikanischen Länder Nigeria und Zaire, daneben Indonesien und die Föderation Malaysia. Beim Export der Palmkerne kommt den Ländern Afrikas vollends eine überragende Bedeutung zu. Die Hauptabnehmerstaaten von Palmöl sind die europäischen Industriestaaten und Nordamerika; Abnehmer für Palmkerne sind in noch stärkerem Maße die europäischen → Industrieländer, an ihrer Spitze Großbritannien. Das aus den importierten Palmkernen gewonnene Palmkernöl ist Handelsprodukt der europäischen Staaten; die Niederlande und Großbritannien gehören zu den Exporteuren, wichtigster Importeur ist die Bundesrepublik Deutschland.

Ölpflanzen (besser: ölliefernde Pflanzen): Pflanzen, deren Samen oder Früchte verwertbare Öle enthalten, die als Nahrungsmittel, aber auch als Industrierohstoffe (z. B. Seifen- und Kosmetikherstellung, → Rohstoffe) Verwendung finden. Ihre Bedeutung beruht jedoch in erster Linie auf der Verwendung als Nahrungsmittel. In den Tropen und Subtropen gedeihen die weltwirtschaftlich wichtigsten Ö.: Kokospalme, → Ölpalme, Sesam, Erdnuß, Sojabohne, Ölbaum (Olive), → Baumwolle. In der Zone der gemäßigten Klimate werden vor allem Raps, Mohn, Flachs, Hanf und Sonnenblumen als Ö. angebaut. Ein Teil der Ö. ist gleichzeitig den → Faserpflanzen zuzuordnen.

OPEC: (Organization of the Petroleum Exporting Countries): Der *Organisation der erdölexportierenden Länder* (→ Erdöl), die 1960 in Bagdad gegründet wurde, gehören 13 Staaten an (Tab. 35). Sie wurde mit dem Ziel gegründet, durch eine gemeinsame *Erdölpolitik* und Strategie ihre Position gegenüber Verbraucherländern und multinationalen Ölkonzernen zu stärken (→ Energiepolitik). Die Strategie umfaßt Produktions- und Preisabsprachen, Anlage der Überschüsse in → Industrie- und → Entwicklungsländern, Bildung eines Hilfsfonds für die Entwicklungsländer, um ihnen Erdöl- und Düngemittelkauf zu ermöglichen.

1973 entfielen etwa 50% der Weltförderung und rund 95% des Weltexports an Erdöl auf die OPEC-Länder. Die Abhängigkeit der meisten Industrieländer vom „Ölkartell" wurde 1973 durch die *Erdölkrise* und die Erhöhung der Erdölpreise deutlich. Reaktionen der Abnehmerländer (Erhöhung der Eigenförderung, Abbau der Abhängigkeit vom Erdölimport), Entwicklung auf dem Weltmarkt (*Rezession,* steigende Inflation) und Meinungsverschiedenheiten unter den Ölproduzenten selbst führten schließlich zu einer Einigung auf maßvolle Preisanhebungen und zu Produktionszahlen, die der Nachfragesituation der Verbraucher entsprachen (Tab. 36). Seit der Ablösung des Schah-Regimes im Iran (1978) setzte eine erneute Phase starker Verteuerungen ein.

Seit 1968 existiert die *OAPEC,* die nur arabische Staaten umfaßt und das Erdöl auch als politische Waffe einsetzen möchte.

Die *IEA (Internationale Energie-Agentur)* ist der Zusammenschluß der wichtigsten Ölverbraucherstaaten als Reaktion auf den Einsatz des Öls als politisches Machtinstrument.

Tabelle 35   Erdölförderung der OPEC-Länder (in Mio t)

	1970	1973	1976	1978
Saudi-Arabien	190,3	378,4	428,8	422
Iran	191,7	293,9	294,0	260
Venezuela	193,2	175,4	118,9	115,7
Irak	76,6	99,4	112,0	128,9
Kuwait	150,7	152,0	109,1	108,9
Nigeria	53,4	101,3	102,3	94
Libyen	159,2	104,6	91,9	96,2
Abu Dhabi	33,3	62,5	76,5	70
Indonesien	42,1	66,4	74,8	82,4
Algerien	47,2	51,1	50,1	58,8
Katar	17,2	27,5	23,5	23,4
Gabun	5,5	7,6	11,3	10,6
Ecuador	0,2	10,7	9,0	9,7
OPEC gesamt	1171,5	1529,6	1500,8	1480,6
Welt gesamt	2336,1	2848,2	2925,4	3097,1

Nach Oeldorado, Esso AG, Hamburg 1977 und 1980

Tabelle 36 Entwicklung der Erdölpreise der elf wichtigsten OPEC-Länder

	1971	1973	1974	1976	1978	1979
Durchschnittspreis in US-$ pro bl[1]	1,35	2,27	9,08	11,51	12,70	21,50
Steigerung in % seit 1971	100	167	672	852	940	1592

[1] bl = barrel (= 159 l)
(Zahlenangaben aus Diercke Weltstatistik 80/81, München und Braunschweig 1980, S. 227)

Optimum, ökologisches und physiologisches: Da die Standortansprüche (→ Standortfaktoren) von Art zu Art sehr unterschiedlich sind, vermag eine Art nur innerhalb eines bestimmten Intensitätsbereiches des betreffenden Faktors zu gedeihen (→ ökologische Valenz). Von dem ö. O. einer Art spricht man dann, wenn Bedingungen herrschen, die ihr ein maximales Vorkommen in der Natur garantieren (→ Wettbewerbsfaktoren in Ökosystemen). Als p. O. bezeichnet man den optimalen Wert für die Bedingungen, unter denen ein Organismus im Laboratorium (z. B. in der Klimakammer) am besten gedeiht.

Organisation der erdölexportierenden Länder → OPEC
Organisation für Ernährung und Landwirtschaft → FAO
Organisation für wirtschaftliche Zusammenarbeit und Entwicklung → OECD
organogen → Ablagerung, → Gestein
organogene Ablagerung → Phosphorkreislauf
orientalische Stadt → Stadt, Physiognomie
Orogene → Orogenese

Orogenese: In älterer und umfassenderer Bedeutung ein in der Tiefe der Erde ablaufender tektonischer Prozeß (→ Tektonik), der unter Veränderung des Gefüges der *Erdkruste* zur Bildung von Gebirgskörpern oder *Orogenen* führt, in neuerer und eingeengterer Bedeutung die ohne Gefügeänderung erfolgende Heraushebung des fertigen Gebirgskörpers über den Meeresspiegel, d. h. der Vorgang, durch den das Gebirge als topographische Großform entsteht (RICHTER 1969). Für die gefügeändernden tektonischen Bewegungen, die z. B. Faltungen (→ Falte) und *Bruch*-Bildungen (→ Verwerfung) verursachen, wird heute der Begriff *Tektogenese* verwendet.
Die Erkenntnisse aus der → Erdgeschichte zeigen, daß die Gebirgsbildung oder O. im weiteren Sinne in verhältnismäßig wenigen und zeitlich begrenzten Phasen erfolgt und mit Zeiten orogenetischer Ruhe, in denen die → Epirogenese vorherrscht, abwechselt. Der Prozeß der Gebirgsbildung (Abb. 74) läßt sich im wesentlichen in drei Stadien unterteilen:
1. Geosynklinalstadium, das durch *Sedimentation* von mächtigen Schich-

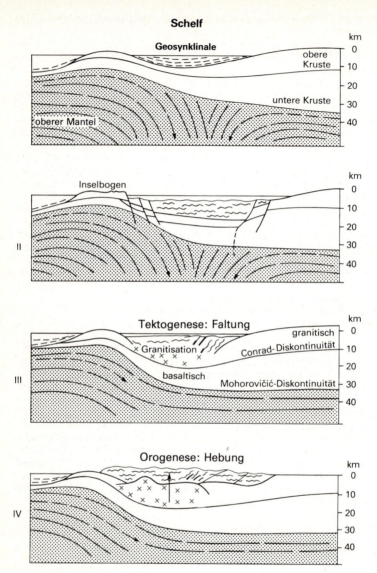

Abb. 74 Schematische Darstellung der Gebirgsbildung
(nach M. RICHTER bzw. H. WILHELMY, Geomorphologie in Stichworten, Bd. 1
– Endogene Kräfte, Vorgänge und Formen, Kiel 1971, S. 52)

ten in ausgedehnten Senkungströgen oder *Geosynklinalen* gekennzeichnet ist,
2. tektogenetisches Stadium, bei dem die abgelagerten Schichten in der Tiefe gefaltet werden und gleichzeitig magmatisches Material in das Schichtgebäude eindringt,
3. orogenetisches Stadium, bei dem ohne Gefügeänderung die Heraushebung des fertigen Gebirgskörpers erfolgt und gleichzeitig → Verwitterung und → Abtragung einsetzen. Wenn die Hebung erlahmt ist, erfolgt die Abtragung zum Rumpfgebirge (→ Rumpffläche) und die Konsolidierung der ehemaligen Geosynklinalzone in einen versteiften Festlandblock (*Kraton, Schild*), der nicht mehr faltbar ist und auf tektonischen Druck nur noch mit Bruchbildung reagiert. Der nächste Zyklus der Gebirgsbildung erfaßt nicht mehr das Kraton, sondern das ihm benachbarte Gebiet.
Nach der Theorie der *Plattentektonik* (→ Tektonik) ist die Entstehung von *Faltengebirgen* auf Kompressionsvorgänge im Grenzbereich von Krustenplatten zurückzuführen. Gebirgsbildung findet demgemäß bei einer Kollision von Kontinent- und Ozeanplatte (Beispiel: Grenze zwischen amerikanischer Platte und pazifischer Platte), bei einer Kollision von Ozeanplatte und Inselbogen (Beispiel: Ostrand des Pazifiks in Japan) und bei einer Kollision von zwei Kontinentplatten (Beispiel: indischer Subkontinent und eurasiatischer Kontinent) statt.

orographisches Gewitter → Gewitter
orographische Schneegrenze → Schneegrenze
Ortslage → Stadtlage

Ortsnamen: Die O.-Forschung ist ein wichtiges Hilfsmittel zur Erschließung der Siedlungsgeschichte und zur Rekonstruktion der *Urlandschaft* eines Raumes. Das liegt darin begründet, daß sich bestimmte Gruppen von O.-Bildungen, besonders die Verwendung charakteristischer Endungen, bestimmten → Siedlungsperioden zuordnen lassen. „Sicher datierbar sind aber in Deutschland nur Siedlungen, deren Entstehung in historischer Zeit quellenmäßig belegt ist" [21 b]. Viele O.-Typen sind über lange Zeit verwendet worden, Gründungen in frühhistorischer Zeit sind oft ohnehin nur hypothetisch datierbar. Mangelnde Siedlungskontinuität, O.-Wandlungen, zeitweiliger Fremdeinfluß usw. erschweren sichere Rückschlüsse, so daß O.-Kunde nur als ergänzendes, nicht aber als alleiniges Hilfsmittel der Siedlungsforschung verwendet werden sollte (→ Siedlungsgeographie).

Ortsplanung → Raumordnung
Ortstein → Bodentyp
Ortsverkehr → Verkehr

Oser (Ez.: der Os): Langgestreckte, oft kilometerlange Wälle aus Schmelzwasserkiesen, Sanden und → Geröllen, die manchmal wie Eisenbahndämme aussehen. Sie sind die Bildung subglazialer (→ glazial) Kanäle oder Spalten, in denen sich das Wasser bewegte und seine *Sedimente* hinterließ. Als Anzeiger alter Schmelzwasserrinnen folgen sie im allgemeinen der Bewegungsrichtung des Eises und führen auf das ehemalige *Gletschertor* (→ Gletscher) zu, durch das der Schmelzwasserstrom ins Vorland austrat.

Ostkolonisation → Platzdorf
Oxidationsverwitterung → Verwitterung
Ozonschicht → Atmosphäre, → Biosphäre, → Strahlung

P

Paläogeographie → Geologie
Paläoklimatologie → Geologie
Paläomagnetismus → Geologie
Paläontologie → Erdgeschichte, → **Geologie**
Palsen → Frostboden
Pang(a)ea → Tektonik
Parabeldüne → Dünen
paralisch → limnisch
paralisches Becken → **limnisch,** → Steinkohle
partielle Sanierung → Sanierung
Parzelle → Bodennutzungssystem, → Flur, → Flurformen, → Haufendorf, → Hufe, → Waldhufensiedlung
Passat → Advektion, → Gewitter, → Monsun, → Niederschlagsverteilung, → **Zirkulation der Atmosphäre**
Passatinversion → Zirkulation der Atmosphäre
Pb-U-Methode → Altersbestimmung
Pedologie → **Boden,** → **Bodenart**
Pelagial → stehende Gewässer
Pendelverkehr → Intensität-Reichweite-Modell, → **Pendelwanderung,** → Stadt-Umland-Bereich, → Verkehr

Pendelwanderung (oft auch *Pendelverkehr*): Als Form der *geographischen Mobilität* (→ Mobilität) ist die P. der regelmäßige → Verkehr von → Pendlern zwischen Wohn- und Arbeitsgemeinde. Ihre besonderen Kennzeichen gegenüber den anderen Arten der → Wanderung bestehen in der Regelmäßigkeit hinsichtlich des zeitlichen Ablaufs und der räumlichen Bedingungen: Sie findet immer zu gleichen Tageszeiten statt *(rush hour).* Wegen des gleichbleibenden Ausgangs- und Zielpunktes werden immer die gleiche Strecke und das gleiche *Verkehrsmittel* benutzt.
Die P. in der heutigen Form entwickelte sich als Folge der → Industrialisierung. Der Einsatz von Maschinen beim Produktionsprozeß machte eine Konzentration der Arbeitskräfte in großen Fabrikationsbetrieben notwendig und mußte zu einer Trennung von Wohn- und Arbeitsstätte führen. Die P. nahm in den Gebieten ein großes Ausmaß an, in denen die → Realerbteilung zu einer ständigen Verkleinerung der landwirtschaftlichen Betriebsgrößen und zur Notwendigkeit eines Zu- und Nebenerwerbs führte (→ Sozialbrache). Während die P. zunächst nur kurze Entfernungen zu überwinden hatte und durch den Bau von Wohnanlagen in der Nähe der Fabriken nur begrenzt stattfand, führte eine weitere Konzentration zum Anwachsen der Beschäftigtenzahlen und damit zur Ausweitung der P. nach Intensität und Reichweite (→ Intensität-Reichweite-Modell). Die Zunahme des *Individualverkehrs* führte dann zur heutigen Form, die durch ihre negativen Auswirkungen die Theorie der räumlichen Trennung

der Funktionen Wohnen, Arbeiten und Erholen in Frage stellt (→ Daseinsgrundfunktionen). Die negativen Seiten der P. liegen in der Verkehrsbelastung, die auch für den Pendler zu einer starken physischen und psychischen Belastung werden kann, und in den hohen Aufwendungen der öffentlichen Hand für den Bau von Verkehrswegen und die Finanzierung von Verkehrsmitteln. Obwohl in nächster Zukunft die P. noch zunehmen wird, z. T. bedingt durch die Zunahme des Haus- und Wohneigentums im städtischen Umland (→ Stadt-Umland-Bereich), erscheinen doch Verbesserungen möglich, wie z. B. die Schaffung neuer Arbeitsplätze außerhalb der Agglomerationszentren (→ Agglomeration) in größerer Nähe der Wohnstätten. Solche Zielsetzungen werden durch die Tatsache erleichtert, daß in den Städten der erhöhte Flächenbedarf expandierender Betriebe nicht mehr befriedigt werden kann. Aus der Sicht der ländlichen Bereiche ist die P. indessen keinesfalls negativ zu beurteilen, stellt sie doch eine Alternativlösung zu der Abwanderung dar (→ Landflucht), auch wenn das Gefälle der Finanzkraft von Betriebsgemeinde zu Wohngemeinde durch die unterschiedlichen steuerlichen Gewinne (Gewerbesteuer) beträchtlich sein kann.

Als optimale Lösung für raumordnerische Verbesserungs- und Planungsbestrebungen (→ Raumordnung) hinsichtlich des Pendlerproblems stellt sich BOUSTEDT (1970) eine Stadt vor, in deren innerstem Kern nur Verwaltungs- und Kulturbauten mit unbedingt citygebundenen (→ City) Gewerbebetrieben liegen, umgeben von einem Ring an Wohnsiedlungen, denen ein weiterer mit nicht citygebundenen Produktionsbetrieben folgt. Den Abschluß bilden wiederum Wohngebiete, die den Produktionsbetrieben nicht direkt zugeordnet sind.

Pendler: In erster Linie Erwerbspersonen, deren Wohnort nicht gleichzeitig Arbeitsort ist und die mit bestimmter Regelmäßigkeit (z. B. täglich oder wöchentlich) zum Erreichen ihrer Arbeitsstätte die Grenzen der Wohngemeinden überschreiten (→ Pendelwanderung). Für diese sind sie dann *Auspendler,* für die Betriebsgemeinde *Einpendler.* Zu den P.n sind auch die Schüler zu rechnen, die zur Erreichung ihrer Ausbildungsstätten die Gemeindegrenzen überschreiten. Wichtige Voraussetzung, um als P. statistisch erfaßt zu werden (→ Statistik), ist das Überschreiten der Gemeindegrenze.

perennierender Fluß → Fluß
periodischer Fluß → Fluß
personelle Infrastruktur → Infrastruktur
Personenverkehr → Intensität-Reichweite-Modell, → **Verkehr**
petrochemische Industrie → **Erdöl,** → Kombinat
Petrographie → Gestein
Pflanzenareal → Areal

Pflanzenformation: Von GRISEBACH 1838 eingeführter Begriff der → Vegetationsgeographie: „Ich möchte eine Gruppe, die einen abge-

schlossenen physiognomischen Charakter trägt, wie eine Wiese, einen *Wald*, und dergleichen, eine pflanzengeographische Formation nennen."
Eine P. ist charakterisiert
1. durch die Kombination von Pflanzen bestimmter Wuchsformen,
2. durch die ihr eigene Periodizität des Pflanzenlebens (→ Biom, → Klimaxgesellschaft).

Pflanzengeographie → Vegetationsgeographie
Pflanzstockbau → **Grabstockbau,** → **Wirtschaftsformen**
Pflanzung → Plantage

Pflugbau: Form des Ackerbaus bei auf höherer *Kulturstufe* stehenden Völkern. Mit dem Hakenpflug wird der Boden lediglich aufgeritzt und gelockert, mit dem Wendepflug werden Schollen gewendet und der Boden dabei völlig durchmischt. P. wird meist in Verbindung mit dörflicher → Viehwirtschaft betrieben (Vieh als Zugtier und Dunglieferant). In modernen Ackerbaubetrieben hat der Traktor das Zugtier jedoch meist ersetzt.

PGH → Genossenschaft
Phenole → Abwasserreinigung

Phosphorkreislauf (Abb. 75): Bei der → Verwitterung von Phosphatgesteinen – entstanden aus den → Ablagerungen tierischer Überreste (*organogene Ablagerungen*) – werden lösliche Phosphate freigesetzt, die von den Organismen aufgenommen werden können. Bekannt ist z. B. das Curaçao-Phosphat, ein aus *Guano* entstandener phosphorsaurer Kalk. Phosphorhaltige Verbindungen gehören zu den für die Organismen lebensnotwendigen Stoffen, auch wenn sie nur als Spurenelemente anzutreffen sind. Nach TSCHUMI (1976) bildet Phosphor nur 0,13% der Erdrinde. Phosphor als anorganisches Phosphat findet sich in unseren Knochen und Zähnen, in organischen Verbindungen besonders in der DNA der Chromosomen. Phosphate werden beim Stoffwechselprozeß benötigt und vom Körper anschließend ausgeschieden. In der → Landwirtschaft gelangen über den Mineraldünger hohe Phosphorgaben in den Boden. Bei den synthetischen Waschmitteln wird Phosphat als Wasserhärter verwendet. Phosphathaltige *Abwässer* tragen zur → Eutrophierung insbesondere der → stehenden Gewässer bei (→ Waschmittelgesetz).
Für den P. sind Bakterien von sehr großer Bedeutung, da sie die organischen Substanzen abbauen (→ Destruenten), wobei Phosphate freiwerden, die z. T. über die Flüsse ins Meer transportiert werden. Der in den Meeresablagerungen (Flachsee-, Tiefseesedimente) angereicherte Phosphor bleibt dem P. für lange Zeit entzogen.
„Bei der großen Bedeutung der Phosphate für die Lebewesen ist es nicht verwunderlich, daß die → Biomasse stets ein Mehrfaches des Phosphors der abiotischen Umgebung enthält" [12e]. Im Unterschied zum → Kohlenstoff- und zum → Stickstoffkreislauf, bei denen die → Atmosphäre

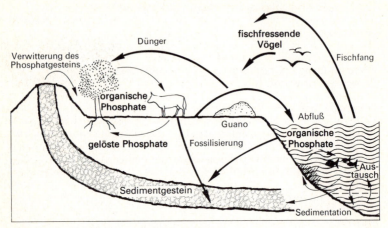

Abb. 75 Der Phosphorkreislauf der Erde
(nach Funkkolleg Biologie, Studienbegleitbrief 9, Weinheim und Basel 1974, S. 21)

mitbeteiligt ist *(atmosphärischer Kreislauf)*, handelt es sich beim P. um einen *Ablagerungskreislauf*.
Bei der Verhüttung der stark phosphorhaltigen lothringischen Minette (→ Eisen) der Oolithstufe des Doggers werden Phosphorverbindungen in Form der Thomasschlacke als Abfallprodukt beim Hochofenschmelzprozeß (Thomasverfahren) künstlich gewonnen. Thomasmehl findet als Düngemittel in der Landwirtschaft Verwendung.

Photosynthese: „Der grundlegende energetische Prozeß des Lebens auf unserer Erde. Die Photosynthese erzeugt organische Substanz aus einfachen, energiearmen, anorganischen Stoffen, speichert die *Energie* des Sonnenlichtes in einer für die Organismen brauchbaren Form und erneuert nebenbei ständig das Sauerstoffreservoir der → Atmosphäre. Alles Leben auf unserer Erde – mit Ausnahme der chemoautotrophen Bakterien – hängt letztlich mittelbar oder unmittelbar von der Photosynthese der grünen Pflanzen ab" [30] (→ autotrophe Organismen; → Fließgleichgewicht, → stehende Gewässer; → Standortfaktoren).
Bei der P. wird aus Wasser und Kohlendioxid in Gegenwart von Chlorophyll Zucker aufgebaut; dabei werden pro Mol Zucker 2821 kJ gebunden.

$$6\ CO_2 + 6\ H_2O \xrightarrow{\text{Chlorophyll}} C_6H_{12}O_6 + 6\ O_2$$

physikalische Verwitterung → Verwitterung
Physiotop → Ökosystem

physische Geographie → Geographie
physisches Klima → Klima, → **solares Klima**
Phytomasse → **Biomasse,** → Stoffkreisläufe in der Biosphäre
Phytoplankton → **Plankton,** → stehende Gewässer

Pilzfelsen: In *ariden Klimaten* (→ Klima) durch → Korrasion entstehende Formen, die sich aus isolierten Felsen durch verstärkte Rückverlegung der unteren wie auch der geringer widerständigen Partien entwickeln. Der mit Sand beladene Luftstrahl wirkt am Fuß der Felsen am stärksten, da er dort mit gröberem und dichterem Gebläse als in der Höhe arbeitet. An Steilhängen entstehen durch Unterschneidung an der Basis Felsdächer *(Baldachinfelsen)*.
Auch in *humiden Klimaten* entstehen pilzartig geformte Gesteinsblöcke, wenn deren Fuß aus weicherem Material besteht und genügend Feuchtigkeit zu verstärkter → Verwitterung an der Basis vorhanden ist. Die P. an den Küsten werden durch die allseitig wirkende Brandung (→ Abrasion) geschaffen.

Pingo → **Frostboden,** → Sölle
Pipeline → **Erdöl,** → RGW
Plafondierung → Gastarbeiterwanderung
Plaggendüngung → Eschländereien

planetarische Frontalzone: Zone stärksten Temperatur- und *Luftdruckgefälles* (→ Lufttemperatur; → Luftdruck) zwischen der hochtemperierten tropischen Zone und den kalten Polarkalotten. Sie liegt im Durchschnitt zwischen 30° und 60° nördlicher bzw. südlicher Breite, ist dabei jeweils im Winterhalbjahr um 5° bis 10° äquatorwärts verschoben. *Isotherme* (→ Klima) und *isobare Flächen* (→ Luftdruck) sind hier stark polwärts geneigt, eine Folge der Tatsache, daß hier warme Tropikluft und kalte Polarluft frontartig aneinandergrenzen. Das starke meridionale Druckgefälle bewirkt die Ausbildung einer Zone mit hoher Geschwindigkeit des Höhenstromes, der nach den Gesetzen des *geostrophischen Windes* (→ Wind) als Westwind ausgeprägt ist. Durch tellurische Einflüsse (Verteilung von Land und Meer, Gebirge) verläuft diese Höhenströmung nicht breitenkreisparallel, sondern bildet im allgemeinen mehrere (5–6) Großwellen aus, an denen durch den → RYD-SCHERHAG-Effekt polseits zyklonale Wirbel *(dynamische Tiefs)*, äquatorseits antizyklonale Wirbel *(dynamische Hochs)* ausscheren. In ihnen vollzieht sich der Austausch von → Luftmassen und *Energie* zwischen höheren und niederen Breiten. Die Wettervorgänge in den → Zyklonen und *Antizyklonen* bestimmen den wechselhaften Charakter der Witterung in den Mittelbreiten (→ Wetter). Die *Mäanderwellen* des westlichen Höhenstromes wandern zwar im ganzen ostwärts, im statistischen Mittel weisen jedoch die Ostküsten der Kontinente ein besonders häufiges Auftreten von kräftigen Höhentrögen auf, so daß hier auch besonders aktive Entstehungsherde für zyklonale Wirbel liegen. Gründe hierfür sind wohl in den an diesen Erdstellen besonders

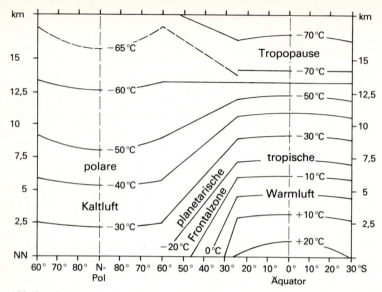

Abb. 76 Meridionalschnitt der Temperaturverteilung in der Troposphäre; planetarische Frontalzone als Zone stärksten meridionalen Temperaturgefälles
(nach W. WEISCHET, Einführung in die Allgemeine Klimatologie, Stuttgart 1977, S. 112)

starken meridionalen Temperaturgegensätzen (Nachbarschaft kalter und warmer Meeresströmungen, z. B. Labrador- und Golfstrom) wie auch in der Abbremsung der Westwindtrift über den Kontinenten zu sehen.
Wo in den ostwärts wandernden Höhentrögen polare Kaltluft mit steiler Front gegen die Tropikluft vorstößt, wird das Isobarenfeld besonders stark zusammengedrängt: hier bilden sich die mit den Mäanderwellen ostwärts ziehenden *Strahlströme (Jetstreams)*, d. h. Starkwindfelder von einigen 1000 km Länge, 100–200 km Breite und 1 bis 5 km Mächtigkeit, in denen *Windgeschwindigkeiten* von 100–400 km/h, in Extremfällen bis zu 600 km/h auftreten (TIEMANN 1969). Im Winter verlagert sich dieses Starkwindfeld deutlich äquatorwärts (ca. 30° gegenüber 40–45° im Sommer).
Die p. F. ist sehr labil. Durch inselhafte Abschnürung äquatorwärts vorgedrungener Kaltluftmassen *(Kaltlufttropfen)* und entsprechende starke polwärtige Vorstöße des *Subtropenhochs* kann die zonale westliche Strömung für einige Zeit blockiert werden *(Cut-Off-Effekt)*. Im Bereich des Kaltlufttropfens herrscht dann tagelang anhaltend schlechtes Wetter, während der Hochdruckkeil eine Schönwetterperiode bringt.

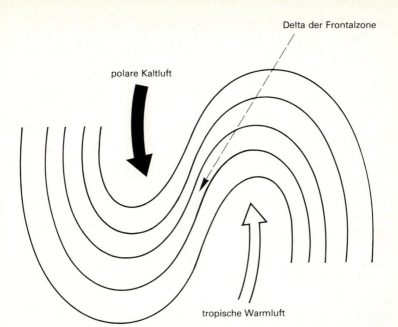

Abb. 77 Mäandrierendes Westwindband im Bereich der planetarischen Frontalzone. – Im Hochdruckkeil dringt tropische Warmluft nach Norden vor, im Tiefdrucktrog erfolgt ein Vorstoß polarer Kaltluft nach Süden
(nach W. WEISCHET, Einführung in die Allgemeine Klimatologie, Stuttgart 1977, S. 133)

planetarische Zirkulation → Zirkulation der Atmosphäre
planetarisches Windsystem → Zirkulation der Atmosphäre

Plankton (griech. „planktós": umhergetrieben)**:** Gesamtheit der pflanzlichen und tierischen Organismen (*Phyto-* und *Zooplankton*) des freien Wassers, die keine oder nur geringe Eigenbeweglichkeit besitzen und daher von Strömungen mitgeführt und verdriftet werden können. Das P. des Süßwassers wird als *Limnoplankton* (→ limnisch), dasjenige des Salzwassers als *Haliplankton* bezeichnet.
P. ist schwebefähig und fällt in abgestorbenem Zustand als „Planktonregen" in größere Wassertiefen ab (→ stehende Gewässer). Sauerstoffarmes Meerwasser enthält gewöhnlich wenig P., sauerstoffreiches Meerwasser dagegen sehr viel P.
Die zunehmende Ölverschmutzung der Weltmeere stellt eine erhebliche Gefahr für die Planktonverbreitung dar und ist zugleich eine Bedrohung der Fisch- und Walbestände (*Fischfang, Walfang,* → Fischereiwirtschaft).

Planstadt → **Stadtentwicklung,** → Stadt, Physiognomie

Plantage: Agrarischer Großbetrieb unter zentraler Leitung, der, spezialisiert auf die Erzeugung eines oder weniger hochwertiger Produkte, den Weltmarkt bzw. entfernt liegende Märkte beliefert (→ Marktwirtschaft). Nach KREBS (1939) stammt der Begriff „Plantage" als Großbetrieb tropischer → Landwirtschaft aus Amerika, wo die Spanier und später verschiedene andere Nationen die Produkte des Fernen Ostens anbauten, um das portugiesische und holländische Handels-*Monopol* zu untergraben. Das Ziel, große Mengen standardisierter Güter zu produzieren, die Verwendung kostspieliger Maschinen zur Aufbereitung und die Entwicklung von Fabrikanlagen haben zu der charakteristischen Spezialisierung und Betriebsgröße geführt. Nachdem man zuerst den Anbau nur auf ein einziges Produkt beschränkt hatte, ging man später zu Mischbetrieben über, um die negativen Folgen der Einseitigkeit zu verhindern (→ Monokultur). Typische Plantagenpflanzen sind z. B. Zuckerrohr, → Kaffee, Kakao, Tee, Sisal, Bananen, Obst. P.n befinden sich nicht nur in den Tropen, sondern auch in den subtropischen Winterregengebieten (Kalifornien, europäisches Mittelmeergebiet, Südafrika).
Die industrielle Aufbereitung der Plantagenerzeugnisse beschränkte sich ursprünglich darauf, die Erzeugnisse transportfähig zu machen (z. B. Entkörnen der → Baumwolle, Auspressen der Ölbaumfrucht, Fermentieren des Kaffees).
Bei der Industrialisierung der Tropen in diesem Jh. kam dieser landwirtschaftlichen Aufbereitungsindustrie eine wichtige Aufgabe zu. Die Aufbereitung zog immer mehr Arbeitsstufen an sich, um schließlich bei wachsender Bevölkerung und wachsender Industrie Endprodukte nicht mehr nur dem Weltmarkt, sondern auch dem engeren → Markt zu liefern. Es kam z. T. zu regelrechten Verlagerungen von Betriebseinheiten von Europa und Nordamerika in die Tropen.
Von der P. ist die *Pflanzung* als landwirtschaftliche Betriebsform nicht scharf zu unterscheiden. Einige Wissenschaftler betonen als Unterscheidungskriterium die Arealgröße, die bei der P. die der Pflanzung übertrifft, andere unterscheiden beide nach der Betriebsleitung (nach OBST 1965). Ebenso wie die P. ist die Pflanzung betont marktwirtschaftlich orientiert und kann zur → Monokultur hin spezialisiert sein.

Planwirtschaft → Wirtschaftsordnung
Plateaugletscher → Gletscher
Plattentektonik → Orogenese, → **Tektonik**

Platzdorf: Eng oder locker gebaute → Gruppensiedlung mit Ausrichtung aller Wohnstätten nach dem zentral gelegenen Platz, der als Versammlungsplatz, Nachtweide für das Vieh, zur Anlage von Viehtränken u. ä. genutzt wird.
Das *Angerdorf,* bei dem diese zentrale Freifläche eine ausgeprägte Längserstreckung hat (s. Abb. 78), gehört wohl zu den charakteristischen Sied-

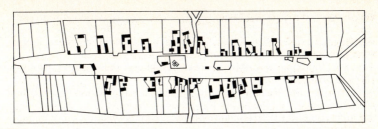

Abb. 78 Langenfeld (Sternberger Land) 1840. – Hochform eines im 13. Jh. gegründeten Angerdorfs mit regelhaft-symmetrischer Gestaltung von Anger, Hofreiten und Ortsumriß. Partielle Bebauung des Angers und reduzierte Gehöftzeilen (nach A. KRENZLIN bzw. M. BORN, Geographie der ländlichen Siedlungen, Bd. 1, Stuttgart 1977, S. 139)

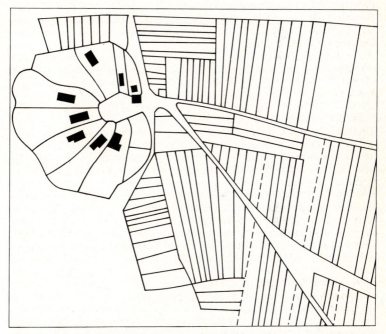

Abb. 79 Klautze (Kr. Lüchow-Dannenberg) 1825. – Hochform eines Rundlings mit annähernd symmetrischer Anordnung von Dorfplatz, Hofreitengefüge und Ortsaußengrenzen; kleingliedrige Gewannflur in Ortsnähe, daran anschließend streifenförmige Gemengeflur
(nach W. MEIBEYER bzw. M. BORN, Geographie der ländlichen Siedlungen, Bd. 1, Stuttgart 1977, S. 130)

Platzdorf

lungsformen des hohen Mittelalters (BORN 1977), ist jedoch in relativ reiner Form fast nur in den Gebieten der deutschen *Ostkolonisation* in Pommern, Brandenburg, Sachsen, Schlesien und Ostpreußen erhalten; in den anderen Gebieten Mitteleuropas ging die ursprüngliche Form infolge Teilung, Siedlungsverdichtung und Bebauung des Angers verloren (→ Siedlungsperioden).

Der *Rundling* (s. Abb. 79) als eine ländliche Siedlungsform des östlichen Mitteleuropa ist zwar in seiner Entstehung sehr umstritten, dürfte jedoch mit Sicherheit an die deutsche Ostkolonisation gebunden sein. Ob dabei das Schutzmotiv, slawische Vorbilder oder funktionale Überlegungen für die Wahl der Rundform ausschlaggebend waren, ist nicht gesichert. „Seiner Funktion nach scheint der Rundling am überzeugendsten als eine charakteristische Spezialform des Platzdorfes den Bedürfnissen wehrhafter Viehzüchter zu entsprechen, ohne nachweisbare völkische Bindungen" [5]. Das Hauptverbreitungsgebiet des ostmitteleuropäischen Rundlings liegt im Hannoverschen Wendland, in Mecklenburg, Pommern, Brandenburg, Thüringen und Sachsen (→ Siedlungsgeographie).

Plutone → Plutonismus

Plutonismus: Bezeichnung für Vorgänge und Erscheinungen, die durch das Empordringen und Erstarren von Material in schmelzflüssigem Zustand *(Magma)* innerhalb der oberen Erdkruste verursacht werden. Durch P. entstehen magmatische Körper aus *Tiefengestein* (*Plutone;* → Gestein) von oft beträchtlichem Ausmaß (Abb. 80).

Die wichtigsten Erscheinungen des P. sind: *Batholith, Lakkolith, Stau-* und *Stoßkuppe*. Die *Batholithe* sind große, unregelmäßig geformte und in die Schichtmassen eingepreßte Körper *(Intrusivkörper)*, die allerdings das *Schichtgestein* des Umfeldes nicht wesentlich veränderten (z. B. Brocken im Harz). Bei den *Lakkolithen* sind die aufsteigenden Magmamassen seitlich in die *Schichtfugen* des Nebengesteins eingedrungen; dabei werden die überlagernden Schichten meist aufgewölbt.

Erstarrt die Schmelze in Spalten und Röhren, die bis dicht unter die Oberfläche reichen, spricht man von *Kryptovulkanismus* oder *Subvulkanismus*. *Staukuppen* (Quellkuppen) sind keulenförmig in einem *Schlot* (→ Vulkan) aufgestiegene Magmakörper, die dicht unterhalb der Erdoberfläche erstarrt sind (z. B. Drachenfels im Siebengebirge, Puy-de-Dôme in der Auvergne). Die Deckschichten können durch → Abtragung – wie auch bei den andern Intrusivkörpern – später beseitigt werden, so daß das Tiefengestein heute freiliegt und wegen seiner Härte morphologisch als Berg *(Härtling)* in Erscheinung tritt. Bei den *Stoßkuppen* ist eine schon erstarrte kleine Quellkuppe durch nachdrängendes Magma als *Lava*-Pfropf stoßartig emporgehoben worden (z. B. Mt. Pelée auf Martinique).

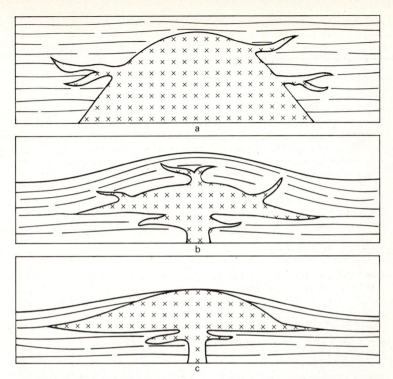

Abb. 80 Formen von Intrusivkörpern. – a) Batholith, b) Lakkolith, c) durch Abtragung der Deckschichten eines Lakkolithen entstandener Härtlingsbuckel (nach H. WILHELMY, Geomorphologie in Stichworten, Bd. 1 – Endogene Kräfte, Vorgänge und Formen, Kiel 1971, S. 67)

Plutonit → Gestein
Podsol → **Bodentyp,** → Standortfaktoren
Polarhoch → **Luftdruckgürtel,** → Niederschlagsverteilung, → Zirkulation der Atmosphäre
Polarzone → Klima
polarer Ostwind → Monsun, → **Zirkulation der Atmosphäre**
Polarfront → Zyklone

Polje: (serbokroatisch: Feld) Morphologische Großform in außertropischen Karstgebieten (→ Karst); längliche, oft talartig gewundene und allseitig geschlossene Senke mit flacher Sohle und deutlicher Grenze zum Umland. Die Größe der P. ist verschieden; sie schwankt zwischen einigen wenigen und mehreren Hundert Quadratkilometern. Von den insgesamt 221 jugoslawischen P.n mit einem Gesamtareal von etwa 4000 km² sind

z. B. sieben über 100 km², zwei sogar über 300 km² groß (WILHELMY 1972).
Die Genese der P.n ist noch nicht endgültig geklärt. Verschiedene Vorgänge können zur Entstehung führen:
1. Umformung zusammengewachsener *Schüsseldolinen* oder *Uvalas* (→ Doline) zu P.n durch fließendes Wasser oder Quellaustritte; dies trifft wohl nur für eine Minderheit der P.n zu,
2. Herausbildung von Einbruchsbecken, die durch → Karstkorrosion erweitert werden, entlang von *Bruchlinien* (→ Verwerfung) in Zonen mit mehr oder minder deutlichem Faltenbau (→ Falte). In diesem Fall sind P.n tektonischen Ursprungs (→ Tektonik). In Jugoslawien z. B. korreliert der Verlauf der P.n zu demjenigen der Dinariden, Streichrichtung NW-SE,
3. Verkarstung alter, → fluviatil entstandener Talzüge (→ Tal), die dadurch zusammenhanglos werden; in diese Karstwannen werden durch seitlichen Zufluß aus benachbarten Gebieten lehmige, wenig wasserdurchlässige Materialien eingeschwemmt, so daß heute unter Poljeböden die Lösung des Kalkes stark behindert wird. Durch Seitenkorrosion erfolgt eine Ausweitung der P. und ein Zurückdrängen der umrahmenden Kalkberge. Für die Mehrzahl der P.n wird diese Entstehung angenommen (Abb. 81).

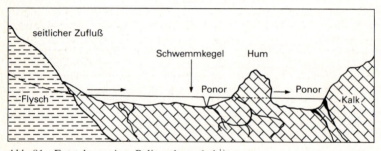

Abb. 81 Entstehung einer Polje; schematisch[1]
(nach H. LOUIS und N. GÜLDALI bzw. H. WILHELMY, Geomorphologie in Stichworten, Bd. 3 – Exogene Morphodynamik, Kiel 1972, S. 33)
[1] Hum: Karstrestberg, der als Relikt eines älteren Reliefs die Karstoberfläche überragt.

Die P.n können entweder ständig trocken liegen oder periodisch bzw. ganzjährig von Seen erfüllt sein. Bei vielen treten an den Rändern unterirdische Flüsse in kräftig sprudelnden Quellen zutage und verschwinden am anderen Ende wieder in *Flußschwinden* bzw. in Saug- oder Schlucklöchern *(Ponore).* Das Wasser tritt in einem tieferen Niveau als *Karstquelle* wieder aus. Im Winterhalbjahr bei stark vermehrter Wassermenge kann sich die P. in eine Seenlandschaft verwandeln; die Schlucklöcher werden bei der hohen Wasserführung dann zu Speilöchern. Im Sommer sind die

Poljeböden trocken und ackerbaulich genutzt. Sie stellen im sonst öden Karst die Hauptanbauflächen dar und bilden Siedlungs- und Kulturschwerpunkte.

Polykultur → Monokultur
polysaprob → Saprobitätsstufen
Ponordoline → Doline
Ponore → Doline, → **Polje**

Population: Abgegrenzte Gemeinschaft von Organismen (Pflanze, Tier, Mensch) derselben Art mit gleichen speziellen Eigenschaften. Jede P. steht in wechselseitiger Beziehung zur → Biosphäre.

Position → **Gesellschaft,** → Mobilität
positive Strandverschiebung → Strandverschiebungen
potentielle Energie → Bestandsklima, → **Energiewirtschaft**
Prallhang → **Fluß,** → Mäander
PREBISCH-These → Terms of trade

Preis: Wertverhältnis eines Gutes zu anderen Gütern, durch einen Geldbetrag ausgedrückt (→ Geld). In der → Marktwirtschaft bestimmen Angebot und Nachfrage von Gütern und → Dienstleistungen auf dem → Markt in erster Linie die *Preisbildung.*
Außerdem wirken noch Faktoren wie Konkurrenz, Mode, Kaufkraft und natürlich Herstellungskosten auf die Preisbildung ein. Da das Gewinnstreben als Motor der Marktwirtschaft anzusehen ist, kalkuliert der Erzeuger bei der Preisfestsetzung stets einen Mindestgewinn für die Unternehmerleistung mit ein. Es gibt marktbeherrschende Unternehmen, die die P.e für ihre Branche beeinflussen (Preisführer). Die kleineren Konkurrenten werden oft gezwungen, diese Preisgestaltung mitzumachen. Wegen der ungünstigeren Produktionsbedingungen solcher Kleinfirmen führt dies oft zu deren Ruin. Auch durch vertragsmäßige Zusammenschlüsse von Unternehmen gleicher Branchen, durch sog. *Kartelle,* wird die Preisgestaltung oft einseitig beeinflußt. Eine andere Form gelenkter Preisbildung ergibt sich durch das *Monopol,* wenn das gesamte Angebot in der Hand eines einzigen Anbieters liegt (s. Abb. 82).

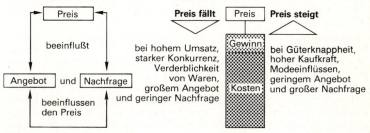

Abb. 82   Entstehung des Warenpreises (Preisbildung)

Preisbildung → Geld, → Konzentration, → Markt, → **Preis**

Preisindex: Eine monatlich vom Statistischen Bundesamt erstellte Kennzahl der Lebenshaltungskosten, die ein ungefähres Maß für die Veränderung der Kaufkraft im Zeitablauf darstellt. Der Lebenshaltungskostenindex in der Bundesrepublik Deutschland bezieht sich auf die Ausgaben eines Vierpersonen-Arbeitnehmer-Haushaltes mit mittlerem Einkommen (→ Volkseinkommen). Die in einem sog. *„Warenkorb"* zusammengefaßten Ausgaben eines solchen Haushaltes wurden im Basisjahr 1962 = 100 gesetzt. Die Indexzahl 180 z. B. besagt, daß gegenüber dem Basisjahr eine Verteuerung um 80% eingetreten ist. Da dieser Index die → Preise repräsentativer Gütergruppen erfaßt, ist er ein wichtiges Indiz für die allgemeine Geldwertentwicklung (→ Geld). Steigt der P., so liegt → Inflation, fällt er, so liegt → Deflation vor.

Primärenergie → **Energiewirtschaft,** → Erdgas
Primärenergieträger, → Elektrizität, → Energiepolitik, → **Energiewirtschaft,** → Kohlenstoffkreislauf, → Stoffkreisläufe in der Biosphäre
Primärenergieverbrauch → Elektrizität, → Energiepolitik, → **Energiewirtschaft**
primäres Stadtviertel → Viertelsbildung
primärer Wirtschaftssektor → Bruttosozialprodukt, → Fischereiwirtschaft, → Forstwirtschaft, → **Wirtschaftssektoren**
Primärkonsument → **Konsumenten,** → trophisches Niveau
Primärproduktion → **Konsumenten,** → Nahrungskette, → stehende Gewässer
Primärproduzent → **autotrophe Organismen,** → Nahrungskette, → **Produzenten**
Primärrumpf → Rumpffläche
Primärsukzession → Sukzession
Primärwald → Forstwirtschaft
Produktion → Arbeitsteilung, → Forstwirtschaft, → Gastarbeiterwanderung, → Geld, → intensiv, → Landwirtschaft, → Marktwirtschaft, → Produktionsfaktoren, → Recycling, → Stadttypen, funktionale, → Steinkohlenkrise, → THÜNENsche Kreise, → Tragfähigkeit, → Volkswirtschaftslehre, → **Wirtschaft,** → Wirtschaftswissenschaften, → Zentralverwaltungswirtschaft

Produktionsfaktoren *(Produktionsmittel):* Elementare Stoffe und Kräfte, die die *Produktion* von Gütern ermöglichen. Arbeit (sowohl geistige als auch körperliche), Boden (Ertragswert sowie *Bodenschätze*) und Kapital (incl. Gesamtwert aller Güter, mit denen ein Unternehmen wirtschaftet) sind die klassischen P. Der Faktor Kapital geht selbst aus dem Produktionsprozeß hervor und kann bis zu einem gewissen Grad den Faktor Arbeitskraft ersetzen, indem z. B. mittels Investitionen Maschinen eingesetzt werden. Alle P. wirken im Betrieb zusammen (→ Volkswirtschaftslehre).

Produktionsgenossenschaft → **Genossenschaft,** → Kolchos
Produktionsgenossenschaft Handwerk → Genossenschaft
Produktionsgüter → Industrialisierung, → **Industrie**
Produktionsgüterindustrie → Industrialisierung, → **Industrie**
Produktionsmittel → Kolchos, → **Produktionsfaktoren,** → Sowchos, → Volkswirtschaftslehre, → Zentralverwaltungswirtschaft
Produktionswirtschaft, → Wirtschaftsformen
Produktionsziel → Ackernahrung, → **Wirtschaftsformen,** → Wirtschaftsformation, → Zentralverwaltungswirtschaft

Produzenten (Erzeuger): → Autotrophe Organismen, die aus mineralischen Nährsalzen (→ Mineralien) und aus anorganischen Verbindungen (CO_2 und H_2O) mit Hilfe der *Energie* des Sonnenlichtes organische Substanz aufbauen (z. B. Kohlenhydrate, Eiweiße und Fette) und die Sonnenenergie in energiereichen chemischen Verbindungen speichern (→ Photosynthese). Die organischen Verbindungen werden dadurch in ein höheres Energieniveau gehoben.
Zu den P. gehören alle grünen Pflanzen und einige Bakterien. Sie erzeugen als *Primärproduzenten* u. a. Sauerstoff (→ stehende Gewässer; → Biomasse). Nur die *Nettoprimärproduktion,* d. h. der Teil der *Bruttoprimärproduktion,* der nach der Veratmung durch die Pflanzen übrigbleibt, steht den → Konsumenten als Nahrung zur Verfügung (→ Nahrungskette). Die Bruttoprimärproduktion umfaßt die gesamte durch Photosynthese bedingte Stoffproduktion in einem → Ökosystem.

Profundal → Biosphäre, → **stehende Gewässer**
Pro-Kopf-Einkommen → Entwicklungsländer, → **Volkseinkommen**
Pull-Faktor → Gastarbeiterwanderung
Pumpspeicherwerk → Elektrizität
Punkt-achsiales Prinzip → Verstädterung
Push-Faktor → Gastarbeiterwanderung

Q

Quellwolke → Konvektion, → **Wolken**
Querco-Carpinetum → Sukzession
Querdüne → Dünen
Querküste → Küste
Querspalte → Gletscher
Quertal → Tal

R

Radiocarbonmethode → Altersbestimmung
Raffinerie → Erdöl
Randkluft → Gletscher
Randspalte → Gletscher
Randzone → Stadtregion
Rasenhügel → Frostboden
Rasenschälen → Solifluktion
Rat für gegenseitige Wirtschaftshilfe → RGW
Rauhreif → Niederschlag

Raumforschung: Wissenschaftliche Vorstufe der → Raumordnung mit dem Ziel, die Grundlagen für die Raumordnung zu gewinnen.
R. ist zu unterteilen in die Grundlagenforschung und die angewandte R. Der Grundlagenforschung obliegt die grundsätzliche Beschäftigung mit den Raumkomponenten mit dem Ziel genauen Einblicks in deren Strukturen und Funktionen. So gesehen, sind Gegenstand und Methoden der R. und der → Geographie identisch. Die angewandte R. wendet die durch die Grundlagenforschung erarbeiteten Erkenntnisse auf einen bestimmten Raum an, indem sie diesen Raum in Funktion und Gefüge analysiert, seine voraussichtliche Eigenentwicklung prognostisch erfaßt, seinen Platz in einer Wertungsskala bestimmt, ihm ein → Leitbild zuordnet und dessen Durchführungsmöglichkeiten untersucht (nach K. H. OLSEN 1960).
Im Unterschied zur Geographie untersucht die R. lediglich den menschlichen Siedlungsraum. Während die → Siedlungsgeographie oder → Wirtschaftsgeographie diesen Raum stets objektbezogen analysieren, orientiert sich die R. wertend an raumordnerischen Zielvorstellungen.

Raumordnung: Zunächst Ordnung bzw. Struktur eines geographischen Raumes, die sich aus seiner natürlichen und anthropogenen Ausstattung ergeben. Der Begriffsinhalt hat sich jedoch immer mehr auf das ordnende Eingreifen des Menschen in den Raum, nachdem dieser nicht mehr günstig strukturiert schien, verlagert. Insofern bedeutet R. heute soviel wie Raumplanung und Raumgestaltung. Viele Autoren verwenden die Begriffe R. und *Landesplanung* synonym nebeneinander.
Die R. entstand als Konsequenz der Siedlungstätigkeit im 19. und 20. Jh. (→ Verstädterung, → Zersiedelung). R. wird um so dringlicher, je bedrohlicher sich die Kollisionen zwischen den → Daseinsgrundfunktionen des Menschen in dicht besiedelten Räumen auswirken (→ Verdichtungsraum, → Ballungsgebiete). Die menschlichen Lebensräume müssen, soweit ihr inneres Gleichgewicht bereits gestört, aber wiederherstellbar ist, neu geordnet werden, um ein „erneut normales Dasein in gesunden Lebensräumen" (E. WINKLER 1963) zurückzugewinnen und für die Zukunft zu sichern.

Tabelle 37 Die verschiedenen Ebenen der Raumordnungsbehörden

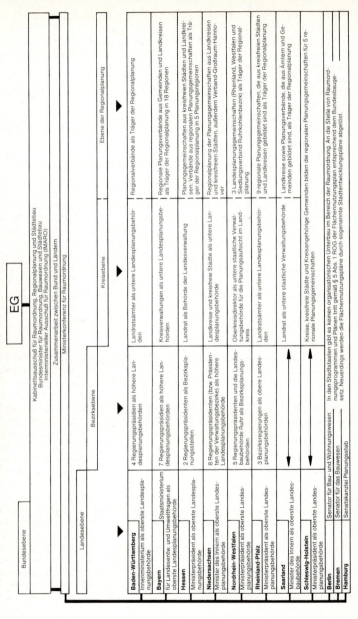

Nach F. MALZ, Taschenwörterbuch der Umweltplanung, München 1974, S. 443

Solche Vorstellungen enthalten nahezu alle Grundsatzparagraphen der Landesplanungsgesetze der einzelnen Bundesländer: Die R. hat „das Landesgebiet in seiner Struktur einer Entwicklung zuzuführen, die den wirtschaftlichen, sozialen, kulturellen und landschaftlichen Erfordernissen im Sinne des Gemeinwohles Rechnung trägt" (Landesplanungsgesetz des Saarlandes vom 27. 5. 1964, § 1). Im → Bundesraumordnungsgesetz sind die wichtigsten Grundsätze der R. festgeschrieben, die bei allen Raumordnungsmaßnahmen zu beachten sind. Die Raumordnungsbehörden gehen bei ihrer Arbeit in der Regel wie folgt vor:
1. Diagnose des Ist-Zustandes des Raumes mit Hilfe der → Raumforschung,
2. Prognose des zukünftigen Raumzustandes bei Entwicklung des Raumes unter Status-quo-Bedingungen durch die Raumforschung,
3. Zuordnung des Raumes zu einem von der Raumforschung erstellten → Leitbild,
4. Entwurf des Soll-Zustands des Raumes (Erstellung eines Leitplanes),
5. detaillierte Planung und Durchsetzung der Planung durch die Raumordnungs- (Landesplanungs-)behörden auf den verschiedenen Ebenen von Gemeinde, Region und Land (s. Tab. 37).
Ortsplanung (Kommunalplanung, auch → Bauleitplanung) führt räumlich scharf abgegrenzte Planungen auf kommunaler Ebene durch (z. B. Stadtplanung, → Stadtentwicklungsplan) und befindet sich damit verwaltungsmäßig auf einer tieferen Ebene als die *Regionalplanung.*

Raumwelle → Erdbeben
Reaeration → Fließgewässer

Realerbteilung: Form des Erbrechts in der → Landwirtschaft, bei der der landwirtschaftliche Betrieb an alle Erbberechtigten aufgeteilt wird. Die R. führte vor allem in Franken, Hessen und Südwestdeutschland zur *Flur-* und *Besitzzersplitterung,* Strukturschwächen, die heute im Rahmen strukturverbessernder Maßnahmen (→ Agrarstruktur) behoben werden sollen. R. mußte jedoch nicht immer zu vollständiger Aufsplitterung des Betriebes führen, da nicht alle Erben in der Landwirtschaft blieben, und durch Heirat und Neukauf die Betriebe vergrößert werden konnten. Maßnahmen gegen nachteilige Auswirkungen der R. waren Teilungsverbote unter einer bestimmten Grundstücksgröße und Vorkaufsrecht für hauptberufliche Landwirte (→ Sozialbrache).

Recycling (engl. to recycle: in den Kreislauf zurückführen): Rückgewinnung von → Rohstoffen durch Rückführung von *Abfällen* (→ Müll) in den Produktionsprozeß oder deren Wiederverwendung. Der heute ablaufende Prozeß der Rohstoffgewinnung, der *Produktion* von Fertigwaren und des *Konsums* hat zur Folge, daß immer mehr Rohstoffquellen erschlossen werden müssen, gleichzeitig belasten die Abfälle die *Umwelt* immer stärker (→ Belastung). Es entstehen also einerseits ständig steigende Ausgaben für die Erschließung neuer Rohstoffquellen, andererseits weitere

Ausgaben für die Lagerung bzw. Beseitigung der Abfallstoffe. R. als weitere Maßnahme einer Umweltschutzpolitik (→ Belastungsreduktion) gewinnt nach einer Periode des ungehemmten Konsums und Wegwerfens zunehmend an Bedeutung, ist aber wegen des hohen *Energie*bedarfs nicht unbeschränkt einsetzbar. Heute schon bestehende Techniken des R. sind *Kläranlagen,* Verschrottung, Altpapierverwertung, Müllaufbereitung.
Der Begriff R. wird neuerdings auch für den Rückfluß von Ölgeldern aus den erdölexportierenden Ländern (→ OPEC) in die Verbraucherländer verwendet. Das Geld fließt in den internationalen Währungsstrom zurück (→ Geld- und Güterkreisläufe).

Reduzenten → Destruenten

Reflexion: Zurückwerfen von Strahlen (→ Strahlung) beim Auftreffen auf eine Oberfläche oder durch Materieteilchen der → Atmosphäre. Meist erfolgt die R. nicht spiegelnd, d. h. in einem definierten Winkel, sondern wegen der Unebenheit der Oberflächen als *diffuse R.,* d. h. in verschiedenen Richtungen streuend. Der von einer Oberfläche reflektierte Anteil der einfallenden Strahlung wird als → Albedo bezeichnet.

Regelgröße → kybernetische Mechanismen in der Ökologie
Regelkreis → **Kybernetik,** → **kybernetische Mechanismen in der Ökologie,** → Wasserkreislauf
Regelstrecke → kybernetische Mechanismen in der Ökologie
Regelsystem → kybernetische Mechanismen in der Ökologie
Regelung → biotische Elemente, → **Kybernetik,** → **kybernetische Mechanismen in der Ökologie**
Regen → Luftverschmutzung, → **Niederschlag,** → Soil erosion, → Stickstoffkreislauf, → Verwitterung

Region: In der hierarchischen Ordnung primärer → Ökosysteme des Festlandes (Abb. 73) bilden die R. und der → Biom das Ökosystem III. Während der Biom die übergeordnete biotische Einheit zu den → Biozönosen darstellt (→ biotische Elemente), umfaßt die R. alle abiotischen Wirkungsfaktoren innerhalb eines Makroökosystems, z. B. in der Trockensavanne. Es werden die physisch-geographischen Umweltbedingungen erfaßt (→ abiotische Elemente). Der R. der Wüsten- und Halbwüstenböden z. B. entsprechen die Wüstenbiome (Abb. 83, Seite 78).

regionale Arbeitsteilung → **Arbeitsteilung,** → Autarkie
regionale Geographie → Geographie
Regionalplanung → **Raumordnung,** → Rheinisch-Westfälisches Industriegebiet, → Stadtgeographie
Regler → kybernetische Mechanismen in der Ökologie

Regression: Zurückweichen des Meeres, führt zur Ausweitung des Fest-

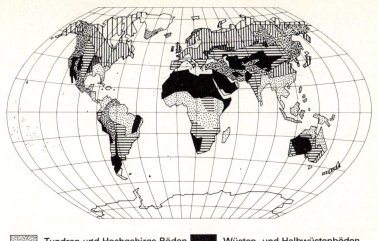

Abb. 83 Die Verbreitung der zonalen Böden der Biosphäre
(nach P. MÜLLER, Tiergeographie, Stuttgart 1977, S. 116; generalisiert)

landes (→ Strandverschiebungen, → Küste). Sie wird verursacht durch Landhebung (→ Epirogenese) oder → eustatische Meeresspiegelschwankungen. Der Gegensatz ist die → Transgression.

Reibungskraft → Wind
Reif → Luftfeuchte, → **Niederschlag,** → Wetter
Reifgraupel → Niederschlag
Reihendorf → Marsch- und Moorhufensiedlung, → Waldhufensiedlung
Reihendüne → Dünen
Reinigungsverfahren → Abwasserreinigung

Reis (Oryza sativa): Als eine der wichtigen Getreidearten eine der Hauptnahrungspflanzen der Menschheit (→ Grundnahrungsmittel) und eine der ältesten Kulturpflanzen. Als Urheimat des R.es werden China (seit 2800 v. Chr.) oder Indien angenommen, von wo er über Japan, Indonesien, Persien, Vorderasien, Ägypten und Nordafrika nach Spanien gelangte. Seit dem 17. Jh. wird der R. auch in der Neuen Welt angebaut. Eines der jüngsten europäischen Reisanbaugebiete liegt im Rhônedelta. Neben dem selteneren, ertragsärmeren, anspruchsloseren *Bergreis* (Trockenreis), der *extensiv* angebaut wird (→ intensiv), gibt es den *Sumpfreis* (Wasserreis, nasser R.), auf den sich die folgenden Angaben in erster Linie beziehen.

Als Sumpfgras beansprucht der R. viel Wasser, der Niederschlag muß in der Vegetationszeit mindestens 1000 mm betragen, da die Felder zeitweise unter Wasser gesetzt werden. Künstliche Bewässerung kann den fehlenden Niederschlag ausgleichen. Schon das Keimen setzt große Bodenfeuchtigkeit voraus, während bei der Reife Trockenheit notwendig ist. Die günstigsten Voraussetzungen bietet das Monsunklima (→ Monsun), wenn eine Mindesttemperatur von 20 °C gegeben ist. Durch die Züchtung schnell reifender Arten (4–6 Monate) konnte der Anbau auch auf subtropische Bereiche ausgedehnt werden (Abb. 84). Als Sumpfgras bevorzugt der R. Stromtiefländer, Küstenebenen und Schwemmkegel der Flüsse. Komplizierte Terrassenbauten und Bewässerungssysteme haben auch den Anbau auf Berghängen möglich gemacht. Beim → intensiven Anbau in den Monsunländern Asiens ist der Arbeitskräftebedarf besonders groß, denn Auspflanzen, Jäten und Ernten erfolgen meist ohne den Einsatz von Maschinen. Der Bevölkerungsreichtum Ostasiens kann diesen Bedarf decken; in den USA jedoch ist der Reisanbau voll mechanisiert. Nur ein geringer Teil der Reisproduktion der Länder Monsunasiens gelangt auf

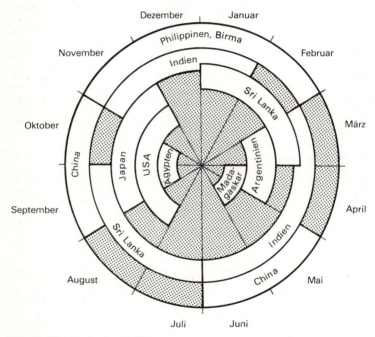

Abb. 84 Erntekalender für Reis
(nach International Rice Yearbook 1957 u. a. bzw. Diercke Statistik '77, Braunschweig 1977, S. 49; verändert)

den Weltmarkt, da diese Länder auch gleichzeitig große Reisverbraucher sind (Tab. 38); einige der größten Produzenten (Indien, Indonesien) müssen auf Grund ihres Bevölkerungsreichtums sogar noch R. einführen. Die besondere Bedeutung des R.es liegt für die dichtbesiedelten Verbraucherländer im Reichtum an Nährstoffen, in der Ergiebigkeit und der vielseitigen Verwendbarkeit der Reisprodukte (Stärke, Wein, Schnaps, Öl, Stroh). Die wichtigsten Reisexporteure Asiens sind China und Thailand, als weiterer Exporteur sind vor allem die USA stark in Erscheinung getreten, die auch polierten Reis exportieren, auf der Grund des Vitaminverlustes seinen Wert als Grundnahrungsmittel verliert (Einseitigkeit der Ernährung, Beriberi-Krankheit). Bemerkenswert sind die großen Unterschiede in den Hektarerträgen, die von über 5 t/ha (Spanien, Japan, USA) bis zu 1,5 t/ha (Indien) reichen.

Tabelle 38 Reisproduktion der wichtigsten Erzeugerländer

in 1 000 t	Mittel der Jahre			
	1961–65	1966–70	1975	1978
China	86 038	96 769	116 470	131 800
Indien	52 733	57 140	70 500	79 000
Indonesien	12 396	15 014	23 100	25 700
Bangla Desh	15 048	16 572	18 468	18 900
Japan	16 444	17 764	17 101	16 000
Thailand	11 267	12 758	15 092	17 000
Birma	7 786	7 715	9 339	10 500
Brasilien	6 123	6 639	7 674	7 200
Südvietnam[1]	5 029	4 844	7 500	9 900[1]
Philippinen	3 957	4 735	6 512	6 900
Südkorea	4 809	5 212	6 485	8 100
USA	3 084	4 121	5 789	6 300
Nordvietnam[1]	4 600	4 280	4 500	–
Pakistan	2 824	2 848	3 804	4 700
Nordkorea	2 480	1 246	3 700	4 500
Nepal	2 147	2 170	2 582	2 400
Ägypten	1 845	2 343	2 450	2 400
Malaysia	1 140	1 424	2 005	1 600
Sowjetunion	390	1 011	2 000	2 100
Madagaskar	1 563	1 836	1 936	2 000
Kolumbien	576	711	1 614	1 700
Iran	851	1 143	1 386	1 600
Sri Lanka	967	1 298	1 154	2 000
Italien	612	737	1 009	900
übrige Länder	9 486	11 598	10 901	11 500
insgesamt	253 195	281 928	343 071	376 400

[1] Vietnam seit dem 2. 7. 76 wiedervereinigt

Nach FAO, Production Yearbook 1970, 1971, 1975; FAO Trade Yearbook 1975, Rom bzw. Diercke Statistik '77, Braunschweig 1977, S. 49 und Diercke Weltstatistik 80/81, Braunschweig und München 1980, S. 205

Rekultivierung: Versuch der Wiederherstellung ursprünglicher ökologischer Bedingungen in vom Menschen gestörten → Ökosystemen. Rekultivierte Gebiete können anschließend der forstwirtschaftlichen Nutzung (→ Forstwirtschaft) oder Erholungszwecken (→ Daseinsgrundfunktionen) zugeführt werden. An ehemaligen Baggerseen oder Kiesgewinnungsweihern ebenso wie in Kohletagebaugebieten werden z. B. Naherholungs- und Freizeiteinrichtungen geschaffen.

relative Altersbestimmung → Altersbestimmung, → fossil
relative Feuchte → adiabatische Zustandsänderung, → **Luftfeuchte**, → Wasserkreislauf
Renaissancestadt → Stadt, Physiognomie
Rendzinaboden → Bodentyp
Rente → Rentenkapitalismus

Rentenkapitalismus: Von BOBEK (1959) eingeführte Bezeichnung für die Erwerbsform orientalischer Großgrundbesitzer. In BOBEKs System einer stufenmäßigen Erfassung des menschlichen Entfaltungsprozesses (gesellschaftliche Entfaltungsstufen) bildet der R. die fünfte Stufe, bezeichnet als die Stufe des älteren Städtewesens und des R. Diese Stufe ist gekennzeichnet durch den Zerfall der Einheit von Arbeitsleistung und Ertrag, indem eine Oberschicht allein aus dem Besitz von Investiv- und *Bodenkapital* (→ Produktionsfaktoren) einen Anspruch auf Leistung herleitet (= *Rente*). Die abgeschöpften Erträge werden in den Städten zusammengetragen. Diese Erwerbsform stellt eine starke Entwicklungshemmung dar, weil durch den Entzug des Ertrages die Pachtbauern das Interesse an der → Landwirtschaft verlieren, das Land in seiner Entwicklung erstarrt, während die Städte und mit ihnen → Handel und Gewerbe aufblühen. Die gesamtwirtschaftliche Entwicklung eines Landes (→ Volkswirtschaft) wird darüber hinaus dadurch behindert, daß die „Rentenkapitalisten" nicht geneigt sind, → Geld in langfristige Entwicklungsvorhaben der Landwirtschaft oder der → Industrie zu investieren, so daß die *extensive* (→ intensiv) Wirtschaftsweise erhalten bleibt. Die durch den R. verursachten Hemmnisse können in erster Linie durch eine → Bodenreform beseitigt werden. Die Entfaltungsstufe des R. und die damit verbundenen räumlichen Verhaltensweisen sind vor allem im Vorderen Orient verbreitet.

Rentierwirtschaft → Wechselweidewirtschaft
Residenzstadt → **Stadt, Physiognomie,** → Stadttypen, funktionale
rezent → anaerobe Organismen, → **fossil,** → Löß
Rezession → **Konjunktur,** → OPEC

RGW *(Rat für gegenseitige Wirtschaftshilfe)* oder *COMECON* (Council for Mutual Economic Aid): 1949 als Gegenstück zur *OEEC* (→ OECD) in Moskau gegründet, nachdem die Sowjetunion den Beitritt der Ostblockstaaten zum *Marshallplan* abgelehnt hatte (Tab. 39). 1976 umfaßte

Tabelle 39   RGW-Staaten 1974

je 1000 E.	Geburten	Sterbefälle	Saldo	Kindersterblichkeit	Zahl der Ärzte
Bulgarien	16,6	10,3	+ 6,3	25,5	25,1
DDR	10,8	14,3	− 3,5	15,9	22,7
Kuba	21,9	5,6	+16,3	29,9	11,1
Mongolische Volksrepublik	–	–	–	–	19,1
Polen	19,0	8,7	+10,3	23,7	21,5
Rumänien	19,7	9,3	+10,4	35,0	15,8
Sowjetunion	18,2	9,3	+ 8,9	27,8	31,5
ČSSR	19,5	11,5	+ 8,0	20,4	26,4
Ungarn	18,4	12,4	+ 6,0	34,0	24,5

Zahlenangaben: Statistisches Jahrbuch der DDR 1976. Nach Diercke Statistik '77, Braunschweig 1977, S. 26

der RGW folgende Mitglieder: UdSSR, Bulgarien, DDR, Kuba, Mongolei, Polen, Rumänien, die CSSR und Ungarn; Jugoslawien ist assoziiert, und einige andere Regierungen (z. B. Nordkorea und Vietnam) entsenden Beobachter. Albanien nimmt seit 1962 an der Arbeit des Rates nicht mehr teil.

Ziele des RGW sind die planmäßige Entwicklung der → Volkswirtschaften, die Beschleunigung des wirtschaftlichen und technischen Fortschritts, die Forcierung der → Industrialisierung und die Hebung der Arbeitsproduktivität. Dies soll für die siebziger und achtziger Jahre durch vertiefte Kooperation und engere Integration geschehen, um gemeinsame Erschließungs- und Industrieprojekte realisieren zu können. Ein solches Demonstrationsobjekt ist die gemeinsame Rohöl-*Pipeline* von Kuibyschew an der Wolga nach Polen, Ungarn, in die CSSR und in die DDR.

Die wirtschaftspolitischen Richtlinien (→ Wirtschaftspolitik) zur Erreichung dieser Ziele werden auf den Konferenzen der Parteiführer der Mitgliedsländer festgelegt (Ratstagungen). Der RGW hat keine Kompetenz zum Erlaß von Rahmenentscheidungen und Verordnungen. Er stellt ein Forum für Absprachen dar, Beschlüsse bedürfen der Zustimmung aller Mitglieder. Schwierigkeiten innerhalb des RGW ergeben sich aus dem unterschiedlichen wirtschaftlichen Entwicklungsstand der Mitgliedsländer und der Vormachtstellung der Sowjetunion.

Rheinisch-Westfälisches Industriegebiet: Einer der bedeutendsten Industrieräume der Erde (→ Industrie). Es umfaßt das Steinkohlenbecken mit Eisen-, Metall- und Textilindustrie um Aachen-Düren, das *Braunkohlen*-revier der Ville, die Industriezone am Rhein mit dem Zentrum Köln, die *Industriestädte* des Bergischen Landes und des Sauerlandes, das *Ruhrgebiet* und Teile der Münsterländischen Bucht. Kernraum des R.s ist das *Ruhrgebiet*, das größte zusammenhängende Industriegebiet Deutschlands.

Eine genaue Begrenzung ist schwierig. Es erstreckt sich vom Nordrand des Rheinischen Schiefergebirges südlich der Ruhr bis über die Lippe hinaus, von Hamm in Westfalen bis zum Kreis Moers westlich des Rheins. Für die Entwicklung des Ruhrgebietes sind zwei Industriezweige in erster Linie verantwortlich, die eisenerzeugende Industrie (→ Eisen) und der Steinkohlenbergbau (→ Steinkohle).

Der erste Anstoß zur Entwicklung ist auf die schon sehr frühe Ausbeutung der Steinkohle im Ruhrtal (ab 1300) zurückzuführen, der zweite erfolgte durch die Eisengewinnung auf der Grundlage von *Eisenerz*-Vorkommen ebenfalls im Ruhrtal (ab 18. Jh.). Den entscheidenden Entwicklungsimpuls gab aber dann der Steinkohlen*bergbau,* der durch den Einsatz der Dampfmaschine an Bedeutung gewann. Er wird seinerseits in seiner Entwicklung wieder durch die geologischen Verhältnisse bestimmt, denn die Karbonschichten, die im mittleren und unteren Ruhrtal an der Oberfläche ausstreichen, senken sich leicht nach Norden ab und versinken unter einem Winkel von 2–7 Grad nördlich der Ruhr unter einem immer mächtiger werdenden Deckgebirge. Die Kohlenflöze der Karbonschichten enthalten unterschiedliche Steinkohlenarten. Die ältesten und am tiefsten liegenden *Flöze* enthalten gasarme Eßkohle, Magerkohle und *Anthrazite,* die jüngeren Flöze enthalten gasreiche Fettkohle, Gaskohle und Flammkohle, die sich besonders gut zur *Verkokung* und *Kohlevergasung* eignen. Mit fortschreitender Technik wanderte der Bergbau von S nach N, und es kam zur Ausbildung folgender Zonen: 1. Ruhrzone, 2. Hellwegzone (ab 1840), 3. Emscherzone (1850–1870), 4. Lippezone (ab 1900), 5. Rheinzone (ab 1900).

Ein wichtiges Merkmal des Ruhrgebietes ist die sehr früh erfolgte Verbindung von Kohle und *Eisenerz,* die Entwicklung der *Montanindustrie,* und mit ihr eine immer weiter fortschreitende → Konzentration. Mit Montanindustrie wird dabei der Wirtschaftsbereich bezeichnet, der die Gewinnung von Bergbauprodukten und die Eisen- und Stahlerzeugung umfaßt. Die *vertikale Konzentration,* typisch für die stahlschaffende und stahlverarbeitende Industrie (*Stahlindustrie*), reicht von den Eisenerzgruben über die Hüttenwerke bis zum Maschinen- und Schiffbau. Konzerne bedeutender Größenordnung sind z. B. Krupp, Mannesmann, Thyssen. Die *horizontale Konzentration* gleichartiger Betriebe beginnt im Kohlenbergbau um 1850 (Ruhrkohle AG) und erfaßt erst viel später die Stahlindustrie (Vereinigte Stahlwerke AG). Der Entflechtung der Konzerne des Ruhrgebietes nach dem 2. Weltkrieg folgt jedoch bald wieder eine Verflechtung horizontaler und vertikaler Art.

Die nach naturräumlichen und mehr historischen Gesichtspunkten vorgenommene Gliederung des Ruhrgebietes in fünf Zonen ist durch die tiefgreifenden Strukturveränderungen in den 60er Jahren (→ Steinkohlenkrise) zu einem leeren Schema geworden. Heute ist es sinnvoller, folgende Strukturbereiche zu unterscheiden:

1. die südliche „Saturierungszone" im Gebiet der Ruhr, in der es keine Zechen mehr gibt und die sich durch eine differenzierte eisenverarbeitende Industrie, durch Leichtindustrie und einen ausgeprägten *tertiären*

Wirtschaftssektor (→ Wirtschaftssektoren) auszeichnet. Die Wohnfunktion hat in dieser Zone stark an Bedeutung gewonnen,
2. die mittlere Ordnungszone: auch heute noch der Kernraum des Ruhrgebietes mit Bergbau und *Schwerindustrie*. Gerade diese Zone leidet unter den Folgen der explosionsartigen wirtschaftlichen Entwicklung und muß durch Maßnahmen der *Kommunal-* und *Regionalplanung* geordnet werden (→ Raumordnung),
3. die nördliche Entwicklungszone, die sich unter Vermeidung früherer Fehler planmäßig entwickeln läßt (Abb. 85).

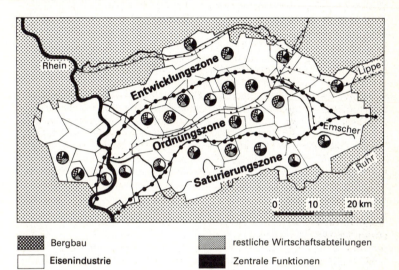

Abb. 85   Strukturbereiche und Standorte der Schwerindustrie im Ruhrgebiet (nach SCHÄFER, Erdkunde, Oberstufe Teil III – Deutschland. Wirtschaftliche, soziale und politische Probleme, Paderborn 1969, S. 50)

Die Bevölkerungsballung (→ Ballungsgebiete) im R. erfolgte erst im Laufe der → Industrialisierung, vorher wies dieser Raum keine dichte Besiedlung auf, wenn man von den alten *Handelsstädten* der Hellwegzone absieht. Die Bevölkerungskonzentration (→ Bevölkerungsentwicklung) wirkte sich in zweifacher Hinsicht industriefördernd aus, denn sie begünstigte die Ansiedlung absatzorientierter und arbeitskräfteorientierter Industrie. Ihre Ansiedlung bewirkte wiederum einen Zuzug von Arbeitskräften und somit eine weitere Bevölkerungsballung (→ Wanderung, → Mobilität). „Allen Industrierevieren ist daher die Tendenz zu anhaltendem Wachstum eigen, zu einer ständigen Vergrößerung der Industrielandschaft. Gleichzeitig aber ist damit ein Verwischen des ursprünglich für ihr Entstehen maßgeblichen Standortfaktors verbunden" [22]. Es ist daher nicht möglich, für alle Industriezweige des R.s einen gemeinsamen → Standortfaktor anzugeben. Zu der ursprünglich an → Rohstoffen, dann an *Energie* (→ Energiewirtschaft) und heute am → Verkehr orientierten Eisenhüttenindustrie haben sich im Verlaufe der Entwicklung z. B. rohstofforientierte Maschinenindustrie und rohstofforientierte *chemische Industrie,* arbeitsorientierte Textilindustrie und absatzorientierte *Konsumgüterindustrie* angesiedelt. Der Strukturwandel im Ruhrgebiet läßt sich vereinfachend wie folgt charakterisieren: Überwindung der einseitigen Abhängigkeit von Steinkohlenbergbau und von der eisenerzeugenden Industrie (→ Monostruktur), Ansiedlung von Nachfolgeindustrien, stärkere Ausbildung des tertiären Wirtschaftssektors, Abkehr von reinem Bergbau zur Kohleveredlung, Ausbildung der chemischen Industrie auf dem Rohstoff Kohle, aber auch auf dem Rohstoff → Erdöl. Ursache des Strukturwandels war somit die Umbewertung der Standortfaktoren, wobei die Rohstofforientierung immer mehr an Bedeutung verlor zugunsten der Verkehrsorientierung, so daß der → Standort an der Wasserstraße Rhein stark aufgewertet wurde.

Die heutigen Probleme des Ruhrgebietes liegen zum großen Teil im Bereich der Regional- und Kommunalplanung. Die explosionsartige Entwicklung des Ballungsraumes und ihr unorganisches Wachstum machen raumordnerische Maßnahmen (→ Raumordnung) besonders in den Bereichen → Verkehr, Wasserwirtschaft und → Abwasserreinigung, Siedlungswesen und Naherholung (→ Daseinsgrundfunktionen) notwendig.

Ria(s)küste → Küste
Rillenkarren → Karren
Rillenspülung → Soil erosion
Rinnenkarren → Karren

Rinnensee: Langgestreckte, mit Wasser gefüllte Hohlform, die durch subglaziale (→ glazial) Abtragung (→ glaziale Abtragung) entstanden ist. Schmelzwässer stürzten von der Gletscheroberfläche (→ Gletscher) in ehemalige große Spalten in die Tiefe und bildeten *Tunneltäler* (→ Tal), die den Boden rinnenartig aushöhlten. Die häufigen bajonettartigen Versetzungen im Verlauf von R.n gehen auf winklige Kreuzungen im einstigen Spaltennetz zurück (WILHELMY 1972). Schöne Beispiele für R.n finden sich im südöstlichen Mecklenburg und in der südlichen Uckermark.

Rippelmarken: Netzwerk von Miniaturwällen und -furchen, die sich an der Oberfläche feinen Materials (z. B. von Sand) herausbilden, wenn Wind darüberstreicht *(Windrippeln)* bzw. Wellenschlag es berührt *(Wellenfurchen).* Sie entstehen nach HELMHOLTZ durch Wellenbildung an der Grenzfläche zweier Medien mit verschiedener Dichte (z. B. Luft und Sand oder Wasser und Sand), die sich mit verschiedener Geschwindigkeit aneinander vorbeibewegen.

Roheisen → Eisen

Rohrfernleitung → Erdgas, → Erdöl, → Verkehr

Rohstoffe: Ursprünglich Bezeichnung für die Stoffe, wie sie von der Natur geliefert werden (z. B. → Steinkohle, *Eisenerze,* Felle, Baumwolle). Heute bezeichnet man als R. diejenigen Stoffe, die ohne Aufbereitung und Verarbeitung in den Produktionsprozeß eingehen und Ausgangsstoff für Erzeugnisse in *Handwerk* und → Industrie sind. BAADE (1969) teilt die in der Weltwirtschaft verwendeten R. in drei große Gruppen:
1. die land- und forstwirtschaftlich erzeugten R. *Holz,* Gummi, Faserrohstoffe (→ Faserpflanzen), Wolle z. B. (→ Landwirtschaft, → Forstwirtschaft),
2. die im *Bergbau* gewonnenen R., z. B. *Eisenerz,* Kupfererz (→ Kupfer), *Bauxit,*
3. die synthetisch erzeugten R., wie Chemiefasern und synthetischer Kautschuk. Kohle *(Braunkohle,* → Steinkohle) und → Erdöl können, soweit sie als Grundstoffe einer Weiterverarbeitung unterzogen werden, zu den R.n. gezählt werden, meist jedoch werden sie (auch bei BAADE) den *Energieträgern* zugeordnet.
Die R., die auf dem Weltmarkt im → Handel zwischen → Industrieländern und → Entwicklungsländern eine große Rolle spielen (→ Welthandel), können kurzfristig in ihren → Preisen durch Veränderung der Nachfrage oder des Angebots oder durch Beeinflussung von beiden Seiten des → Markts stark variieren. Es ist daher im Interesse beider, die Preise zu stabilisieren. Dies geschieht im Rahmen einer internationalen → Rohstoffpolitik.

Rohstoffpolitik: Teil der → Wirtschaftspolitik, umfaßt alle staatlichen Maßnahmen und Bemühungen, eine ausreichende und preisgünstige Versorgung der → Wirtschaft mit → Rohstoffen sicherzustellen. Eine vordringliche Aufgabe internationaler R. ist die Preisstabilisierung (→ Preis), die in erster Linie bei der Regulierung des Angebotes ansetzen muß. Beispiele solcher Maßnahmen sind u. a. das *Exportquotensystem* und das *Buffer-Stock-System.*
Beim *Exportquotensystem* wird jedem beteiligten Produktionsland eine bestimmte Exportmenge zugeteilt. Bei Sinken des Weltmarktpreises (→ Welthandel) wird das Angebot durch eine Kürzung der Exportmenge herabgesetzt, um einen Preisanstieg zu bewirken. Umgekehrt wird bei Preisanstieg die Exportquote an- bzw. aufgehoben, um das Angebot zu steigern. Dieses System kann nur funktionieren, wenn sich ein ausreichend großer Teil der Produzenten beteiligt (STORKEBAUM 1973).
Das *Buffer-Stock-System* überläßt die Regulierung des Angebots einem buffer-stock (engl. Vorratslager), dessen Verwalter bei Fallen des Preises Rohstoff aufkauft, um das Angebot zu verknappen, und Rohstoffe aus dem buffer-stock verkauft, wenn die Preise steigen. Sowohl zur Anlage des buffer-stock als auch zu seiner Verwaltung sind beträchtliche finanzielle Mittel nötig. Die Kombination beider Systeme ist ebenfalls als Stabilisierungsmaßnahme geeignet.

Römerstadt → **Stadtentwicklung,** → Stadt, Physiognomie
Roßbreiten → Zirkulation der Atmosphäre
Rotation → Gastarbeiterwanderung
Rotationsbrache → **Brache,** → Zelgenwirtschaft
Roterde → Bodentyp
Rotovent-Naß-Abgasreinigungsverfahren → Müllbeseitigung
Ruhrgebiet → Ballungsgebiete, → **Rheinisch-Westfälisches Industriegebiet,** → Steinkohle, → Steinkohlenkrise, → Zentraler Ort

Rumpffläche: Leicht gewellte Ebenheit, die den festen *Gesteinsuntergrund* vielfach unabhängig von geologisch-tektonischen (→ Tektonik) Strukturen (z. B. Gesteinsbeschaffenheit, Faltungsstrukturen [→ Falte], → Verwerfungen) kappt und dabei den Rumpf, das Innere des Gebirges, bloßlegt. Synonyme Bezeichnungen für R. sind: *Fastebene* (engl. peneplain), *Schnittfläche, Kappungsebene.*
R.n sind durch Erniedrigung und weitgehende Einebnung eines gehobenen Bereiches der *Erdkruste* entstanden. Zur Genese im einzelnen gibt es verschiedene Auffassungen. Man kann zwischen *Primärrumpf* und *Endrumpf* unterscheiden. Bei der Entstehung des *Primärrumpfes* (nach W. PENCK) hielten sich Hebung und → Abtragung die Waage, so daß sich größere Reliefunterschiede, wie sie für Gebirge typisch sind, nicht entwickeln konnten. Die Ausgangsform mit ihrem flachen Relief blieb in Lage und Aussehen erhalten. Anders verhält es sich mit dem *Endrumpf* (nach W. M. DAVIS). Er stellt das Endglied der vollständigen Abtragung eines Gebirges dar. In der neueren geomorphologischen Forschung wird die R. vor allem auf der Basis der *Klimageomorphologie* (→ Geomorphologie) erklärt. Ihre Entstehung ist demnach im wesentlichen auf die Wirksamkeit von → Verwitterung und Abtragung unter wechselfeuchten Tropenklimabedingungen zurückzuführen: tiefgründige *chemische Verwitterung* und flächenhaft wirksame Abtragung in Form von *Flächenspülung* (→ Abspülung).
In den deutschen Mittelgebirgen stellen die R.n → fossile Formen dar, die im wechselfeuchten Tropenklima des Tertiär entstanden sind. Durch tektonische Vorgänge ist der Rumpf in einzelne *Schollen* zerbrochen, die verschieden gehoben oder gesenkt wurden *(Rumpfschollengebirge)* und seit Beginn des Pleistozäns → fluviatil zerschnitten werden. Zum Teil sind die Flächen in verschiedenen Niveaus stockwerkartig übereinander geordnet, so daß durch Steilhänge voneinander getrennte *Rumpftreppen* vorhanden sind (z. B. in den Vogesen, im Schwarzwald, im Rheinischen Schiefergebirge).

Rumpfschollengebirge → Rumpffläche
Rumpftreppe → Rumpffläche

Rundhöcker: Vom Eis rund geschliffene Felsbuckel im anstehenden → Gestein mit länglicher Form. Kennzeichnend sind eine meist flach ansteigende, geglättete oder gekritzte Stoßseite und eine steile, rauhfelsige

Rückseite, von der das Eis sich wegbewegte (→ Gletscher). Häufig treten R. vergesellschaftet auf und bilden Rundhöckerlandschaften. Die *Schären* Skandinaviens sind R., die z. T. als Inseln über den Meeresspiegel aufragen.

Rundling → Platzdorf
rush-hour → **Citybildung,** → Pendelwanderung

RYD-SCHERHAG-Effekt: Durch Scharung (Konvergieren) und Auseinanderlaufen (Divergieren) der *Isobaren* (→ Luftdruck) im mäandrierenden Westwindband der → planetarischen Frontalzone bedingter dynamischer Luftdruckeffekt. Im Konvergenzbereich erhalten die bewegten Luftteilchen durch die wachsende Kraft des *Luftdruckgradienten* eine Beschleunigung zum tiefen Druck hin, da die *CORIOLIS-Kraft* durch die Massenträgheit sich nur mit einer gewissen Verzögerung der erhöhten *Windgeschwindigkeit* angleicht. Umgekehrt bewirkt die gegenüber dem Gradienten größere Corioliskraft im Divergenzbereich eine Beschleunigung zum hohen Druck hin. So entsteht polseits des Westwindbandes ein sich nordostwärts verlagernder zyklonaler Wirbel (*dynamisches Tief*, → Zyklone), äquatorseits eine südostwärts ziehende Hochdruckzelle *(dynamisches Hoch, Antizyklone)*. Auf der Südhalbkugel scheren die Zyklonen südostwärts, die Antizyklonen nordostwärts aus.

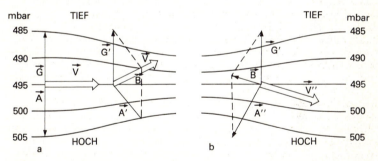

Abb. 86 Kräftediagramm für Konvergenzen bzw. Divergenzen in der Höhenströmung →A = CORIOLIS-Kraft,→G = Gradientkraft,→B = Beschleunigung,→V = resultierende Luftbewegung
(nach W. WEISCHET, Einführung in die Allgemeine Klimatologie, Stuttgart 1977, S. 132)

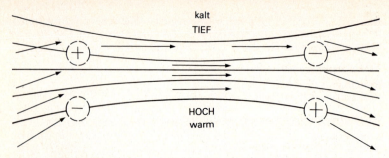

Abb. 87 Strömungsschema für ein „Delta der Höhenströmung"
(nach W. WEISCHET, Einführung in die Allgemeine Klimatologie, Stuttgart 1977, S. 133)

S

Sackgassengrundriß → Stadt, Physiognomie
Salzsprengung → Verwitterung
Sammelwirtschaft → tropischer Regenwald, → **Wirtschaftsformen**, → Wirtschaftsstufen
Sandboden → **Bodenart**, → Standortfaktoren

Sander: Streifen geschichteten Sandes im Vorfeld des → Inlandeises, der mit *Schottern (*→ Geröll*)*, Ton- und Lehmlinsen wechsellagert. Der S. wird von den Schmelzwässern aus den → Moränen ausgespült und abgesetzt. Die Korngröße nimmt in der Fließrichtung ab. Z. T. wurden die feinen Staubpartikel aus den im Pleistozän kahlen Sanderflächen vom Wind ausgeweht (→ äolisch) und an den Mittelgebirgsrändern als → Löß abgelagert.

Sandschliff → Korrasion

Sanierung (lat. sanare = heilen): Begriff, der 1930 als Fachbegriff in der Stadtplanung zum ersten Mal auftaucht (MALZ 1974); es war damit die Verbesserung von Wohnverhältnissen gemeint, die sich auf Arbeiterwohnungen aus dem 19. Jh. bezog. Sanierungsmaßnahmen in bezug auf den Städtebau *(Stadtsanierung)* sind in § 1 des → Städtebauförderungsgesetzes erläutert: „Sanierungsmaßnahmen sind Maßnahmen, durch die ein Gebiet zur Behebung städtebaulicher Mißstände, insbesondere durch Beseitigung baulicher Anlagen und Neubebauung oder durch Modernisierung von Gebäuden, wesentlich verbessert oder umgestaltet wird. Sanierungsmaßnahmen umfassen auch erforderliche Ersatzbauten und Ersatzanlagen" (§ 1, 2).
Es können drei Arten der S. unterschieden werden:
1. *Flächensanierung* = Totalabriß und Neubebauung,
2. *partielle S.* = Teilabriß und Neuaufbau,
3. *Objektsanierung* = Bewahrung bzw. Erneuerung des Einzelobjekts, nicht Abriß.
Das Städtebauförderungsgesetz legt genau den Ablauf der S. fest, setzt aber keine verbindlichen Maßstäbe für die Einschätzung der Sanierungsbedürftigkeit von *Wohnvierteln:*
a) Gebäude: schlechter baulicher Zustand der Gebäude, mangelnde Ausstattung, schlechte Belichtung, Besonnung, Belüftung usw.,
b) Bewohner: z. B. Überbelegung, schlechte Wohn- und Arbeitsbedingungen, vor allem Bewohner aus sozial schwachen Schichten,
c) Umgebung: unzureichende Funktionsfähigkeit der Gebiete bezüglich der wirtschaftlichen Entwicklungsfähigkeit, der Verkehrsanforderungen, der Ausstattung mit Grünflächen, Spielplätzen usw. (MALZ 1974).

Zur S. von Gewässern → stehende Gewässer

Saprobie (griech. saprós: verfault, verdorben): Intensität des Abbaus organischer Stoffe durch die → Saprobien/Saprobionten (→ Destruenten) in verschmutzten Gewässern (→ Fließgewässer, → stehende Gewässer). Der Abbau der organischen Substanz erfolgt über → Nahrungsketten durch Mikroorganismen (Bakterien, Pilze, Ciliaten u. a., → heterotrophe Organismen). Bei zu starker → Belastung erlahmt die natürliche Selbstreinigungskraft (→ biologische Selbstreinigung).

Saprobien/Saprobionten: Sammelbezeichnung für diejenigen → Destruenten (z. B. verschiedene Gruppen von Wasserbakterien), die in verwesenden oder in Fäulnis übergehenden Stoffen leben (→ anaerobe Organismen). S. sind für den Verschmutzungsgrad eines Gewässers kennzeichnend (→ Saprobitätsstufen). S. können durch ihre Tätigkeit zur → biologischen Selbstreinigung eines Gewässers beitragen (→ Fließgewässer, → stehende Gewässer).

Saprobitätsstufen: Die Einteilung eines Gewässers (→ Fließgewässer, → stehende Gewässer) nach Verschmutzungsgraden auf der Grundlage biologischer und biochemischer Untersuchungen, wobei die Lebensbedingungen bestimmter Indikatororganismen (→ Bioindikatoren) ermittelt werden. Durch die → Saprobien/Saprobionten werden die folgenden vier *Wassergüteklassen* gekennzeichnet:
1. Stufe: *oligosaprob* (sauberes bzw. kaum verunreinigtes Wasser; z. B. Bergseen, Bergbäche; Lebensraum von Strudelwurm und Larve der Köcherfliege),
2. Stufe: (β)-*mesosaprob* (geringe bis mittlere Verunreinigung; z. B. Teiche; Lebensraum von Aal, Karpfen, Fadenwurm),
3. Stufe: (α)-*mesosaprob* (mittlere bis starke Verunreinigung),
4. Stufe: *polysaprob* (sehr starke Verunreinigung; z. B. kommunale Abwässer; Lebensraum von Schwefelbakterien und Wimpertierchen).
Das Saprobiensystem stellt eine auf den Leitarten für den Verschmutzungsgrad eines Gewässers beruhende biogeographische Einteilung der Wassergüte dar. → Biologische Selbstreinigung setzt in belasteten Gewässern dann ein, wenn die → Biozönosen die eingeleiteten organischen Schmutz- und Schadstoffe abbauen.

Sapropel → **anaerobe Organismen,** → **Erdöl**

Satellitenstädte: Einer größeren *Kernstadt* zugeordnete *Klein-* und *Mittelstädte,* deren „Hauptaktivitäten *Bergbau,* → Industrie, → Verkehr und Erholung (sind), während sie in bezug auf Kultur- und Verwaltungsfunktionen stärker von der Kernstadt abhängig sind" [10b].
S. spielen insbesondere in geplanten Siedlungsräumen eine wichtige Rolle. In den russischen Industrierevieren von Baku und Donezk leben zwischen 40 und 50% der Bevölkerung in S.n. Im Unterschied zu → Trabantenstädten besitzen S. nur wenig Berufspendler (→ Pendler, → Stadt-Umland-Bereich, → Stadtregion).

Sattel → **Falte,** → Steinkohle, → Tal
Sättigungspunkt → adiabatische Zustandsänderung, → **Kondensation,** → Luftfeuchte
Säuerling → Vulkan
Säuglingssterblichkeit → Bevölkerungsentwicklung
Saumriff → Korallenriffe
Schachbrettmuster → Stadt, Physiognomie
Schafskälte → Singularität

Schalenbau: Modell vom Aufbau der Erde, das aufgrund von Geschwindigkeitsmessungen von *Erdbebenwellen* entwickelt wurde. Die bei → Erdbeben ausgelösten seismischen Wellen ändern bei ihrem Lauf durch das Erdinnere ihre Fortpflanzungsgeschwindigkeit in bestimmten Tiefen sprunghaft, so daß man für diese Stellen auf Unstetigkeit in der Dichte schließen kann. Solche Unstetigkeitsflächen oder *Diskontinuitäten* werden vor allem in Tiefen zwischen 30–60 km (Mohorovičić-Diskontinuität) und in 2900 km Tiefe (Wiechert-Gutenberg-Diskontinuität) festgestellt. Demnach läßt sich der Erdkörper in einer Grobeinteilung in drei Schalen aufgliedern (Abb. 88):
1. den *Erdkern,* etwa 3400 km mächtig, bestehend aus Nickel(Ni)- und

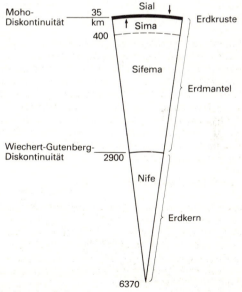

Abb. 88   Schalenbau der Erde
(nach R. GERMANN, Studienbuch Geologie, Stuttgart 1970, S. 113)

Eisen(Fe)-Verbindungen, abgekürzt *Nife*. Der innere Kern, der möglicherweise fest ist, weist Temperaturen zwischen 5000 und 3000 °C und Dichtewerte zwischen 13,5 und 9,4 g/cm^3 auf; die Werte nehmen im äußeren, möglicherweise flüssigen Kern, allmählich ab,
2. den *Erdmantel,* etwa 2800 km mächtig, bestehend aus Silicium (Si), Eisen (Fe) und Magnesium (Mg), abgekürzt *Sifema*. Die Temperaturen nehmen von innen nach außen von 2500 auf etwa 1400 °C ab, ebenso die Dichte von 5,7 auf 3,3 g/cm^3. Im oberen plastischen Erdmantel treten lokale basische und ultrabasische *Magmaherde* mit geschmolzenem Material *(Magma)* auf (→ Vulkan),
3. die *Erdkruste,* bis zu 60 km mächtig; sie gliedert sich in untere Kruste aus Silicium-Magnesium-Verbindungen *(Sima)* und in obere Kruste aus Silicium-Aluminium-Verbindungen *(Sial)*. Sie werden beide durch eine Unstetigkeitsfläche, die Conrad-Diskontinuität, getrennt. Die mittlere Dichte der Sima-Schale beläuft sich auf 3,0 g/cm^3, die des Sial auf 2,7 g/cm^3. Am Aufbau der Unterkruste sind basische → Gesteine beteiligt (Basalt, Gabbro), weshalb sie auch *Basaltschale* genannt wird, während die Oberkruste vorwiegend aus Gestein von granitähnlicher Zusammensetzung mit saurem Chemismus *(Granitschale)* besteht. Die Mächtigkeit des Sial ist sehr ungleichmäßig. Sie ist am stärksten auf den Kontinenten, besonders unter Gebirgen, am geringsten unter den *Tiefseeböden,* wo das Sima unter einer *Sediment*-Decke stellenweise freiliegt (→ Isostasie).

Schallpegel: Niveau der Umweltbeeinflussung durch Schall (→ Lärm; → Lautstärke). Der S. wird in *Dezibel* (zehnter Teil eines Bel; Abkürzung dB; nach dem Amerikaner A. G. BELL) gemessen.
In die S.-Skala sind frequenzabhängige Korrekturfaktoren (A, B, C) eingefügt, da hohe Töne lauter empfunden werden als tiefe: dB (A), dB (B), dB (C) (ENGELHARDT 1973; JÄGER 1975).
In → Verdichtungsräumen wird die Höhe des S.s. nicht nur durch die Anzahl der Kraftfahrzeuge und deren Fahrgeschwindigkeit, sondern auch durch die Breite und Höhe der Straßenschlucht, die Art der Bebauung sowie die Straßenneigung und -beschaffenheit sowie durch die Struktur und Artzusammensetzung einer evtl. vorhandenen Schutzpflanzung mit gegen die Schallquelle geschlossenen Laubschirmen entscheidend beeinflußt (MÜLLER 1975).

Schäre → Rundhöcker
Schelf → Denudation, → Erdöl, → **hypsographische Kurve**
Schelfeis → Gletscher
Scherungswelle → Erdbeben
Schicht → **Gesellschaft,** → Landflucht, → Viertelsbildung
Schichtfluten → Abspülung
Schichtfuge → **Karsthöhle,** → Plutonismus
Schichtfugenkarren → Karren
Schichtgestein → **Gestein,** → Plutonismus
Schichtquelle → Schichtstufe

Schichtstufe: Geländestufe (Landstufe), die durch die Kräfte der → Abtragung in flach geneigten Schichten von verschiedener Widerständigkeit herausgebildet wurde. Der Steilhang der S. wird als *Stufenstirn,* die flachere Abdachung als *Landterrasse* bezeichnet. Der obere Teil der Stirn *(Trauf)* besteht aus widerständigem → Gestein und ragt steil auf; der untere Teil, der Sockel, baut sich aus weicheren Schichten auf und ist daher sanft geböscht (Abb. 89).

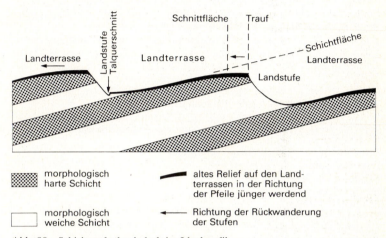

Abb. 89 Schichtstufenlandschaft im Idealprofil
(nach H. SCHMITTHENNER bzw. H. WILHELMY, Geomorphologie in Stichworten, Bd. 2 – Exogene Morphodynamik, Kiel 1972, S. 183)

Die S. verdankt ihre Entstehung vor allem der verschiedenen Verwitterungsgeschwindigkeit (→ Verwitterung) der Gesteine. Die hochwiderständigen, wasserdurchlässigen Gesteinstafeln *(Stufenbildner)* verzögern die Abtragung und geben Anlaß zur Entstehung der Landstufen, während die weicheren, undurchlässigen *Bodenhorizonte* (→ Boden) leicht durch → Erosion und → Denudation ausgeräumt werden können. Wo die Schichtköpfe der härteren Schichten ausstreichen, bildet sich die steile Stufenstirn heraus, die flachere Abdachung liegt in der Richtung des Schichtfallens.

An der Grenze zwischen dem Stufenbildner, durch dessen klüftiges Gestein das Wasser sickert (→ Sickerwasser), und den weichen Schichten des Wasserstauers treten häufig *Schichtquellen* zutage, die das weniger widerständige Gestein durchtränken und die Verwitterung fördern. Die harten Deckschichten werden unterspült und untergraben, bis sie nachstürzen. Durch diese Quellerosion wird der Stufenrand zurückverlegt und steil gehalten; z. T. kommt es zur Herausbildung von Einzelbergen vor der mehr oder weniger geschlossenen Stufe, die *Auslieger* oder *Zeugenberge*

genannt werden (z. B. Achalm bei Reutlingen, Hohenasperg bei Ludwigsburg).
Wo verschieden widerstandsfähige Schichten, die miteinander wechsellagern und leicht geneigt sind, eine weite Fläche einnehmen und → fluviatil so zerschnitten sind, daß weiche Schichten jeweils unter härteren Gesteinstafeln freiliegen, entwickelt sich der Landschaftstyp der *Schichtstufenlandschaft*. In ihr kommen so viele Stufen zur Ausbildung, wie stufenbildende Horizonte, meist Kalke und Sandsteine, auftreten. Südwestdeutschland, die französische, die englische Stufenlandschaft bieten dafür eindrucksvolle Beispiele. Die südwestdeutsche Schichtstufenlandschaft erstreckt sich von den Randaufwölbungen des Oberrheingrabens (Schwarzwald, Odenwald) bis an die Donau und die Böhmische Masse. Die wichtigsten Stufenbildner der Trias sind der Hauptbuntsandstein, der Hauptmuschelkalk und der Blasensandstein des mittleren Keuper. In der Weißjurastufe der Schwäbischen und Fränkischen Alb erreicht der Landschaftstyp seine großartigste Ausprägung.

Schichtstufenlandschaft → Geomorphologie, → **Schichtstufe**
Schichtvulkan → Vulkan
Schichtwolke → Niederschlag, → **Wolken**
Schiffsverkehr → Verkehr
Schild → Orogenese
Schildvulkan → Vulkan
Schlacke → Vulkan
Schlafstadt → Trabantenstädte
Schliffbord → Trogtal
Schliffkehle → Trogtal
Schlot → **Plutonismus,** → Vulkan
Schlucht → Tal

Schlüsselart: Die Stabilität eines → Ökosystems wird gelegentlich nur von einer Art, der S., bestimmt. Schlüsselartenökosysteme stellen Sonderfälle dar, z. B. Biberseen mit der S. Biber, Ameisenhügel mit der S. Ameise und *Nebkas* mit der S. Tamariske. S. des urbanen Ökosystems ist der Mensch (→ Ökosystem Industriestadt). Verschwindet die S., so bricht in der Regel das auf dieser Leitart aufgebaute, selbstregulatorisch arbeitende Ökosystem in sich zusammen (→ kybernetische Mechanismen in der Ökologie).

Schmalstreifenflur → Flurformen
Schnee → Firn, → Gletscher, → Hydrosphäre, → Klima, → Lawine, → Luftverschmutzung, → **Niederschlag,** → nival, → Schneegrenze, → Standortfaktoren
Schneegrenzdepression → Schnee

Schneegrenze: Grenzlinie zwischen mit *Schnee* bedecktem und schneefreiem Gebiet.

Als *temporäre* S. bezeichnet man die Linie, bis zu der die augenblickliche zusammenhängende Schneedecke eines Gebietes reicht. Sie unterliegt einem jahreszeitlichen Höhenwechsel. Die eigentliche oder *klimatische* S. ist die Linie, bis zu der auf ebenen Flächen der Schnee auch während des Sommers liegen bleibt. Die *orographische* oder *lokale* S. kann sowohl höher als auch tiefer als die klimatische S. liegen, wofür z. B. die unterschiedliche Exposition der Steilhänge, Sonnen- und Schattenlagen verantwortlich sind. Als *Firnlinie* wird die S. auf dem → Gletscher bezeichnet, unterhalb der der winterliche Schnee im Sommer wieder wegschmilzt. Wegen der auskühlenden Wirkung des Gletschers liegt die Firnlinie etwas niedriger (um 100 m) als die S. des unvergletscherten Nachbargebietes. Die Höhe der S. ist in erster Linie von der geographischen Breitenlage abhängig, aber auch Höhe des → Niederschlags, → Luftfeuchte, Exposition der Gebirge u. a. sind von Bedeutung. Die größten Höhen werden in den tropisch-subtropischen Trockengebieten erreicht (z. T. über 6000 m). Am nördlichen Alpenrand liegt die S. bei etwa 2500 m. In den pleistozänen Eiszeiten lag die S. in Mitteleuropa bis über 1000 m tiefer als heute (*Schneegrenzdepression;* nach NEEF 1974).

Schneelawine → Lawine
Schnittfläche → Rumpffläche
Scholle → Rumpffläche, → **Verwerfung**
Schorre → Abrasion
Schotter → **Fluß,** → Geröll, → Sander, → Terrasse, → Trogtal
Schotterfeld → glaziale Serie
Schotterterrasse → Terrasse
Schratten → Karren
Schredderanlage → Müllbeseitigung
Schüsseldoline → **Doline,** → Polje
Schwarzbrache → Brache
Schwarzerde → **Bodentyp,** → Standortfaktoren

Schwefelwasserstoff (H_2S): Unangenehm riechendes, brennbares Gas; giftig. Es entsteht beim Faulen schwefelhaltiger organischer Substanzen (→ stehende Gewässer, → Destruenten), bei der Erdölverarbeitung (→ Erdöl), in Kokereien etc. Bestandteil des → Erdgases.

Schwerindustrie → Eisen, → Industrialisierung, → Kombinat, → Rheinisch-Westfälisches Industriegebiet, → Viertelsbildung, → Wachstumsindustrien, → Zentralverwaltungswirtschaft
46-Punkte-Programm → Energiepolitik
Sediment → **Ablagerung,** eustatische Meeresspiegelschwankungen, → Fazies, → fossil, → Frostboden, → Kames, → Moräne, → Oser, → Schalenbau, → stehende Gewässer
Sedimentation → Ablagerung, → Boden, → Diskordanz, → Mäander, → Moräne, → Orogenese, → Terrasse
Sedimentgestein → Ablagerung, → **Gestein,** → Verwitterung

See → stehende Gewässer
Seehalde → Abrasion
Seeklima → Klima
Seeterrasse → Terrasse
Seewind → Land- und Seewind
Seismik → Erdbeben
Seismogramm → Erdbeben
Seismograph → Erdbeben
Seismologie → Erdbeben
Seitenmoräne → Moräne
Sektorenmodell → Viertelsbildung
Sekundärenergieträger → Elektrizität, → **Energiewirtschaft,** → Energiepolitik
sekundärer Wirtschaftssektor → Flüchtlinge, → Industrieländer, → Sozialbrache, → Stadt, → Stadttypen, funktionale, → **Wirtschaftssektoren**
Sekundärkonsument → **Konsumenten,** → trophisches Niveau
Sekundärproduktion → Konsumenten
Sekundärsukzession → Sukzession
Sekundärwald → Kulturlandschaft, → tropischer Regenwald
Seldner → Haufendorf
Shifting Cultivation → **Bodennutzungssystem,** → tropischer Regenwald
Sial → Schalenbau
Sicheldüne → Dünen

Sickerwasser: Bodenwasser, das den Boden bis zum Grundwasserspiegel durchdringt (→ Grundwasser). S. steht den Pflanzen nur vorübergehend zur Verfügung (→ Wasserkreislauf; → Standortfaktoren; → Haftwasser).

Siedlungsgeographie: Innerhalb der *Kulturgeographie* derjenige Wissenschaftszweig der → Geographie, der die menschlichen Siedlungen nach äußerer Gestalt, Lagebedingungen, Funktion und historischer Entwicklung (→ Siedlungsperioden) untersucht. Siedlungen sind dabei aufzufassen als Stätten, in denen der Mensch als soziales Wesen seine → Daseinsgrundfunktionen ausübt. Innerhalb der S. werden ländliche Siedlungen (einschließlich ihrer zugehörigen Wirtschaftsflächen) und Städte (→ Stadtgeographie) untersucht.

Siedlungsperioden: Das heutige Siedlungsbild ist Ergebnis eines wechselvollen kulturhistorischen Werdegangs. Aufgabe der → Siedlungsgeographie ist es, die daraus resultierende Schichtung von physiognomischen, funktionalen und strukturellen Merkmalen zu analysieren und der einzelnen Erscheinung ihren historisch-genetischen Stellenwert beizumessen.
Im folgenden wird ein grober Abriß der Phasen ländlicher Siedlungstätigkeit in Mitteleuropa gegeben. (Zu städtischen Siedlungen → Stadtentwicklung.) In Klammern sind charakteristische Formen der → Ortsnamen-Bildung angegeben; allerdings kann aus Raumgründen nicht auf die zahlreichen geographischen und stammesgeschichtlichen Besonderheiten

der einzelnen Siedlungsräume eingegangen werden (Hinweise auf die Genese der Orts- und → Flurformen sind im übrigen bei der Darstellung der einzelnen Siedlungstypen gegeben: → Einzelsiedlung, → Weiler, → Drubbel, → Haufendorf, → Platzdorf, → Waldhufen-, → Marsch- und Moorhufensiedlung, → Stadtdorf):
1. Vorgeschichtliche Besiedlung durch Germanen und Kelten (-magos: Feld, Markt; Thun, Daun aus -dunum: Burg),
2. Römerzeit (Kassel, Bernkastel aus castra, castellum: befestigtes Lager; portus: Hafen, Landeplatz; villa: Einzelhof),
3. Zeit der germanischen Landnahme, 4.–7. Jh. n. Chr. (-ingen, -heim, -um, -dorf, -torp, -trup),
4. frühmittelalterliche Ausbau- und Rodungszeit, 7.–9. Jh. (-weiler, -hausen, -hus, -hof, -hofen),
5. hochmittelalterliche Rodungszeit, 9.–14. Jh. (Rodungsnamen auf -roden, -bruch, -schied, -schwend, Lagebezeichnungen auf -berg, -bach, -feld, -holz usw.),
6. spätmittelalterliche Wüstungsperiode, ca. 1250–1550 (*Wüstungsländerei*, → Wüstung),
7. absolutistische Gründungszeit, 17. und 18. Jh.,
8. Plansiedlungen und Siedlungsausbau des Industriezeitalters, 19. und 20. Jh.

Sifema → Schalenbau
Signalflußplan → kybernetische Mechanismen in der Ökologie
Sima → Isostasie, → **Schalenbau,** → Tektonik

Singularität: Mit überdurchschnittlicher Regelmäßigkeit zu bestimmten kalendarischen Zeiträumen wiederkehrende *Großwetterlage* (→ Wetterlage). Solche S.en im jährlichen Wetterablauf Mitteleuropas sind z. B.
die *Eisheiligenwetterlage* mit Kaltluftzufuhr aus einem nordeuropäischen *Hochdruckgebiet* zwischen dem 11. und dem 15. Mai,
die *Schafskälte*, ein monsunal (→ Monsun) bedingter frühsommerlicher Einbruch von Meereskaltluft bei hohem → Luftdruck über dem Nordatlantik und tiefem Druck über dem östlichen Mitteleuropa in der ersten Junidekade,
der *Altweibersommer*, eine spätsommerlich-frühherbstliche Schönwetterlage mit hohem Luftdruck über Mittel- und Südosteuropa in der letzten Septemberdekade – ihm entspricht der „*Indianersommer*" im Nordosten der USA –,
das *Weihnachtstauwetter*, eine milde zyklonale Westwindlage (→ Zyklone) zwischen dem 24. und dem 31. Dezember.

SITC → **Monsun,** → Zirkulation der Atmosphäre
Skelettboden → Bodenart

Slum: Elendsviertel in *Großstädten*, die sich oft aus den im Randgebiet der → City gelegenen dichtbesiedelten *Wohnvierteln* entwickeln (→ Viertelsbildung). Die überalterte und sanitär schlecht ausgestattete Bausubstanz aus der Mitte des 19. Jh. hat auch eine Veränderung der Altersstruktur zur Folge, da lediglich die jüngeren, mobileren Bevölkerungsteile diese Wohngebiete verlassen (→ Mobilität, → Wanderung). Die freiwerdenden Wohnungen werden meist von sozial schwachen Gruppen (z. B. Gastarbeiter in Städten Mittel- und Westeuropas, Farbige in Städten der USA) belegt, was zu einer weiteren Verminderung des Wohnwertes dieser Viertel führt (→ Sanierung).

Neben solchen „Mietskasernen"-Vierteln in den europäischen und nordamerikanischen Großstädten haben die Barackenviertel in → Entwicklungsländern *(z. B. Bidonvilles, Favelas)* andere Entstehungsvoraussetzungen und sind räumlich anders angeordnet. Sie entstanden als Folge der → Landflucht, von der sich die Betroffenen bessere Arbeits- und Verdienstmöglichkeiten in den aufstrebenden Städten erwarteten. Zu geringe wirtschaftliche Wachstumsraten führten unter dem steigenden Bevölkerungsdruck zu Massenarbeitslosigkeit, Wohnraumnot und sozialen Spannungen. Die Menschenströme, die weiterhin vom Lande hinzuwandern, können nur allmählich integriert werden; sie lassen sich meist am Stadtrand in Wellblechhütten und anderen Notunterkünften nieder, die zu Tausenden (etwa in Rio de Janeiro) erstellt werden. Diese Elendsviertel bilden für ihre meist jungen Bewohner lediglich Durchgangsstationen auf dem Weg in bessere Wohnviertel.

Smog (aus engl. smoke: Rauch; fog: Nebel, Dunst): Tritt insbesondere im Zentrum von mit Schadstoffen (→ Luftverschmutzung; → Emissionen; → Immissionen) in den bodennahen Luftschichten stark belasteten *Industriestädten* auf (→ Ökosystem Industriestadt). Bei sog. *Smoglagen,* austauscharmen Wetterlagen (→ Inversion) (Abb. 90), kommt es in Bodennähe zu einer starken Anreicherung gefährlicher Giftgase und Staubniederschläge (→ Aerosole) z. B. aus den verschiedenen Verbrennungsprozessen von → Industrie, → Verkehr und Haushalten (s. auch die Anlagen zur → Müllbeseitigung). Die dabei auftretenden toxischen Konzentrationen können für Mensch, Tier und Pflanze nicht nur schädlich, sondern auch tödlich sein (Erkrankungen der Atemwege; Herz- und Kreislaufversagen).

Erhöhte *Sterberaten* unter der Bevölkerung waren z. B. bei den Smoglagen in London 1948, 1952 (Abb. 91), 1956 und 1962 festzustellen. Damals kam es mehrfach zur Auslösung von Smogalarm. 1952 stieg die SO_2-Konzentration in London während einer Inversionswetterlage vorübergehend auf 2,1 mg pro m^3 Luft und verursachte zusammen mit anderen Schadstoffen in der Luft innerhalb von wenigen Tagen 4000 Todesfälle (zum Vergleich: Nach den gesetzlichen Bestimmungen in der Bundesrepublik Deutschland dürfen heute bei Langzeiteinwirkung 0,14 mg SO_2 pro m^3 Luft nicht überschritten werden; TSCHUMI 1976).

Für den Fall des Eintritts von Smoglagen haben die Behörden eigene Warnpläne erstellt, um rechtzeitig gezielte Maßnahmen einleiten zu können.

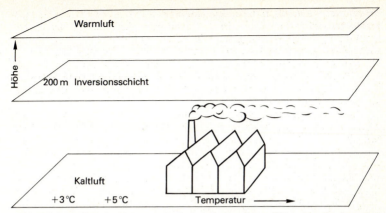

Abb. 90 Temperaturschichtung der Luft bei einer Smog-Wetterlage in einem industriellen Ballungsgebiet
(nach U. KULL/H. KNODEL, Ökologie und Umweltschutz, Stuttgart 1974/75, S. 139)

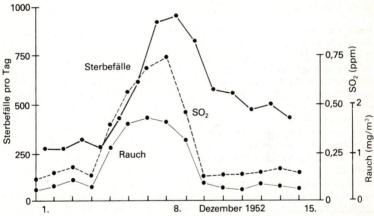

Abb. 91 „Im Dezember 1952 herrschte in London anläßlich einer Temperatur-Inversionslage und bei Windstille dichter Nebel (,smog'). Während dieser Zeit nahm der Gehalt der Luft an SO_2, Rauchpartikeln und anderen Abgasen stark zu, und gleichzeitig ereigneten sich 4000 Todesfälle mehr, als für diese Zeit zu erwarten waren. 4 Jahre später wurde ein Luft-Reinhaltungsgesetz erlassen (,Clean Air Act'), und seither sind bei ähnlichen Inversionslagen weder starke Nebelbildung noch eine signifikante Zunahme der Sterberate beobachtet worden."
(P. TSCHUMI 1976)
(nach K. MELLANBY 1972 bzw. P. TSCHUMI, Ökologie und Umweltkrise, Bern 1976, S. 105; leicht verändert)

Smoglage → Inversion, → **Smog,** → Wetter
Sohlental → Tal

Soil erosion: Bezeichnung für die vom Menschen verursachte *Bodenzerstörung* bzw. Bodenabtragung (→ Abtragung) durch fließendes Wasser (→ Fluß) und → Wind. Anstelle des im Deutschen oft gebrauchten Ausdrucks *„Bodenerosion"* (→ Erosion) sollte man eher von Bodenzerstörung sprechen. Die Arbeit des Windes führt bei Austrocknung und Zerfall des Bodens zur Auswehung der feinsten Bodenbestandteile (→ Boden), die in erster Linie die Bodenfruchtbarkeit ausmachen. Weitaus nachhaltiger auf einen nicht durch eine Pflanzendecke geschützten Boden ist die Wirkung des abfließenden *Regen*wassers. NEEF (1974) unterscheidet dabei die *Flächenspülung* (sheet erosion), die *Rillenspülung* (rill erosion) und die *Grabenerosion* (gully erosion). Von der S. e. stark betroffen sind die USA (→ Belt); ihre Auswirkungen führten dazu, daß innerhalb von 200 Jahren seit der Besiedlung die Mächtigkeit der lockeren Bodenkrume in den amerikanischen Agrargebieten sich um 30% verringerte und auch ihre Qualität vermindert wurde. Besonders in Mitleidenschaft gezogen sind die Gebiete nahe der Trockengrenze. Diese negativen Erscheinungen machten staatliches Eingreifen notwendig, und so wurde 1935 in den USA ein *Bodenkonservierungsgesetz* verabschiedet, das zu einer grundlegenden Umgestaltung der Agrarlandschaft in den USA führte. Maßnahmen gegen die Bodenzerstörung waren: Wiederaufforstung, Neubeforstung, Zurückverwandlung des Ackerlandes in Grasland, Bachverbauungen, Anlage von Waldschutzstreifen als „windbreaks", Konturenpflügen (contour ploughing), Terrassierung der Felder u. ä. (→ Rekultivierung).

solares Klima: Die allein aufgrund der Himmelsmechanik mathematisch errechenbaren Strahlungs- und Temperaturverhältnisse (→ Strahlung; → Lufttemperatur) auf einer als einheitlich angenommenen Erdoberfläche *(mathematisches Klima,* → Klima). Alle Orte gleicher geographischer Breite haben das gleiche s. K.
Die wichtigsten Fakten des s.n. K.s sind:
1. zur Zeit der Äquinoktien (21. 3. und 23. 9.) herrscht eine symmetrische Verteilung der Strahlungsmengen mit Maximum am Äquator,
2. zur Zeit des Sommersolstitiums (22. 6. und 22. 12.) liegt das Maximum der Energiezufuhr im Polargebiet der jeweiligen Halbkugel,
3. die Jahresenergiemengen zeigen eine durchgehende Abnahme vom Äquator zu den Polen,
4. die Differenzen zwischen den *Strahlungsbilanzen* der einzelnen Breitengrade sind sehr verschieden. Über 50% des gesamten Unterschiedes zwischen Äquator und Pol entfallen auf die 30 Breitengrade zwischen 40° und 70°,
5. für das Sommerhalbjahr liegt das Maximum der Energiezufuhr bei 30° der jeweiligen Halbkugel. Das Energiegefälle zu den Polargebieten ist in dieser Jahreszeit deutlich abgeschwächt (nach WEISCHET 1977).
Im wirklichen Klima *(physisches Klima)* ist die solare Wärmeverteilung durch zahlreiche → Klimafaktoren abgewandelt.

Tabelle 40 Tägliche Einstrahlung (J/cm²) über der Nordhemisphäre zu verschiedenen Jahreszeiten

Nordbreite	0°	10°	20°	30°	40°	50°	60°	70°	80°	90°
a) An der Obergrenze der Atmosphäre										
22. Dezember	3637,6	3164,6	2612,1	2009,2	1368,8	757,7	213,5	0	0	0
21. März	3863,7	3805,1	3629,3	3344,6	2959,5	2482,3	1929,7	1322,8	669,8	0
22. Juni	3407,4	3767,4	4035,3	4206,9	4278,1	4269,7	4223,7	4366,0	4575,3	4646,5
23. September	3817,6	3759,0	3587,4	3302,8	2921,8	2453,0	1908,8	1306,0	661,4	0
b) An der Erdoberfläche										
22. Dezember	1465,1	1381,4	1172,1	920,9	544,2	251,2	41,9	0	0	0
21. März	1590,7	1758,1	1716,3	1507,0	1213,9	962,8	711,6	502,3	293,0	41,9
22. Juni	1297,7	1465,1	1674,4	1883,7	1841,8	1548,8	1507,0	1507,0	1548,8	1590,7
23. September	1548,8	1465,1	1548,8	1548,8	1255,8	962,8	711,6	502,3	293,0	41,9

[1] Die Werte unter a) sind nach MILANKOVIC, die unter b) nach BAUR und PHILIPPS umgerechnet und interpoliert. Die Originalwerte sind in cal/cm² angegeben; sie wurden mit dem Faktor 4,186 in J/cm² umgerechnet.
Nach R. SCHERHAG/J. BLÜTHGEN, Klimatologie, Braunschweig 1973[7], S. 45

Solarkonstante → Strahlung
Solfatar → Vulkan

Solifluktion: Bodenfließen, Fließbewegung und Verlagerung von Bodenteilchen infolge Wasserdurchtränkung durch Gefrieren und Auftauen über → Frostboden. Die S. bedingt auf ebenem Gelände die Bildung von *Struktur-* und *Kryoturbations*-Böden (Mikrosolifluktion), auf geneigtem Gelände einen hangabwärts gerichteten *Massentransport* (Makro- und Hangsolifluktion). In den Polar- und subpolaren Breiten herrscht wegen des jahreszeitlichen Frostwechsels die *Jahreszeiten-Solifluktion* vor, die in größere Tiefen hinein wirksam wird, in den tropischen und subtropischen Hochgebirgen in den niedrigen Breiten dagegen die *Tageszeiten-Solifluktion,* die nur die oberste Bodenschicht erfaßt.
Bei fehlender Vegetationsdecke wird die S. erleichtert *(freie S.),* bei vorhandener gehemmt und gebremst *(gebundene S.).* Morphologisch besonders wirksam ist die Hangsolifluktion, die schon bei Hangneigung ab 2° über gefrorenem Untergrund eintritt. Durch die abwärts gerichtete *Massenbewegung* bilden sich häufig Fließwülste, die an grasbewachsenen Hängen die Grasnarbe aufreißen können und zum *Rasenschälen* führen. *Steinringe* (→ Frostboden) verwandeln sich unter dem Einfluß der S. zu *Steinstreifen,* aus denen die Fließ- und Bewegungsrichtung ablesbar ist. Der ganz grobe Schutt wandert zusammen mit der aufgeweichten Feinerde als *Blockstrom* (→ Blockbildungen) die Hänge hinab.

Sölle (Ez. das Soll): Kleine rundliche Vertiefungen mit bis zu 25 m Durchmesser im Bereich der *Grundmoränen* (→ Moräne) ehemals vergletscherter (→ Gletscher) Gebiete, heute oft mit Wasser oder *Torf* gefüllt. Ihre Entstehung ist umstritten. Ein großer Teil der S. ist anthropogen. Sie sind alte Mergelgruben, oder man hat sie von vornherein als Teiche angelegt, die unmittelbar durch Niederschläge gespeist wurden (NEEF 1970; WEBER 1967). Soweit die S. natürlich sind, werden sie als *Toteisseen* (→ Toteis), subglaziale (→ glazial) Strudellöcher oder als ehemalige *Pingos* (→ Frostboden) im periglazialen Bereich gedeutet.

Sollwert → kybernetische Mechanismen in der Ökologie
Sommermonsun → Monsun
Sonderabfälle → Müllbeseitigung
Sonderkultur → Gartenbau
Sondermüllverbrennungsanlage → Müllbeseitigung

Sowchos (Abk. für Sowjetwirtschaft): Bezeichnung für die staatseigenen landwirtschaftlichen Großbetriebe der Sowjetunion, die mit den → Kolchosen die überwiegende landwirtschaftliche Organisationsform darstellen (vgl. auch → LPG). Die S.en gingen nach 1917 aus dem vom Staat übernommenen Großgrundbesitz hervor. Im S. gehören neben dem Boden alle *Produktionsmittel* unmittelbar dem Staat, und die Sowchosarbeiter erhalten wie Industriearbeiter unabhängig vom Ertrag einen Geldlohn.

S.en sind vollmechanisierte Musterbetriebe, die durch weitflächige Bearbeitung, weitgehende Spezialisierung und geringen Arbeitskraftbesatz einen großen Anteil der agrarischen Güter produzieren (vgl. Tab. 41).

Tabelle 41 Die Spezialisierung der Sowchosen (1965)

Spezialisierung	Betriebe	Arbeitskräfte	LN^1 1000 ha	Aussaatfläche 1000 ha
Getreidebau	1261	832	40,8	23,0
Baumwolle	156	1823	10,7	4,8
Gemüse und Obst	1668	816	10,1	5,0
Milch und Fleisch	4663	635	14,5	6,3
Schweinezucht	636	741	12,5	8,3
Schafzucht	1008	669	133,3	11,1

Spezialisierung	Schlepper^2	Rinder	Schweine	Schafe
Getreidebau	266	3366	1601	4043
Baumwolle	229	1418	383	2549
Gemüse und Obst	100	2341	882	1040
Milch und Fleisch	97	2422	989	1514
Schweinezucht	109	2220	4916	557
Schafzucht	162	2094	295	30018

[1] LN = Landwirtschaftliche Nutzfläche
[2] umgerechnet auf je 15 PS ($\triangleq$ 11 kW; 1 PS $\triangleq$ 0,736 kW)
Nach Westermann Lexikon der Geographie, Bd. 4, Braunschweig 1970, S. 304

Der Anteil der von S.en bearbeiteten Nutzfläche nahm ständig zu und betrug 1966 etwa 45% der gesamten Nutzfläche. Das Verhältnis von Kolchosen zu S.en ist regional sehr unterschiedlich. In den traditionellen Agrargebieten des europäischen Teiles der SU ist ihr Anteil gering, in allen Teilen des Landes mit Neulandaktionen aber besonders hoch (z. B. Ural, Westsibirien, Kasachstan).

Sozialbrache: Brachfallen → landwirtschaftlicher Nutzfläche infolge sozialer Veränderungen in den Gruppen, die über den Boden bzw. seine Nutzung verfügen. Die Nutzungsaufgabe ist in der Regel verursacht durch das Aufsuchen einkommensträchtigerer – meist industrieller – Arbeitsplätze (→ Landflucht), die am Ort entstanden sind oder über Pendelwege aufgesucht werden (→ Pendelwanderung). Räume mit ausgedehnten S.-Flächen sind in Deutschland vor allem Gebiete mit starken Anteilen an *Arbeiter-Bauern-Bevölkerung,* die letztlich so unzureichend mit Land ausgestattet war, daß eine Nebenbeschäftigung zum Lebensunterhalt notwendig wurde (→ Ackernahrung). Insbesondere zwang die *Flurzersplitterung* in Gebieten mit → Realerbteilung (→ Haufendorf), z. B. in Baden-Württemberg, zur Aufgabe unrentabler Landwirtschaftsbetriebe und zur Übernahme von Arbeitsplätzen im *sekundären* und *tertiären Wirtschafts-*

sektor (→ Wirtschaftssektoren) mit mehr sozialer Sicherheit. Eine rückläufige Entwicklung der S., die in den 60er Jahren in einigen Gegenden der Bundesrepublik Deutschland bis zu 20% der landwirtschaftlichen Nutzfläche betrug, wurde durch die → Agrarpolitik der Bundesregierung, insbesondere die *Flurbereinigung* mit der Schaffung von Aussiedlerhöfen bewirkt (→ Flurformen). Im Saarland z. B., einem traditionellen Arbeiter-Bauern-Gebiet, betrug der Anteil der S. im Jahr 1960 noch ca. 10%, 1970 jedoch nur noch 4% der Landesfläche.

soziale Gruppe → Bevölkerung, → generative Struktur, → **Gruppe**, → Mobilität, → Sozialgeographie
soziale Marktwirtschaft → Leitbild, → **Marktwirtschaft**
soziale Mobilität → Gesellschaft, → **Mobilität**

Sozialgeographie: Wissenschaft von den räumlichen Organisationsformen und raumbildenden Prozessen der → Daseinsgrundfunktionen *sozialer Gruppen* (→ Gruppe) und → Gesellschaften (nach SCHAFFER 1968). Die deutsche S. ist eine relativ junge Weiterentwicklung der Anthropogeographie F. RATZELs. Wie die Soziologie beschäftigt sich die S. mit der menschlichen Gruppe, wobei diese jedoch nicht nur als Funktionsträger (Wohnen, Arbeiten usw.), sondern auch als Träger räumlicher Prozesse auftritt. Jede sozialgeographische Untersuchung zielt
1. auf „die Erfassung und Erklärung der regional differenzierten Gesellschaftsstrukturen und unterschiedlich ausgeprägten räumlichen Muster der Daseinsfunktionen der sozialen Gruppen …" und
2. auf die Erklärung der sichtbar gewordenen Strukturmuster in der → Landschaft als historisch gewachsene Struktur, aus der sich durch die Daseinsentfaltung der Gruppen fortlaufend neue Strukturen bilden [14b].
Damit ist das Untersuchungsfeld der S. die → Kulturlandschaft, die in ihrem komplexen Gefüge aus dem Zusammenwirken der sozialen Gruppen in Ausübung ihrer Grundfunktionen erklärt wird. Gegenüber der traditionellen *Kulturgeographie* besitzt die S. ein wesentlich gewandeltes Raumverständnis: die exakte Beschreibung der Natur- und Kulturausstattung eines vorgegebenen Raumes ist abgelöst durch eine Bewertung dieser Ausstattung durch → Leitbilder gesellschaftlicher Gruppen.
„*Sozialgeographische Räume* erscheinen in diesem Sinn als Abstraktion, wobei ihre Grenzen durch spezifische → Aktionsreichweiten des Gruppenverhaltens von Menschen bestimmt werden, die dort ihre Daseinsfunktion entwickeln" [14c]. Hierbei darf jedoch nicht die physisch-geographische Situation vernachlässigt werden und der überwundene Naturdeterminismus einem Sozialdeterminismus weichen.
Die prozeßhafte Komponente sozialgeographischer Betrachtungsweise ermöglicht neben der Diagnose der Struktur von menschlichen Lebensräumen auch deren prognostische Erfassung; dadurch wird die S. zur wichtigsten Hilfsdisziplin für die → Raumforschung. Das Schwergewicht sozialgeographischer Untersuchungen liegt in den Bereichen von ländlichen und städtischen Siedlungen (→ Siedlungsgeographie), der Mobilitätsforschung (→ Mobilität) und der → Bevölkerungsentwicklung.

sozialgeographische Gruppe: Die für die räumliche Entwicklung der → Kulturlandschaft verantwortliche Vielzahl von Menschen, die sich in einer Gemeinschaft zusammengeschlossen hat (→ Gruppe; → Gesellschaft).
Während die Soziologie ihr Hauptinteresse auf die Art der zwischen den einzelnen Menschen bestehenden Beziehungen richtet und, nach SOMBART, zwischen „natürlichen Lebenseinheiten" (z. B. Familie) und „Zweckverbänden" (z. B. Gewerkschaft) unterscheidet, untersucht die → Sozialgeographie sogenannte *„Lebensformgruppen"* (BOBEK 1959) mit spezifischer landschaftlicher Prägekraft.
Die Mitglieder einer Lebensformgruppe zeichnen sich durch gleichartige Lebensführung bei der Ausübung ihrer → Daseinsgrundfunktionen aus. Prinzipien städtischer Lebensformen sind z. B. Streben nach Anonymität, Änderungsbereitschaft in bezug auf politische Wahlen. In der Agrarlandschaft haben Landwirte in ähnlicher sozialer Lage räumliche Strukturen und Prozesse in ähnlicher Weise beeinflußt: bei zu geringen Betriebsgrößen und gleichzeitiger Ansiedelung von Industriebetrieben entstand → Sozialbrache.
Sozialgeographische Gruppenbeziehungen entstehen auch aufgrund charakteristisch zugeordneter → Standorte im Bereich der Grundfunktionen. Zwischen den einzelnen Standorten des Wohnens, Arbeitens usw. finden im Lauf eines Tages, einer Woche, eines Monats typische Austauschbeziehungen zwischen Menschen, Gütern und Nachrichten statt, die in ihrer Intensität, Richtung und Reichweite erfaßt werden können (→ Intensität-Reichweite-Modell) und damit zur Ermittlung sozialgeographischer Gruppen führen (→ Verkehr, → Pendelwanderung).

sozialgeographischer Raum → Gesellschaft, → Sozialgeographie
sozialökonomisches Stadtviertel → Viertelsbildung

Sozialplan: Durch das → Bundesbaugesetz und das → Städtebauförderungsgesetz für den Bereich des Städtebaus eingeführter Rechtsbegriff. Er wurde dort ausdrücklich aufgenommen, um bei städtebaulichen Maßnahmen auftretende Härten im sozialen und wirtschaftlichen Bereich zu vermeiden bzw. zu mildern. Der S. als Instrument der Sozialhilfe macht konkrete Vorschläge, wie Betroffenen zu helfen ist.
„Ist zu erwarten, daß ein *Bebauungsplan,* dessen Aufstellung die Gemeinde beabsichtigt, bei seiner Verwirklichung sich nachteilig auf die persönlichen Lebensumstände der in dem Gebiet wohnenden oder arbeitenden Menschen auswirken wird, so hat die Gemeinde ... allgemeine Vorstellungen darzulegen, wie nachteilige Auswirkungen möglichst vermieden oder gemildert werden können" (§ 13 a 1 BBauG).
„Das Ergebnis der Erörterungen und Prüfungen ... sowie die voraussichtlich in Betracht zu ziehenden Maßnahmen der Gemeinde und die Möglichkeiten ihrer Verwirklichung sind schriftlich darzustellen (Sozialplan)" (§ 13a 3 BBauG).
Da der S. eher einer internen Bestandsaufnahme entspricht und vom

Gemeinderat nicht beschlossen wird, können Betroffene keinen Rechtsanspruch aus dem S. herleiten.

Sozialprodukt → Volkseinkommen

sozialwirtschaftliche Entwicklung: Wandel der Gesellschaftsstruktur in Anlehnung an den Wandel der Berufsgliederung einer → Gesellschaft. Nach der Theorie des französischen Soziologen J. FOURASTIÉ (Die große Hoffnung des 20. Jahrhunderts, Köln 1954) nimmt im Laufe der → Industrialisierung die Zahl der im Agrarsektor (→ Wirtschaftssektoren) Beschäftigten gegenüber den Arbeitern im Industriesektor stark ab. Nach der zweiten *industriellen Revolution,* in der sog. ,,tertiären Zivilisation", überwiegt dann der Anteil der im *tertiären Wirtschaftssektor* Tätigen (s. Abb. 92). Diese Theorie wird bestätigt durch die einzelnen Länderstatistiken (→ Statistik). Entsprechend dem dominanten Prozentanteil der Erwerbspersonen in den einzelnen Wirtschaftssektoren spricht man von *Agrar-* bzw. *Industriestaat,* wobei diese Begriffe den zivilisatorischen Entwicklungsstand der betreffenden Länder zum Ausdruck bringen (→ Entwicklungsländer, → Industrieländer).

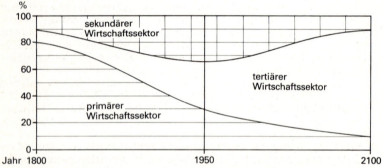

Abb. 92 Entwicklung des primären, sekundären und tertiären Wirtschaftssektors (nach FOURASTIÉ 1954 bzw. H. BOESCH, Weltwirtschaftsgeographie, Braunschweig 1969[2], S. 24)

Spaltenfrost → Verwitterung
Spaltental → Tal
Sperrschicht → Inversion
Sprunghöhe → Verwerfung
Spülmulde → Tal
stabile Luftschichtung → Gewitter, → **Luftschichtung,** → Wetter

Stadt: Als → Kulturlandschaft höchster Komplexität Forschungsgegenstand der → Stadtgeographie. Die S. als administrative Einheit mit bestimmter Bevölkerungszahl (→ Bevölkerung) ist nur dann mit der S. im geographischen Sinn identisch, wenn sie geschlossene Ortsform aufweist. Weitere Merkmale der S. sind: räumliche Konzentration von Wohn- und Arbeitsstätten, hohe Wohnhausdichte bei überwiegend mehrgeschossigen Häusern, *innere Differenzierung* in einzelne Viertel (→ Viertelsbildung), lebhafter Verkehr, differenzierte Berufsstruktur mit überwiegender Betätigung im *tertiären* und *sekundären Wirtschaftssektor* (→ Wirtschaftssektoren), intensive Verflechtungen zwischen S. und Stadtumland (→ Stadt-Umland-Bereich) sowie Bevölkerungswachstum in Abhängigkeit von Wanderungsgewinnen (→ Landflucht). Die geforderten Eigenschaften treten jeweils in individueller Vergesellschaftung auf.

Städte als Brennpunkte wirtschaftlichen und kulturellen Lebens sind bereits in allen vorchristlichen Hochkulturen – zum Teil bis in das 7. Jahrtausend v. Chr. zurückverfolgbar – vorhanden.

Die deutschen Städte besitzen seit dem Mittelalter gegenüber den ländlichen Siedlungen einen besonderen Rechtsstatus: *Marktrecht* mit dem Privileg eigener Gerichtsbarkeit, Recht auf Mauerbau, Münzrecht. Seit dem Ende des Dreißigjährigen Krieges verlieren die Städte diese Privilegien mehr und mehr an die erstarkenden Territorialgewalten. Mit der „Deutschen Gemeindeordnung" (1935), die in ihren Grundzügen auch heute noch gilt, wird das gleiche Recht für alle Gemeinden verankert. Die Bezeichnung „Stadt" wird auf Antrag durch die Landesregierung verliehen, wenn eine Gemeinde mehr als 2000 E. und „städtisches Gepräge" besitzt.

Das Bevölkerungswachstum der Städte vor allem im Zuge der → Industrialisierung im 19. und 20. Jh. ließ *verstädterte Zonen* entstehen, die nicht mehr räumliche Einheiten im Sinne von Städten sind (→ Verstädterung).

Die deutsche → Statistik unterscheidet nach Einwohnerzahlen zwischen *Landstädten* (2000–5000 E.), *Kleinstädten* (5000–20000 E.), *Mittelstädten* (20000–100000 E.), *Großstädten* (100000–1 Mio E.). → Weltstädte sind Städte mit mehr als 500000 E., sofern sie übernationale Bedeutung besitzen.

Als Forschungsgegenstand der Stadtgeographie wird die S. unter funktionalem und strukturellem Aspekt analysiert. Funktion bedeutet in diesem Zusammenhang:
1. Tätigkeit, Nutzung, Leistung, für die ein Bedarf an Raum besteht,
2. Verflechtungen der S. mit ihrer unmittelbaren und weiteren Umgebung (→ Stadt-Umland-Bereich), wobei ein gegenseitiges Bedingungsverhältnis im Sinne des mathematischen Funktionsbegriffes gegeben ist.

Beide Funktionsbegriffe sind dadurch miteinander verbunden, daß mit dem ersten Begriffsinhalt die Funktion ihrem Wesen nach (z. B. Wohnfunktion) sowie deren räumliche Ausprägung in der S. (funktionale Gliederung des Stadtkörpers: *Wohnviertel,* Einkaufsviertel) erfaßt wird, und mit dem zweiten Begriffsinhalt die → Aktionsreichweiten derselben Funktionen angesprochen werden (nach HOFMEISTER 1969).

Die allgemeinen Funktionen der S., die die bei jeder S. gegebenen Verflechtungsbeziehungen zum direkten Umland meinen (→ zentraler Ort), sind von den besonderen Funktionen zu unterscheiden. Letztere „erwach-

sen nicht unbedingt aus dem Beziehungssystem zum Hinterland, sondern beruhen mehr oder minder auf Fernwirkungen, sei es, daß bestimmten Wirtschaftszweigen oder sei es, daß kulturellen oder sozialen Aufgaben der Vorrang gebührt" [31]. Aus den besonderen Funktionen ergeben sich die *funktionalen Stadttypen* (→ Stadttypen, funktionale).
Die Struktur bzw. das Gefüge der S. ist die „räumliche Anordnung von Funktionen bzw. Nutzungen" (HOFMEISTER 1969), d. h. konkreter: die räumliche Verteilung von Fabriken, *Geschäftsvierteln*, Verwaltungseinrichtungen, Wohngebieten usw. (→ Viertelsbildung).
Zur Systematisierung der Vielfalt städtischer Erscheinungsformen wurden unterschiedliche Stadttypen entwickelt: 1. Lagetypen von Städten (→ Stadtlage), 2. physiognomische Stadttypen (→ Stadt, Physiognomie), 3. funktionale Stadttypen (→ Stadttypen, funktionale), 4. genetische Stadttypen (→ Stadtentwicklung).

Stadtdorf: Ländliche Siedlung, die aufgrund wachsender Bevölkerungszahl (→ Bevölkerungsentwicklung) und eines fortschreitenden Funktions- und Strukturwandels städtisches Gepräge bekommen hat (→ Stadt). Die Stadtdörfer der Latifundiengebiete Spaniens und Italiens weisen dabei eine fast ausschließlich in der *Agrarwirtschaft* tätige Bevölkerung auf. Es handelt sich um stark verdichtete, häufig umwehrte Höhensiedlungen. Das Schutzmotiv hat bei der Entstehung wohl eine entscheidende Rolle gespielt; für die Erhaltung dieser Siedlungsform ist die soziale Struktur ausschlaggebend. Die Bewohner sind vorwiegend unselbständige Landarbeiter, die sich als Tagelöhner oder Kleinpächter auf den Latifundien ihren Lebensunterhalt verdienen, den sie teilweise aus Kleinstbesitzungen noch etwas aufbessern. Da sie am Rande des Existenzminimums wirtschaften, leben sie in starker Abhängigkeit von dem Grundherrn; eine Chance zum sozialen Wandel sehen sie nur in der Auswanderung (Auswanderungswelle in die USA, Anfang 20. Jh., → Wanderung) oder in der Arbeitssuche im Ausland (→ Gastarbeiterwanderung).
Die Stadtdörfer Mitteleuropas sind meist *Arbeiterwohnsiedlungen,* die zunehmend städtische Funktionen übernehmen (vor allem Einrichtungen der Versorgung und → Dienstleistung) und schließlich auch den rechtlichen Status einer Stadt anstreben.

Städtebauförderungsgesetz (StBauFG): Gesetz über städtebauliche Sanierungs- und Entwicklungsmaßnahmen (→ Sanierung) in den Gemeinden (vom 27. 7. 1971, Neufassung vom 18. 8. 1976, gültig ab 1. 1. 1977). Das S., das Vorschriften über die Vorbereitung, Durchführung und Finanzierung städtebaulicher Sanierungs- und Entwicklungsmaßnahmen enthält, stellt ein Sonderrecht dar, das zusammen mit dem → Bundesbaugesetz nur in von der Gemeinde ausdrücklich festzulegenden Sanierungs- und Entwicklungsgebieten zur Anwendung kommt (nach MALZ 1974). Es macht genaue Angaben zur förmlichen Festlegung des Sanierungsgebietes und legt die Kriterien fest, nach denen die Sanierungsbedürftigkeit festzustellen ist.

Tabelle 42 Ablauf der Sanierungsplanung

Bürgerschaft, Ausschüsse, Senat	Bauplanung	Sozialplanung	Bürgerforum	Öffentlichkeit im Sanier.-Gebiet	Presse
Verdacht auf Sanierungsbedürftigkeit aufgrund städtebaulicher (lt. § 3 [3] StBauFG) und sozio-ökonomischer Indizien					
Beschluß, vorbereitende Untersuchungen durchzuführen § 4 (1, 2, 3) →	Beginn der „vorbereitenden Untersuchungen" →	→			→ Bekanntgabe des Beschlusses § 4 (3) Info über StBauFG
	1. Aufstellung von Arbeitsprogrammen, Zeit- und Kostenplänen				
	2. Entwurf einer Rahmenkonzeption für die Programmplanung				
	3. Auswertung vorhandenen Materials				
	4. Situationsanalyse: Vorbereitung der Erhebungen und Befragungen (Projektierung, Institute, Fragebögen), Ausarbeitung des Rundschreibens; gemeinsam mit Bürgerforum		→ Info über Aufgaben, Situationsanalyse; Beteiligung § 1 (4,7)	→ Info und Diskussion im Sanier.-Gebiet, Bildung des Bürgerforums	Info über vorbereitende Untersuchungen, Bericht über Bildung des BF
				Rundschreiben über StBauFG, Bürgerforum, Erhebungen und Befragungen	→ Info über Erhebungen und Befragungen
	5. Situationsanalyse: Durchführung der Erhebungen und Befragungen		Mithilfe bei der Feldarbeit § 1 (4), Schulung in Gruppenarbeit	← Auskunftspflicht lt. § 3 (4)	
	6. Durchführung einer Zielanalyse				
	7. Auswertung laufender Planungen				
	8. Konkretisierung der Rahmenkonzeption →	→			

Fortsetzung S. 110

Städtebauförderungsgesetz

Tabelle 42, Forts. Ablauf der Sanierungsplanung

Bürgerschaft, Ausschüsse, Senat	Bauplanung	Sozialplanung	Bürgerforum	Öffentlichkeit im Sanier.-Gebiet	Presse
Info und Diskussion über Ergebnisse, politische Entscheidung über Ziele	9. Auswertung der Erhebungen und Befragungen 10. Weitere Konkretisierung der Rahmenkonzeption, gemeinsam mit Bürgerforum 11. Weitere Auswertung vorhandenen Materials		Beteiligung an der Auswertung, Mitwirkung an der Rahmenkonzeption § 1 (4)		
Zieldaten	12. Kombination der Erkenntnisdaten aus Situationsanalyse, vorhandenem Material und laufenden Planungen mit Zieldaten, gemeinsam mit Bürgerforum →	→	Beteiligung, Schulung in Arbeitsmethodik und Finden der Entscheidung	Info und Diskussion über die Ergebnisse aus den Erhebungen und Befragungen §§ 1 (4), 4 (2)	Info über Ergebnisse aus Erhebungen und Befragungen
Info und Diskussion über die alternativen Programmpläne	13. Entwicklung der alternativen Programmpläne mit Handlungsvorschlägen 14. Vorbereitung zur Einholung der Stellungnahmen der Betroffenen	→	Mitwirkung an der Entwicklung alternativer Programmpläne § 1 (4)	Präsentation des pragmatischen Modells, Ausstellung, öffentliche Diskussion	
Änderungsvorschläge	15. Einholen der Stellungnahmen der Betroffenen sowie deren Mitwirkungsbereitschaft und Vorschläge zur Vermeidung nachteiliger Auswirkungen § 4 (1, 2) 16. Endgültige Abfassung der alternativen Programmpläne	← →	Mitarbeit beim Einholen der Stellungnahmen, insbesondere der Sammlung der Vorschläge	Stellungnahmen, Einstellungen, Mitwirkungsbereitschaft, eigene Vorschläge §§ 1 (4), 4 (2)	Bericht über Präsentation, Ausstellung, Diskussion, Stellungnahmen, Einstellungen, Vorschläge

Städtebauförderungsgesetz

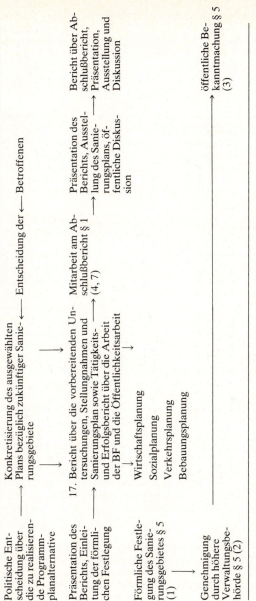

Nach J. Blenk, Stadtsanierung, Geographische Rundschau 3/1974, Braunschweig 1974, S. 98f.

Städtebauförderungsgesetz

Die notwendigen Maßnahmen und ihre gesetzliche Regelung sind aus Tab. 42 zu ersehen.
Das S. schafft einen ersten rechtlichen Rahmen zur Sanierung. Es schreibt zur Vermeidung von Härten, die durch das Sanierungsverfahren entstehen, bindend den → Sozialplan vor.
Die Bundesregierung stellte 1971–73 für auf diesem Gesetz basierende städtebauliche Maßnahmen 450 Mio DM bereit (nach MALZ 1974).

Stadtentwicklung: Sowohl Stadtentstehung als auch räumliches Wachstum von Städten (→ Stadt). Stadtentstehungstheorien entwickeln Historiker auch dann, wenn auch geographische Aspekte, insbesondere bei der Standortwahl (→ Stadtlage), eine Rolle spielen. Die Erklärung der Physiognomie, Struktur und Funktion der heutigen Städte (→ Stadt, Physiognomie; → Stadttypen, funktionale) macht auch für den Geographen die historische Betrachtung notwendig, zumal die S. sich im Raum vollzieht und extrem raumverändernd wirkt.
Die ältesten Städte entstanden nach BOBEK (1959) zugleich mit der Entwicklung des → Rentenkapitalismus in den Flußoasengebieten des Vorderen Orient. Die intensive Bewässerungswirtschaft setzte eine straffe Organisation voraus, die durch ein Priesterkönigtum mit Beamtenschaft von der Stadt aus durchgeführt wurde. Solche *Herrschaftsstädte* mit einer sich allmählich herausbildenden Handwerkerschaft waren Vorbild für die ältesten Städte im kretisch-mykenischen Kulturkreis im 3. Jahrtausend v. Chr. Unter griechischem und römischem Einfluß verbreiteten sich diese Städte nach West- und Mitteleuropa, wobei sie entweder Zentren geistlicher bzw. weltlicher Macht waren oder aber Züge eines Ackerbürgertums trugen. *Ackerbürgerstädte* waren im gesamten Mittelmeerraum vertreten. Dabei wurde insbesondere → Gartenbau von der Stadt aus von einem Großteil der darin lebenden Bevölkerung betrieben. So sind z. B. heute noch ca. 25% der Erwerbstätigen der südfranzösischen Stadt Arles in der → Landwirtschaft tätig.
Städte als Zentren von Gewerbe und → Handel entstanden infolge eines Überangebotes von handwerklichen oder agrarischen Erzeugnissen in der Stadt bzw. im ländlichen Umland. Insbesondere *Markt-* und *Stapelrecht* (Fernhändler müssen, wollen sie im Schutz der städtischen Ummauerung übernachten, ihre Waren feilbieten) verleihen den europäischen Städten im Mittelalter bereits zentralörtliche Funktion (→ zentraler Ort). „Der Fernhandel war vor allem im frühen Mittelalter und im norddeutschen Raume städtebildend, während im süddeutschen Raum und im späteren Mittelalter eher der örtliche Markt für den Status einer Siedlung Bedeutung gewann" [10c].

Mit HOFMEISTER (1969) lassen sich für Mitteleuropa folgende *genetische Stadttypen* unterscheiden:
„1. Die ‚keltisch-germanischen' Vorläufer. Die keltischen oppida und germanischen Volksburgen waren nicht eigentliche Städte. Meist besteht auch keine Siedlungskontinuität.

2. Die *Römerstädte* bis zum 3. Jh. n. Chr. Hier besteht nicht nur Siedlungs-, sondern wie im Falle Kölns sogar *Grundriß*kontinuität. Ihre Namen wie Köln (Colonia Agrippinensis), Koblenz (Confluentes), Trier (Augusta Treverorum), Mainz (Moguntiacum), Regensburg (Regina Castra), Wien (Vindobona) u. a. m. weisen auf den römischen Ursprung ebenso hin wie die mit Hausbau und Steinbauweise in den germanischen Raum gekommenen Fachausdrücke (fenestra = Fenster etc.). Meist wurden sie später Bischofssitze, an deren Domfreiheit sich Händlersiedlungen anschlossen.
3. Die *Wikorte* des 8.–10. Jh. und die *Marktorte* des 10.–12. Jh. (wik' als Ausdruck für eine Handelsniederlassung, germ. wiche: Ortschaft). Die Marktorte entstanden meist bei Klöstern, Pfalzen und Adelssitzen. Beispiele aus SW-Deutschland sind Eßlingen, Heilbronn, Tübingen, Ulm.
4. Die *Gründungsstädte* des Hochadels im 12. und 13. Jh. Auf diese Gruppe entfallen 123 von 293 Städten Baden-Württembergs.
5. Spätgründungen des niederen Adels im 14. und 15. Jh. wie Brackenheim, Grötzingen, und Erhebungen von Dörfern wie Höxter und Soest...
6. Die *Planstädte* des Absolutismus im 16.–18. Jh., zu denen Residenzen wie Karlsruhe, Ludwigsburg oder Mannheim zählen.
7. *Verwaltungsstädte* des beginnenden 19. Jh., die im Zuge des Ländererwerbs der napoleonischen Ära und Neugliederung der deutschen Territorien zu Amtssitzen erhoben wurden wie Bühl, Kandern, Maulbronn oder Schönau in SW-Deutschland.
8. Die aus Dörfern, städtischen Randgemeinden oder dem Zusammenschluß mehrerer Gemeinden im Gefolge der → Industrialisierung des 19. und 20. Jh. hervorgegangenen Städte oder auch völlige Neugründungen. Zu ihnen zählen Vorhäfen wie Cuxhaven oder *Industriestädte* wie Leverkusen, Rheinfelden, Rüsselsheim, Singen, Wesseling, Weil a. Rh., Wolfsburg" [10d].

S. im Sinne des Wachstums einer Stadt bedeutet ein Hinausgehen über den zuerst gewählten Ansatzpunkt der Besiedelung. Dabei spielen topographische Verhältnisse (→ Stadtlage) eine entscheidende Rolle. Berlin und Paris etwa, die ursprünglich Flußinselstädte waren *(Flußinsellage)*, lassen dies heute nur noch in ihrem ältesten *Stadtkern* erkennen.
Eine Stadt kann linear entlang von Hauptausfallstraßen oder Eisenbahnlinien in das umgebende Land hineinwachsen, was für viele moderne *Großstädte* mit der Entwicklung schneller *Verkehrsmittel* zutrifft (s. Abb. 93). Solches polypenartige Hinauswachsen von Städten läuft stadtplanerischen Konzeptionen zuwider (→ Zersiedelung, → Stadtentwicklungsplanung).
Städte mit *Küsten-* und *Flußlage* wachsen vielfach mit halbringförmigem *Grundriß* (→ Stadt, Physiognomie). Befestigungsanlagen wie Stadtmauern, Wälle und Gräben begünstigen das Wachstum in konzentrischen Kreisen, was sich in der Anlage von Ringstraßen (z. B. in Köln, Wien oder Paris) niederschlägt.
Das Städtewachstum, das mit der *industriellen Revolution* einsetzt und bis in unsere Zeit anhält, macht eine Abgrenzung des fest umrissenen städtischen Baukörpers immer schwieriger. Mit dem Zusammenwachsen verschiedener Siedlungskerne zu → Stadtregionen überlagern sich verschie-

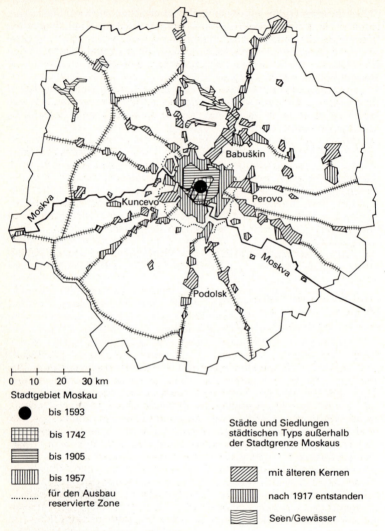

Abb. 93 Das lineare Wachstum von Moskau
(nach MECKELEIN bzw. G. SCHWARZ, Allgemeine Siedlungsgeographie, Berlin 1966³, S. 546)

dene Grundrißtypen, wobei bei planvollem Ausbau insbesondere den modernen Verkehrserfordernissen Rechnung getragen wird (→ Verkehr).

Stadtentwicklung

Stadtentwicklungsplanung: Planverfahren, das gesetzlich nicht genau geregelt ist; in der Neufassung des → Bundesbaugesetzes wird lediglich die Einordnung der → Bauleitplanung in eine bestehende Entwicklungsplanung gefordert. Gegenstand der S. ist die Erfassung und Steuerung der Entwicklung einer → Stadt unter Berücksichtigung aller raumwirksamen Faktoren (→ Raumordnung).
Die Ziele werden vom Stadtparlament auf der Grundlage möglichst sicherer Kenntnisse und prognostischer Erwartungshorizonte abgesteckt, wobei zu beachten ist, inwieweit diese Ziele politisch wünschenswert und faktisch realisierbar sind.
Da die → Stadtentwicklung ein sehr komplexes, aber auch gleichzeitig sehr differenziertes Forschungsfeld darstellt, müssen Vertreter verschiedenster Wissenschaftszweige mit den Verantwortlichen von Politik und Verwaltung eng zusammenarbeiten. Die S. wird daher von privaten Unternehmen, meist Planungsgesellschaften, erstellt.
Folgende Stufen der S. sind zu unterscheiden: 1. Bestandsaufnahme, 2. Festlegung übergemeindlicher Rahmenbedingungen, 3. Stadtentwicklungsprogramm, 4. Stadtentwicklungsplan (Teilentwicklungsplan), 5. Flächennutzungsplan.
Der *Flächennutzungsplan* schließt somit die S. vorläufig ab (nach MALZ 1974).

Stadtfauna → Ökosystem Industriestadt
Stadtflora → Ökosystem Industriestadt
Stadtflucht → Stadt-Umland-Bereich

Stadtgeographie: Teilgebiet der → Siedlungsgeographie mit der Aufgabe, ,,die Stadt als kulturgeographische Einheit zu erfassen … Gefüge, Bild und Funktion der städtischen Landschaft als Ganzes zu sehen und zu werten" [29]. Dabei muß sie, ausgehend von Form und Struktur, dieselben als Wirkungsgefüge erkennen, d. h. sie auf ihre Funktionen zurückführen. Die *innere Differenzierung* der → Stadt mit der Abgrenzung von *Stadtvierteln* (→ Viertelsbildung), insbesondere die Analyse der → City, sind Teil der Strukturanalyse der Stadt. Die Beziehungen zwischen Stadt und Stadtumland (→ Stadt-Umland-Bereich), insbesondere die Reichweiten verschiedener städtischer Funktionen werden innerhalb der funktionalen S. untersucht (→ Intensität-Reichweite-Modell).
Stark beeinflußt wird die S. von der → Sozialgeographie, da die Stadt als ,,Registrierplatte sozialgeographischer Vorgänge" (BAUER 1969) in besonderer Weise Funktionsgebiet der → Daseinsgrundfunktionen ist.
In jüngster Zeit arbeitet die S. immer mehr mit der → Stadtentwicklungsplanung und *Regionalplanung* (→ Raumordnung) zusammen, wobei Mobilitätsvorgänge (→ Mobilität) in Stadt und Stadtumland (→ Pendelwanderung), Sanierungsprojekte (*Stadtsanierung,* → Sanierung) sowie die Stadt als → Ökosystem die wichtigsten Aufgabenfelder sind (→ Ökosystem Industriestadt).

Stadtkern → **City,** → Citybildung, → Stadtentwicklung, → Tag- und Nachtbevölkerung, → Viertelsbildung, → Wanderung

Stadtklima: *Standortklima* (→ Bestandsklima) in Gebieten mit geschlossener Bebauung. Alle → Klimaelemente zeigen mehr oder weniger starke Abweichungen gegenüber der freien Umgebung.
Auffallendstes Merkmal ist die aus → Aerosolen gebildete *Dunstglocke,* die bei ruhigem *Strahlungswetter* (→ Wetter) am stärksten ausgeprägt ist. Die Aerosole und der überdurchschnittliche CO_2-Gehalt der Luft erhöhen die → Absorption, besonders der langwelligen *Wärmestrahlung,* und bewirken in Verbindung mit erhöhter *Gegenstrahlung* einen Wärmestau (→ Strahlung). Die Vielzahl von *Kondensationskernen* (→ Kondensation) verstärkt die Neigung zu Dunst- und *Nebel*lagen (→ Smog).
Im S. herrscht ganzjährig ein etwa gleichbleibender Wärmeüberschuß von durchschnittlich 0,5 °C–1,7 °C. Ursachen sind neben dem gestörten Strahlungshaushalt (s. o.) die stark herabgesetzte Verdunstung (→ Evaporation), geringe → Albedo der Steinoberflächen, hohe Wärmekapazität und -leitfähigkeit der Baustoffe sowie die zahlreichen Verbrennungsprozesse in Haushalten, → Industrie und → Verkehr.
Die erhöhte → Lufttemperatur führt zur Anhebung der *isobaren Flächen* (→ Luftdruck) im Stadtbereich und damit zur Ausbildung eines flachen bodennahen *Hitzetiefs,* in das von den Seiten kühlere Luft einströmt. Sie drängt die verunreinigte Luft im Stadtzentrum zusammen und kann dort bei austauscharmen Wetterlagen (→ Inversion) zu bedrohlichen Schadstoffkonzentrationen (→ Luftverschmutzung) führen. In der Innenstadt von Tokio wurden aus diesem Grund zahlreiche Sauerstoffstationen eingerichtet. Die erhitzte Luft neigt über der Stadt zum Aufsteigen und zur Bildung von *Cumuluswolken;* eine erhöhte Niederschlagsneigung ist jedoch wegen der herabgesetzten → Luftfeuchte nur bei *makroklimatisch* bedingter feucht-*labiler Luftschichtung* (→ Luftschichtung) zu erwarten und für die leeseits versetzt liegenden Gebiete statistisch nachgewiesen (→ Statistik).
Für die → Raumordnung und → Stadtentwicklungsplanung ergeben sich aus der Einsicht in die stadtklimatischen Zusammenhänge wichtige Forderungen: Täler, die als *Frischluftgassen* für das Stadtinnere dienen, müssen von hoher und geschlossener Bebauung freigehalten werden; das gleiche gilt für frischluftbildende Plateaus am Stadtrand; stark emittierende Industrien (→ Emissionen) dürfen nur leeseits von Wohngebieten und durch Vegetationsschutzstreifen von ihnen getrennt angelegt werden; ebenso sind verkehrsreiche Zonen von den Wohn- und Freizeitbereichen zu trennen; größere Häuserkomplexe dürfen nicht quer zur vorherrschenden Windrichtung gebaut werden; Grüngürtel und offene Plätze sollen die Innenstädte auflockern.

Stadtlage: Man unterscheidet zwischen der *geographischen, großräumlichen Lage* (auch *Verkehrslage*) von Städten einerseits und der *topographischen, kleinräumlichen Lage* (auch *Ortslage*) andererseits. Die Wahl der

geographischen Lage bestimmt entscheidend die funktionale Bedeutung einer → Stadt: *Küstenlage* mit Hafengunst hat in der Regel eine Konzentration von Handelsfunktionen (Import, Export) zur Folge. Städtegründungen entlang von Flüssen *(Flußlage)* zeigen die gleiche Funktion bei Dominanz von → Handel mit *Massengütern*. Bei *Flußübergangslagen* (→ Ortsnamen mit den Endsilben -furt, -fürth, -ford) haben sich Städte oft zu Verkehrszentren entwickelt (→ Verkehr). Viele *Industriestädte* verdanken ihren Ursprung der *Gebirgsrandlage*, d. h. den nahen *Energieträgern* Holzkohle und Wasserkraft (z. B. Städtereihe entlang der „Fall-Linie" zwischen Piedmont-Plateau und atlantischer Küstenebene in den USA) sowie der Erzgewinnung im Stollenbau (→ Standortfaktoren).
Addieren sich mehrere günstige großräumliche Lagefaktoren, so entstehen oft bedeutende multifunktionale Städte wie z. B. Berlin: zentrale Lage im norddeutschen Tiefland, Mittelpunkt des märkischen Wasserstraßennetzes bei der Einmündung der Spree in die Havel, annähernd gleiche Entfernung zu Ost- und Nordsee.
Die Wahl der Ortslage bestimmt weitgehend die Struktur bzw. die Physiognomie der Stadt (→ Stadt, Physiognomie). *Flußinsellage, Talengenlage, Hügellage* werden in ihrer Wahl mit dem Schutzbedürfnis der ersten Siedler erklärt; sie verursachen für die räumliche Entwicklung der Stadt oft erhebliche Probleme (→ Stadtentwicklung). *Flußterrassen-* und *Kessellage* (z. B. Stuttgart im Neckartal), aber auch die amphitheaterartige Hanglage portugiesischer Städte (Lissabon, Porto) führen zu einer stockwerkartigen Stadtgliederung in *Ober-* und *Unterstadt.* Wie sehr die kleinräumliche Lage den *Aufriß* einer Stadt bestimmen kann, zeigt New Yorks Stadtzentrum Manhattan mit seiner „Skyline": der Wolkenkratzerbau wäre nicht möglich gewesen, stellte Manhattan selbst nicht einen riesigen → glazial überformten Felsbuckel mit großer Standfestigkeit dar. Am Beispiel New Yorks wird überhaupt deutlich, wie geographische und topographische Lagebedingungen sich so ergänzen, daß die Stadt, mit vielen anderen Atlantikhäfen konkurrierend, zur bedeutendsten Stadt der USA aufstieg:
1. New York liegt nur 8 km vom offenen Meer entfernt (Baltimore: 272 km, Philadelphia: 154 km),
2. New York ist den europäischen, fast allen afrikanischen und südamerikanischen Häfen näher gelegen als alle anderen Atlantikhäfen der USA,
3. New York hat eine zentrale Lage in bezug auf die übrigen Atlantikhäfen der USA,
4. der Hafen selbst ist ein ausgezeichneter Naturhafen, der durch die eiszeitliche Überformung eine günstige Wassertiefe hat und durch Long Island gegen das offene Meer geschützt wird,
5. die Schiffbarkeit des Hudson bis Albany, der Bau des Erie-Kanals von Albany bis Buffalo brachten New York einen großen Vorsprung im Güteraustausch mit dem Hinterland, besonders mit dem Gebiet der Großen Seen.

Stadt, Physiognomie: Wesentlichstes physiognomisches Merkmal der Städte im Vergleich zu ländlichen Siedlungen (→ Siedlungsgeographie) ist die geschlossene Ortsform als Ergebnis einer hohen Siedlungsdichte bei hoher Flächenausnutzung (Bodenpreise!). Häuser, Straßennetz, Plätze, Freiflächen werden im *Grundriß* (Stadtplan) kartographisch dargestellt. Der *Aufriß* des Stadtkörpers zeigt sich dem Beobachter vor allem als Silhouette der Stadt. Grund- und Aufrißelemente der Städte sind wegen der auf sie verwendeten Investitionen (Versorgungs- und Entsorgungssysteme wie z. B. Wasserleitungsnetz, Kanalisation) sehr langlebig. Daraus resultieren die Schwierigkeiten bei der Anpassung überkommener Grundrisse an zeitgemäße Verkehrsanforderungen (z. B. Bau von Diagonalstraßen in Städten mit Schachbrettgrundriß, → Verkehr).

Ein in fast allen Kulturräumen vertretener Grundriß ist das *Schachbrettmuster,* das wahrscheinlich von Indien nach Griechenland übertragen und im Milet des Hippodamus (408 v. Chr.) beispielhaft verwirklicht worden ist (s. Abb. 94). Die Römer übernahmen diesen regelmäßigen Grundriß (*Römerstadt,* → Stadtentwicklung) und verbreiteten ihn im Mittelmeerraum (z. B. Mérida auf der Iberischen Halbinsel). Ab 1521 wird aufgrund einer Anweisung des spanischen Königs das Schachbrettschema zum verbindlichen Muster bei allen Stadtgründungen in Hispano-Amerika. So zeigen heute fast alle *Großstädte* Mittel- und Südamerikas die starre Li-

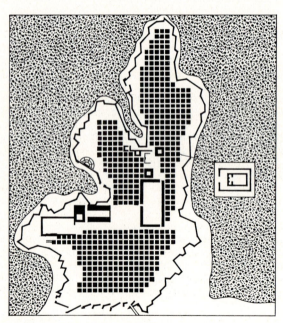

Abb. 94 Schachbrettgrundriß im Milet des Hippodamos
(nach F. MALZ, Taschenwörterbuch der Umweltplanung, München 1974, S. 528)

nienführung schnurgerader, sich rechtwinklig kreuzender Straßen über Höhen und Senken hinweg. Bei Neuanlagen wurde zunächst ein Block in der Mitte der geplanten Siedlung als Plaza freigelassen. An ihr liegen die Hauptkirche, Verwaltungsgebäude und einige Bauplätze für privilegierte Bürger (s. Abb. 95). Von der Plaza, die sich zum Zentrum städtischen Lebens entwickelte, ging meist eine Prachtstraße aus, auf der man promenierte und auf der Paraden stattfanden. Die übrigen Straßenzüge sind nach mediterranem Vorbild eng und schattenspendend.

Abb. 95 Plaza und angrenzende Grundstücke einer typischen südamerikanischen Stadt

In Angloamerika ordnet sich die „Schachbrettsiedlung" in das Gefügemuster der → Fluren, vor allem in den Central Plains, ein, das infolge der „Land Ordinance" von 1785 entstanden war: Die Gebiete, die im Zuge der Besiedelung des Raumes westlich der Appalachen zur öffentlichen Landreserve erklärt worden waren, wurden „ungeachtet topographischer Eigenheiten weitgehend schematisch in Quadrate von einer Meile Seitenlänge, sog. sections, vermessen. Je 36 sections wurden zu einer township, mehrere townships zu einer county, der administrativen Untereinheit des Einzelstaates zusammengefügt. Die Wege und Straßen folgten den section lines, an ihren Kreuzungen ergaben sich Ansätze für die Verdichtung der Farmhäuser. In der Mitte einer township wurde eine section von der Landveräußerung ausgenommen und für zentrale Einrichtungen wie Schule und Kirche reserviert" [10e].
Die klare Untergliederung des Baukörpers beim Schachbrettgrundriß veranlaßte wohl auch viele Baumeister der Renaissance und des Absolutismus zu seiner Anwendung.
In vielen *Kolonialstädten* schließen sich an ältere Siedlungsgrundrisse der einheimischen Bevölkerung regelmäßige Muster der europäischen Kolonialherren an.

Der heutige Grundriß der russischen Stadt Nowgorod (s. Abb. 96) vereinigt planmäßiges Gitternetz und radial-konzentrische Straßenanordnung miteinander. Die strahlenförmige Einmündung der Straßen auf die Burg (Kreml), die aus strategischen Gründen Steiluferlage besitzt (→ Stadtlage), weist den südlichen Teil als *Altstadt* aus (auch Moskau ist ein Beispiel für diesen zwischen 9. und 13. Jh. entstandenen *„Kreml-Typ"*). Die radiale und konzentrische Linienführung ergab sich hier jedoch nicht planmäßig, sondern in der Folge von Stadterweiterungen bei Beachtung des ursprünglichen Straßenverlaufes. Die geplante Neustadt liegt auf der Nordseite des Flusses.

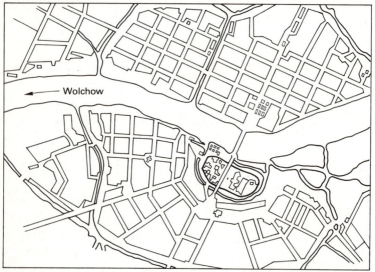

Abb. 96 Grundriß von Nowgorod
(nach PULLÉ 1936 bzw. G. SCHWARZ, Allgemeine Siedlungsgeographie, Berlin 1966³, S. 528)

In Italien wurde mit der *Renaissancestadt* Palma Nuova (1593 gegründet) erstmals eine geplante Stadt mit radialer Straßenführung gebaut. Ein Befestigungssystem im neuneckigen Polygon umschließt die Stadt, deren Straßen strahlenförmig auf den entsprechenden polygonalen Platz im Zentrum zulaufen. Konzentrisch zu den Polygonen verläuft ein zweites Straßensystem (s. Abb. 97).
Die *Residenzstädte* des Absolutismus verwendeten neben dem erwähnten Schachbrettmuster auch andere geometrische Grundrisse, wobei das Fürstenschloß entweder Ausgangspunkt oder Zentrum des Systems war. Beispiele für solche *„Planstädte"* in Deutschland sind die „Quadratstadt" Mannheim (gegründet 1607) und die „Fächerstadt" Karlsruhe (gegründet 1715).

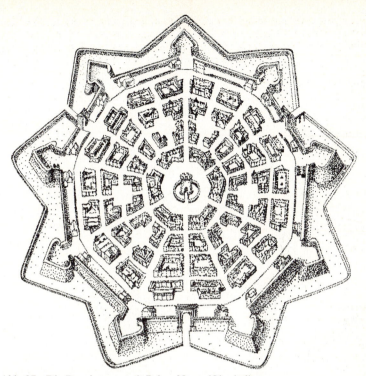

Abb. 97 Die Renaissancestadt Palma Nuova/Oberitalien
(nach BRAUN und HOGENBERG aus G. SCHWARZ, Allgemeine Siedlungsgeographie, Berlin 1966³, S. 529)

Die *orientalische Stadt* zeigt in typischer Ausprägung ein baumartig verzweigtes Netz von Sackgassen mit unübersichtlicher Häuseranordnung und einem Gewirr von straßenseitig nicht erkennbaren Wohnungs- und Häuserdurchgängen. Das Zusammenleben in Sippen, Schutzbedürfnis vor Nomaden sowie Schattensuche sind wichtige Gründe für diesen sehr unregelmäßigen Grundriß. Auf der Iberischen Halbinsel finden sich zahlreiche Beispiele für Städte oder Stadtteile mit *„Sackgassengrundriß"*, die während der Zeit der Maurenherrschaft entstanden (s. Abb. 98).

Der *Aufriß* der Städte wird maßgeblich bestimmt durch das verwendete Baumaterial, das in Abstimmung mit den klimatischen Verhältnissen in typischer Weise verarbeitet wird (z. B. Flach- bzw. Satteldach in Abhängigkeit vom Niederschlagsgang). In der nördlichen Nadelwaldzone Eurasiens und Nordamerikas sind *„Holzstädte"* charakteristisch, in denen ein- und zweigeschossige Bauweise vorherrscht. *„Fachwerkstädte"* finden sich, sofern keine geeigneten Natursteine zur Verfügung stehen, in den einsti-

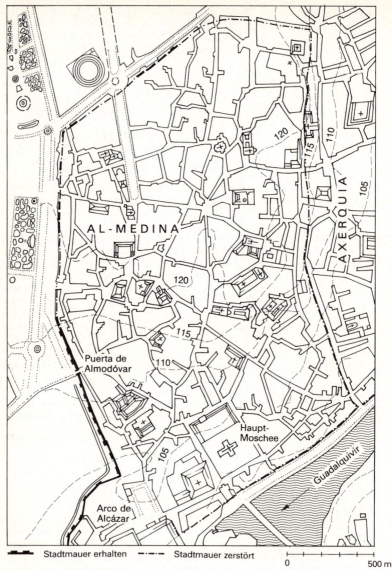

Abb. 98 Sackgassengrundriß der Al-Medina von Córdoba/Südspanien (nach JÜRGENS aus H. LAUTENSACH, Die Iberische Halbinsel, München 1969, Thematischer Atlas, Nr. 49)

gen Laubwaldgebieten West- und Mitteleuropas. Luftgetrocknete Ziegel *(Adobe)* sind neben gebrannten das wichtigste Baumaterial in den Trokkenräumen. Städte, in denen diese Baumaterialien überwiegend verwendet wurden, haben wegen der geringen Stockwerkzahl eine flache, einheitliche Silhouette. Lediglich Sakralbauten und Repräsentationsbauten weltlicher Machtinstitutionen führen zu einer Auflockerung in der Vertikalen, da zu ihrem Bau schon frühzeitig – wegen der größeren Standfestigkeit und längeren Haltbarkeit – Natursteine verwendet wurden. In Norddeutschland geben Backsteinbauten den Städten ihr Gepräge, da Natursteine so gut wie ganz fehlen.

Die Stahlbeton- und Stahlskelettbauweise löste viele Probleme der zunehmenden Raummenge und bestimmt sehr nachhaltig den Aufriß moderner *Großstädte* (z. B. „Skyline" der Wolkenkratzer in Manhattan).

Weitere aufrißbestimmende Elemente in der Stadt sind die Stellung der Häuser zur Straße (giebelständig bzw. traufständig) und die Dachformen. Von besonderer Bedeutung schließlich sind die kunsthistorischen Elemente gerade in den Städten des Abendlandes.

Stadtregion: Von O. BOUSTEDT (1953) eingeführter Begriff zur Erfassung der sozioökonomischen Einheit zwischen der → Stadt und ihren Umlandgemeinden (→ Stadt-Umland-Bereich). Zur S. zählt der Bereich, dessen Einwohner überwiegend nichtlandwirtschaftliche Berufe ausüben, und von denen ein Großteil seinen Arbeitsplatz in der *Kernstadt* selbst hat. Die Untergrenze für die S. setzte BOUSTEDT auf 80000 E. fest. Bestimmungsmerkmale für die S. sind statistische Schwellenwerte typischer Erwerbspersonenanteile, Einwohnerzahlen sowie charakteristische Verkehrsbeziehungen (→ Verkehr). Tab. 43 enthält die Schwellenwerte für die Abgrenzung von S.en in der Bundesrepublik Deutschland, wie sie 1970 von der Akademie für → Raumforschung und

Tabelle 43 Merkmale für die Abgrenzung der Stadtregion (ab 1970)

	Kerngebiet	Verstädterte Zone	Randzone
Erwerbsstruktur: landwirtschaftliche Erwerbspersonen in % aller Erwerbspersonen	≤ 50	≤ 50	≤ 50
Verkehrsstruktur: %-Anteil der in das/im Kerngebiet pendelnden Erwerbspersonen an allen Erwerbspersonen der Gemeinde	≥ 25	≥ 25	≥ 25
Einwohner/Arbeitsplatz/Dichte: Einwohner plus Erwerbsperson am Arbeitsplatz je km^2	≥ 600	250–600	≤ 250

(Nach F. Malz, Taschenwörterbuch der Umweltplanung, München 1974, S. 549

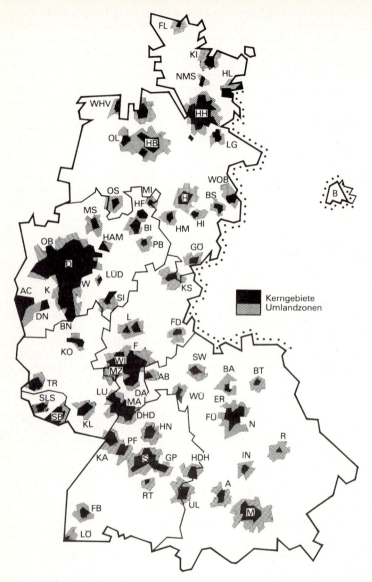

Abb. 99 Die Stadtregionen in der Bundesrepublik Deutschland (1961)
(nach F. MALZ, Taschenwörterbuch der Umweltplanung, München 1974, S. 548)

Landesplanung modellhaft vorgelegt wurden. Die *Kernstadt* bildet das eigentliche Zentrum der S.; das *Ergänzungsgebiet* grenzt unmittelbar an die Kernstadt an und ähnelt dieser in Funktion und Siedlungsstruktur (verschiedene *Stadtviertel,* → Viertelsbildung). Kernstadt und Ergänzungsgebiet bilden zusammen das *Kerngebiet.* Die *verstädterte Zone* schließt sich mit aufgelockerter Siedlungsstruktur nach außen an. Ihre Bevölkerung arbeitet vorwiegend im Kerngebiet. In der *Randzone* schließlich sind neben einem erheblichen Anteil landwirtschaftlicher Erwerbspersonen immerhin noch enge Pendlerbeziehungen (Kernstadt als Versorgungsraum, → zentraler Ort) zum Kerngebiet gegeben (→ Pendelwanderung). Im Jahre 1968 lebten in insgesamt 68 S.en in der Bundesrepublik Deutschland 54% der Gesamtbevölkerung (s. Abb. 99). Mit der S. vergleichbare Begriffe sind „Metropolitan Area" (USA), „Conurbation" (England) und „Agglomération" (Frankreich, → Agglomeration). Bei diesen drei Begriffen werden allerdings jeweils andere Kriterien und Schwellenwerte zur Erfassung der entsprechenden Raumeinheiten verwandt als bei der deutschen S.

Stadtsanierung → **Sanierung,** → Stadtgeographie
Stadttypen, genetische → Stadtentwicklung

Stadttypen, funktionale: Städte, die über ihre zentralörtliche Bedeutung (→ zentraler Ort) hinaus noch besondere Funktionen besitzen, die in der Regel auf Fernwirkungen beruhen. Da solche dominanten Funktionen sich nicht immer in der Physiognomie der Städte (→ Stadt, Physiognomie) selbst ausdrücken (wie z. B. bei *Bischofs-* oder *Bergbaustädten*), hat man statistische Methoden zu ihrer Erfassung entwickelt (→ Statistik). Für französische Städte mit mehr als 20 000 E. haben CARRIÈRE und PINCHEMEL (1965) die Erwerbstätigen des *sekundären* zu denen des *tertiären Wirtschaftssektors* (→ Wirtschaftssektoren) ins Verhältnis gesetzt. Liegt das Verhältnis zwischen 0 und 1, sind die zentralen Funktionen bedeutender als die der → Industrie; ausgesprochene *Industriestädte* weisen ein Zahlenverhältnis von über 3 auf. K.-A. BOESLER kombiniert in seiner Übersicht der f.n. S. Erwerbstätigenzahlen mit Einwohnerzahlen (s. Tab. 44). Solche Methoden befriedigen jedoch nur teilweise, weil die über das Hinterland hinausreichenden besonderen Funktionen nur sehr allgemein, ihre Reichweiten (→ Aktionsreichweite) nur ungenau erfaßt werden. Bei zusätzlicher Betrachtung von Lagewahl (→ Stadtlage) und Genese (→ Stadtentwicklung) lassen sich mit G. SCHWARZ (1966) folgende f. S. unterscheiden:
1. Aus besonderen politischen Funktionen erwachsene Stadttypen:
Residenz- und *Burgstädte* üben ihre Funktion gemäß der wechselvollen Geschichte nicht beständig aus, obgleich sie das Stadtbild noch langfristig beherrschen. Nürnberg als Burgstadt, Mannheim als ehemalige Residenz sind Beispiele hierfür.
Festungs- und *Garnisonsstädte* vor allem in politischer Grenzlage (z. B. Belfort an der Burgundischen Pforte) übernahmen mit fortschreitender

Tabelle 44 Funktionale Stadttypen

Funktionaler Typ	Städtebildende Funktionen (Beschäftigte pro 100 E.)						
	Einwohner	Industrie, Handwerk, Bergbau	Handel und Verkehr	Banken, Versicherungen, Verwaltung	Kultur- und Volksbildung	Sonstige	Funktionsbereiche
A Weltstadt	ca. 500 000 und darüber	in mindestens zwei Bereichen zusammen > 25					in starkem Maße übernational
B Großstadt	ca. 100 000 und darüber	in mindestens zwei Bereichen zusammen > 25					vorwiegend national bzw. überregional
C Multifunktionale Mittel- und Kleinstadt	1 000 bis ca. 100 000						
C_1 Industriestädte mit zentralörtlichen Funktionen		>15	<5	>5	<5	<5	überregional bzw. zentralörtlich
C_2 Industriestädte mit Handels- und Verkehrsfuntion		>15	>5	<5	<5	<5	
C_3 Handels- und Verkehrsstädte mit zentralörtlichen Funktionen		<15	>10	>5	>5	<5	
C_4 Sonstige		15	5	5		>5	
		mindestens ein Bereich >5					
D Monofunktionale Mittel- und Kleinstadt	1 000 bis ca. 100 000						
D_1 Industriestädte		>35	<5	<5		<5	überregional bzw. zentralörtlich
D_2 Städte mit zentralörtlichen Funktionen		<15	<5	>10		<5	
D_3 Handels- und Verkehrsstädte		<15	>10	<5		<5	
D_4 Sonstige		<15	<5	<5		>10	

Nach Boesler 1966 bzw. B. Hofmeister, Stadtgeographie, Braunschweig 1969, S. 89

Kriegstechnik oft die Funktion der Burgstädte. Aus strategischen Gründen bleiben Garnisonsstädte neuerer Entstehung oft künstliche Stadtgebilde ohne nennenswerte Weiterentwicklung.

Hauptstädte vereinigen vor allem Verwaltungsfunktionen. In Abhängigkeit vom politischen und wirtschaftlichen System (→ Wirtschaftsordnung) entstehen im Falle der Konzentrierung staatlicher Zentralfunktionen Landesmetropolen, gegenüber denen der „Rest"raum des Landes als Provinz zurücktritt. Paris, Moskau, Madrid sind Beispiele für solche Brennpunkte politischen, kulturellen und wirtschaftlichen Lebens, die eine Bedeutungssteigerung immer in Korrelation zu der des Landes erfahren haben (historische Bedeutung). Dabei müssen solche Städte nicht unbedingt räumliches Zentrum des Landes sein. Gerade die Repräsentationsfunktion der Hauptstädte nach außen, aber auch Bindungen in wirtschaftlicher und politischer Hinsicht an andere Staaten bedingen die periphere Lage von Hauptstädten wie London, Buenos Aires usw. *(Küstenlage)*.

Staaten mit föderativer Struktur wählen oft bewußt Standorte für ihre Hauptstadt, die in wirtschaftlicher und kultureller Hinsicht relativ unbedeutend sind, damit nicht in einem Teilraum aufgrund der zusätzlichen Verwaltungsfunktionen eine Stadt ein Übergewicht erhält. Solche Hauptstädte bleiben meist reine *Verwaltungsstädte* (z. B. Bonn, Den Haag, Bern).

2. Aus besonderen kulturellen Funktionen erwachsene Stadttypen:
„Kultstädte" sind *Bischofs-, Kloster-* und *Wallfahrtsstädte*. Mekka als heilige Stadt des Islam und die Wallfahrts- und Tempelstadt Benares am Ganges entwickelten sich aufgrund ihrer besonderen Funktion zu voll ausgestatteten *Großstädten*. Diese Städte wie auch Santiago de Compostela in Galicien als einer der wichtigsten Wallfahrtsorte des Abendlandes im Mittelalter sind zugleich Beispiele dafür, wie sich die Kultfunktion mit der Bildungsfunktion verbindet. Alle drei Städte besitzen bedeutende Universitäten, was ihre Fernwirkung weiter steigerte. Als reine *Universitätsstädte* sind nur solche Städte anzusehen, die in besonderem Maße vom Universitätsleben geprägt sind. Üblicherweise ist das Größenwachstum solcher Städte beschränkt, die allgemeine zentralörtliche Bedeutung gering, die Fernwirkungen allerdings sehr groß. Tübingen und Marburg sind solche f. S. in der Bundesrepublik Deutschland; Oxford und Cambridge spielen, obwohl beide nicht wesentlich über 100000 E. zählen, für das englische Bildungs- und Geistesleben eine überragende Rolle.

3. Aus besonderen Wirtschafts- und Verkehrsfunktionen erwachsene Stadttypen (→ Wirtschaftssektoren, → Verkehr):
Die *Ackerbürgerstadt,* deren Einwohner großenteils → landwirtschaftliche Nutzflächen außerhalb der Stadt von den in der Stadt gelegenen Häusern aus bewirtschaften, ist in Westeuropa fast nur noch in der „Weinstadt" vertreten (z. B. Bernkastel an der Mosel, Beaune in Burgund).

Marktstädte sind schon im Mittelalter dazu bestimmt, für einen relativ eng begrenzten Raum die *Agrarüberschüsse* dieses Raumes zu vermarkten und den Bedarf der dort ansässigen Bevölkerung an fremden Gütern zu decken. So betrachtet, sind diese Siedlungen eigentlich → zentrale Orte zur Deckung des Grundbedarfs ohne nennenswerte Weiterentwicklung geblieben.

Handels- bzw. *Fernhandelsstädte* entstanden an Knotenpunkten des *Fernverkehrs* (→ Verkehr), so daß von ihnen aus der Handelsaustausch über große Räume erfolgte (→ Handel). Aber auch dort, wo infolge großer zurückgelegter Wegstrecken Rasten zur Erholung der Handelskarawanen eingelegt werden mußten, entwickelten sich aus Rastplätzen Fernhandelsstädte. In *Flußübergangslage* oder an Punkten, an denen ein Umschlag der Waren auf andere *Verkehrsmittel* erfolgte, entstanden ebenfalls Handelssiedlungen. *Küstenlage* mit Flußmündungssituation und kontinentalem Hinterland begünstigt die Entwicklung von mächtigen Handelsmetropolen: Hamburg, Rotterdam, New York, Marseille sind Beispiele für diese Bedingung, wobei allerdings das Größenwachstum bei allen drei Städten ihre heutige Multifunktionalität bedingt. Die Stadt Damaskus als alter Knotenpunkt von Karawanenwegen hat sich, seit dem Altertum den Handel zwischen Ägypten und dem Zweistromland vermittelnd, bis heute als *Großstadt* mit überwiegender Handelsfunktion erhalten.

Die *Industriestädte* haben ihre Wurzeln vor dem Zeitalter der → Industrialisierung in Städten mit überdurchschnittlicher gewerblicher *Produktion,* die oft für den Export bestimmt war (z. B. die Fuggerstadt Augsburg, die flandrischen Städte Brügge und Gent). Die Mehrzahl der Industriestädte entstand seit dem 19. Jh. im Zuge der Industrialisierung. Wichtigste Lagebedingungen sind dabei Vorhandensein von → Rohstoffen und *Energie* (→ Energiewirtschaft) sowie Verkehrsgunst (→ Standortfaktoren). So befinden sich die meisten Industriestädte Englands in der Nähe von Kohlenlagerstätten (→ Lagerstätten) bzw. in Küstennähe (z. B. Sheffield, Birmingham); die Industriestädte der USA konzentrieren sich im „Manufacturing-Belt" (→ Belt) bei ähnlicher Standortfaktorenkombination. In Kontinentaleuropa entwickelten sich viele Industriestädte explosionsartig auch aus Städten mit ursprünglich anderen Funktionen, wenn etwa *Bodenschätze* neu erschlossen wurden (z. B. Hellwegstädte als alte Handelssiedlungen zwischen Rhein und Weser mit der Städtereihe Essen, Bochum, Dortmund, Soest, Paderborn, → Rheinisch-Westfälisches Industriegebiet). Die Chemiestädte Ludwigshafen und Leverkusen sind Beispiele für Industriestädte *(chemische Industrie),* die ohne nennenswerte historische Wurzeln ausschließlich auf Grundlage dieser → Wachstumsindustrie entstanden sind.

Einen Sondertypus innerhalb der Industriestädte stellen die *Bergbaustädte* dar, ebenfalls meist ohne historische Entwicklung, in Bergbaurevieren selbst oder in verkehrsgünstiger Lage zwischen Rohstoff- und Energielagerstätten gelegen. In der Sowjetunion entstanden in sonst dünn besiedelten Gebieten viele Großstädte dieses Typs: Baku im kaukasischen Erdölgebiet (→ Erdöl), die Kohlestadt Karaganda, die *Eisenerz*städte Magnitogorsk und Kriwoi Rog haben jeweils mehr als 500000 E.

Ausgesprochene *Verkehrsstädte* sind selten. Meistens ist die *Verkehrslage* lediglich ein die Handels- oder Industriefunktion begünstigender Faktor. Wo Räume kontinentalen Ausmaßes überbrückt werden müssen, entstehen sog. *Eisenbahn*städte (Minneapolis, Kansas City, Indianapolis in den USA; Wladiwostok als Endstation der transsibirischen Eisenbahn in der Sowjetunion).

Stadt-Umland-Bereich (auch: *Einzugsbereich* einer Stadt): Im geographischen Sinn Bestandteil der → Stadt wegen seiner funktionalen Beziehungen zu derselben (→ Stadtregion). Im Mittelalter war der S. bäuerliches *Ergänzungsgebiet* bzw. Lieferant von → Rohstoffen sowie Abnehmer der Erzeugnisse des städtischen *Handwerks* und Gewerbes. Die heutigen Beziehungen zwischen Stadt und Umland resultieren aus der Zielsetzung, → Daseinsgrundfunktionen in räumlicher Trennung, aber funktionaler Verknüpfung auszuüben. Die Stadt als → zentraler Ort mit seinem *Bedeutungsüberschuß* an Arbeitsplätzen, Bildungs- und Versorgungseinrichtungen ist zumeist Befriedigungsraum für das Umland, das seinerseits aber wichtige Funktionen für die Stadt erfüllt: z. B. Entsorgungsstandort (→ Müllbeseitigung, → Abwasserreinigung), Produktionsraum für Agrargüter, Naherholungsbereich.
Die Austauschbeziehungen zwischen Bedürfnis- und Befriedigungsraum erfordern eine → Mobilität im S., die sich im → Verkehr und in der Verkehrsstruktur dieses Raumes widerspiegelt. Der S. ist nach HOFMEISTER (1969) „mit dem Herkunftsbereich der in der Stadt ihrem Erwerb nachgehenden Berufspendler und der die städtischen Bildungsstätten aufnehmenden Fahrschüler" [10f] gleichzusetzen (→ Pendler, → Pendelwanderung). Mit der Verbreitung des privaten Kraftfahrzeugs und der Erweiterung der öffentlichen Verkehrsnetze dehnen sich die Einzugsbereiche einer Stadt immer mehr aus. Einem Nachlassen der allgemeinen Mobilität entspricht in den letzten Jahrzehnten eine verstärkte Pendelwanderung im S. In der Bundesrepublik Deutschland liegt die durchschnittliche Pendlerquote (Berufspendler!) bei 30% aller Erwerbstätigen bei zu erwartendem weiterem Anstieg (1971). Der statistische Pendlerbegriff muß gerade unter stadtgeographischer Betrachtungsweise (→ Stadtgeographie) präzisiert werden, da er wenig aussagt über die reale Pendelstrecke bzw. den zeitlichen Fahraufwand. Ein Erwerbstätiger, dessen Arbeitsplatz beispielsweise in Sichtweite, aber jenseits der Gemeindegrenze, vom Wohnplatz aus gesehen, liegt, gilt als Pendler; ein anderer, der innerhalb einer *Großstadt* mehr als eine halbe Stunde Fahrzeit zu seinem Arbeitsplatz hat, erscheint nicht in der → Statistik. 1970 gab es z. B. täglich 134 000 Berufspendler nach Hamburg hinein, dagegen 725 000 Berufspendler innerhalb des Stadtgebietes selbst, wobei diese wiederum sehr unterschiedliche Strecken zurücklegen mußten.
Im S. ist der Umfang des *Pendelverkehrs* vor allem abhängig vom Arbeitsplatzbedürfnis des → Ballungsgebietes, dem Arbeitskräfteüberschuß des Umlandes sowie dem Ausbau des Verkehrswesens. 67% des Berufsverkehrs in der Bundesrepublik Deutschland erfolgt mit dem privaten PKW, der Rest mit öffentlichen *Verkehrsmitteln*. Zielgröße der Bundesregierung bis zum Jahre 1985 ist ein Verhältnis von 50 zu 50. Wichtigste Motive für die seit etwa zwei Jahrzehnten zunehmende *„Stadtflucht"* vieler Stadtbe-

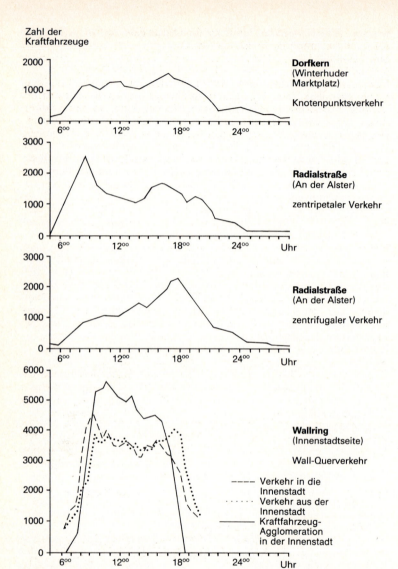

Abb. 100 Tagesganglinien des Kraftfahrzeugverkehrs – Beispiel Hamburg (nach BRANDES 1961 bzw. G. POETSCH, Der Verkehr im Stadt-Umland-Bereich, Beiheft Geographische Rundschau 8/1978, Heft 1, Braunschweig 1978, S. 23)

wohner sind u. a. die besseren Umweltbedingungen und günstigeren Boden- und Baupreise im ländlichen Raum.
Die Funktionalität des Pendelverkehrs im S. wird in einer Distanz-Häufigkeits-Relation ausgedrückt (→ Intensität-Reichweite-Modell).
Verkehrszählungen an verschiedenen Punkten im S. ergeben, daß der Verkehr nicht zu allen Tageszeiten gleich stark ist. *Tagesganglinien* des Verkehrs (Abszisse: Zeiteinteilung; Ordinate: Verkehrsmengenabstufung, z. B. PKW pro Stunde oder Prozentanteile bestimmter Fahrtenzwecke) weisen einen tageszeitspezifischen Verlauf auf (s. Abb. 100 und 101).
Die historische Betrachtung der Verkehrsentwicklung zeigt Parallelen zwischen der zunehmenden Intensivierung der Stadt-Umland-Beziehun-

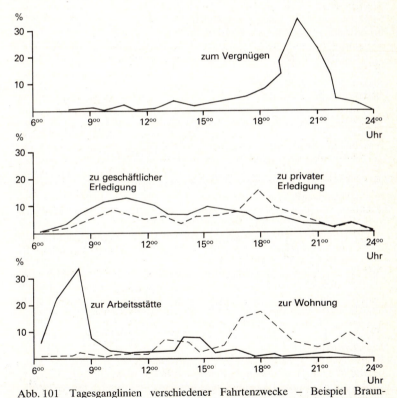

Abb. 101 Tagesganglinien verschiedener Fahrtenzwecke – Beispiel Braunschweig
(nach SCHÜTTE 1966 bzw. K. TEMLITZ, Stadt und Stadtregion, Braunschweig 1975, S. 51)

Stadt-Umland-Bereich

gen und der Ausdehnung des S.s Die „Pferdebahnstadt" von 1900 hat noch einen Radius von 4 km gegenüber der „Straßenbahnstadt" von 1950 mit 7 km. Die „Autostadt" von 1970 schließlich läßt Pendelstrecken von 20 km bei gleichem Zeitaufwand zu (nach: Handwörterbuch der Raumforschung und Raumordnung, 1970). Die sich verstärkenden funktionalen Verflechtungen zwischen Stadt und Umland führen zu der Tendenz, daß immer mehr Städte ihr Umland eingemeinden möchten. Dies erklärt sich u. a. aus der Tatsache, daß die Verkehrsverflechtungen Raumordnungsmaßnahmen (→ Raumordnung) erforderlich machen, die am besten von einer einzigen Planungsbehörde durchgeführt werden können.

Stadtviertel → Stadtgeographie, → Stadt, Physiognomie, → **Viertelsbildung**
Staffelbruch → Verwerfung
Stahl → EGKS, → **Eisen,** → Industrialisierung
Stahlflaute → **EGKS,** → Steinkohlenkrise
Stahlindustrie → EGKS, → Eisen, → Industrialisierung, → Rheinisch-Westfälisches Industriegebiet
Stahlveredler → Eisen
Stalagmit → Karsthöhlen
Stalaktit → Karsthöhlen

Standort: In der → Wirtschaft im wörtlichen Sinne der Ort, an dem sich die Betriebsstätten von Wirtschaftsunternehmungen und Verwaltungen befinden (→ Wirtschaftsgeographie). OTREMBA faßt den Begriff weiter, denn er sieht in ihm über seine topographische Bestimmung hinaus die Gesamtheit aller an einem Punkt wirksamen, ökonomisch gestaltenden Kräfte. Er unterscheidet nach der Art ihrer Bestimmung folgende Standorttypen: natürlich, wirtschaftlich und politisch (administrativ) bestimmte S.e. Als Begründer der Standortlehre gilt J. H. von THÜNEN, der die land- und forstwirtschaftliche Nutzung (→ Landwirtschaft, → Forstwirtschaft) in Abhängigkeit von den Transportkosten der Erzeugnisse zum → Markt sah (→ THÜNENsche Kreise). In seinem Werk „Über den Standort der Industrie" entwickelte A. WEBER 1909 die Auffassung, daß die Standortwahl von Industriebetrieben (→ Industrie) in erster Linie aus Kostenvorteilen des Transports, der Rohstoffpreise (→ Rohstoffe, → Preis), der Lohn- und *Arbeitskosten* und aus den Vorteilen, die sich durch die Lage von Industriebetrieben zueinander ergeben, bestimmt wird (→ Standortfaktoren).

Standortfaktoren: 1. In der → Wirtschaft: nach WEBER (1909) die Kräfte, die die Niederlassung von Industriebetrieben beeinflussen: a) generelle (z. B. Transportkosten, *Arbeitskosten*), b) spezielle (z. B. Verderblichkeit des Produkts), c) individuell wirksame (z. B. die Nähe kultureller Einrichtungen), d) regional wirksame (Arbeits-, Transport-, Materialkosten). Die → Industrie ist wegen der Beweglichkeit von *Energie*trägern (→ Energiewirtschaft) und → Rohstoffen, von Fertigwaren und menschlicher Arbeitskraft räumlich weniger gebunden als die → Landwirtschaft. Das *ökonomische Prinzip* (Erzielung des größtmöglichen Nutzens mit dem geringstmöglichen Aufwand an Material, Arbeit und Zeit) und der Wettbewerb zwingen den Unternehmer, den → Standort seines Betriebes so zu wählen, daß er möglichst rentabel produzieren kann. Je nach Art des Betriebes werden verschiedene standortbestimmende Kostenfaktoren wirksam. Nach OBST (1965) ergeben sich fünf grundlegende Orientierungsarten: Rohstofforientierung (z. B. Sägewerk, Zementfabrik, Brikettfabrik), *Energie*orientierung (z. B. Aluminiumhütte [→ Aluminium] beim *Kraftwerk,* Hüttenwerk im Steinkohlenrevier [→ Steinkohle]), Verkehrsorientierung (→ Verkehr) (Hafenindustrien, Industriegassen an Flüssen), Arbeitskräfteorientierung (z. B. Heimindustrie; Uhren- und optische Industrie), Absatzorientierung (z. B. Nahrungs- und Genußmittelindustrie, → Genußmittel).

Die Entstehung großer Industriegebiete (z. B. → Rheinisch-Westfälisches Industriegebiet, Oberschlesisches Industriegebiet, Manufacturing-Belt) ist meist auf einen dieser S. zurückzuführen, das Weiterwachsen jedoch kann nur durch das Zusammenwirken meist aller übrigen erklärt werden. Dabei kam es im Verlauf der Entwicklung meist zu einer Umbewertung der S., d. h. daß auch in der Zukunft gegenwärtig noch maßgebliche S. schnell an Bedeutung verlieren können.

2. In der → Ökologie: Unabhängig von der real vorhandenen → Biozönose kennzeichnen die S. die Geländequalität (→ abiotische Elemente), d. h. „die Gesamtheit aller für das Leben wichtigen Eigenschaften eines Geländeteiles" (SCHMITHÜSEN 1961). Die Beziehungen zwischen primären und sekundären Faktorengruppen gehen aus Abb. 102 hervor.

Bei den S. ist der ökologisch maßgebende Faktor entweder ein Faktor im Minimum oder im schädlichen Überfluß. Jeder ökologische Faktor wirkt begrenzend, richtend oder verändernd (→ kybernetische Mechanismen in der Ökologie). Die relative Wirkung eines ökologischen Faktors ist um so größer, je mehr dieser Faktor sich im Minimum gegenüber den anderen Faktoren befindet, oder anders ausgedrückt: Die relative Wirkung nimmt mit steigender Intensität des ökologischen Faktors ständig ab (→ Optimum, ökologisches und physiologisches; → Wettbewerbsfaktoren in Ökosystemen).

Die S. Wärme, Wasser, Licht, chemische und mechanische Faktoren sind meßbare primäre Faktoren. Zu den komplexen Faktorengruppen gehören die klimatischen, orographischen, edaphischen, biotischen und anthropogenen Gegebenheiten. Letztere sind bei WALTER (1973, s. Abb. 102) nicht mit aufgenommen, sind aber wohl in den biotischen mitberücksichtigt (→ biotische Elemente).

Der mechanische Faktor Feuer kann durch den Menschen oder durch das → Klima (z. B. Blitzschlag) bedingt sein. Die einzelnen S. sind eng miteinander verknüpft. Innerhalb der → Klimaelemente übt die → Lufttemperatur als Generalfaktor den größten Einfluß auf das Leben aller Organismen aus. Die für das Gedeihen des Organismus günstigsten Wär-

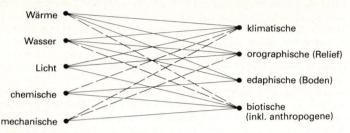

Abb. 102 Die Beziehungen zwischen primären und sekundären Faktorengruppen (nach H. WALTER, Allgemeine Geobotanik, Stuttgart 1973, S. 154; leicht verändert)

meverhältnisse können dabei durch das *Makroklima* genauso gut wie orographisch durch den → Biotop, d. h. z. B. durch einen nach Süden exponierten Hang, oder edaphisch, d. h. z. B. durch besonders leicht erwärmbaren Sandboden, bedingt sein (→ Bodenart). Der *Temperaturgang* des bodennahen *Mikroklimas* wird entscheidend durch die orographischen und edaphischen Faktoren beeinflußt. So findet man z. B. in frostgefährdeten Muldenlagen mit *Kaltluftseen* Fichtenwald, während auf weniger gefährdeten Hängen Buchenwald stockt. Es besteht ein direkter Zusammenhang zwischen bestimmten Temperaturzonen und Pflanzengruppen (→ Pflanzenformation).

Zur Aufrechterhaltung der Lebensvorgänge bedarf es des Wassers. Der Wasserhaushalt am Standort (→ Wasserkreislauf; → Grundwasser; → Haftwasser; → Sickerwasser) ist für die Pflanze gewöhnlich entscheidender als für das Tier, da die Pflanzen ortsgebunden sind.

Das Licht stellt die *Energie*quelle für die autotrophen Pflanzen dar (→ autotrophe Organismen; → Photosynthese) und ermöglicht so erst das Leben auf unserer Erde. Eine ständig starke Ultraviolettstrahlung (→ Strahlung) bewirkt bei Tier und Mensch die Einlagerung dunkler Pigmente in der Haut (bei Wüstentieren z. B. befindet sich unter dem der Tarnung dienenden, gewöhnlich hellen Haarkleid eine meist dunklere Wolle; die tropischen Menschenrassen sind im Vergleich zu den Rassen der gemäßigten Zonen dunkelhäutig). Generell dient das Licht auch zur optischen Orientierung.

Bei den edaphischen Faktoren ist eine weitgehende Übereinstimmung zwischen den Zonen der → Bodentypen und den großen Vegetationsgürteln festzustellen (→ Vegetationsgeographie): Tundren sind korreliert mit Moor- und → Frostböden, Laubwälder mit *Braunerden,* Steppen mit *Schwarzerden* und boreale Nadelwälder mit *Podsol*böden. Für die Pflanze ist der Boden in erster Linie Nährstoffquelle. Umgekehrt beeinflußt die Vegetation die *Bodenbildung.* Dabei spielen chemische Prozesse eine wichtige Rolle.

Zu den mechanischen Faktoren zählen vor allem Feuer, → Wind, *Schnee* und Viehverbiß bzw. Viehtritt. Dadurch werden Organismen teilweise geschädigt oder ganz vernichtet. Bei den biotischen Faktoren ist an die spezifisch gearteten Vergesellschaftungen (→ Symbiose) oder an das Räuber-Beute-Verhältnis zu denken. Die Organismen leben in ihrem Lebensraum nicht allein, sondern sind mit anderen in vielfältigen direkten oder indirekten Wechselbeziehungen verknüpft. Sie stehen in einem *biozönotischen Konnex.*
In den Trocken- und Kältegebieten der Erde oder am Rande der Salzwüste z. B. liegen für viele Organismen absolute Verbreitungsgrenzen, die direkt oder indirekt durch die abiotischen Umweltfaktoren bedingt sind, wobei meistens ein bestimmter, extremer Faktor in Erscheinung tritt. Hier werden die S. zu potentiellen *Störgrößen.* Außerdem verändern sie die Wettbewerbsfähigkeit der Arten untereinander.

Standortklima → **Bestandsklima,** → Klima, → Ökosystem Industriestadt, → Stadtklima
Stapelrecht → Stadtentwicklung
statische Grundgleichung → Luftdruck

Statistik: Teilgebiet der Mathematik, liefert als Hilfswissenschaft der → Wirtschaftswissenschaften die zahlenmäßigen Unterlagen zur wirtschaftlichen Tätigkeit und für die wirtschaftliche Bedeutung einzelner Staaten sowie deren Bevölkerungs- und Sozialstruktur (nach E. OBST 1965). Aus der Zusammenarbeit von Wirtschaftswissenschaften und S. hat sich die spezielle Disziplin der *Ökonometrie* entwickelt. Diese stellt auch zahlenmäßige Prognosen über wirtschaftliche Entwicklungen auf und wird damit zu einem wichtigen Hilfsmittel der → Wirtschaftspolitik. Auch in der → Ökologie spielen statistische Überlegungen und Berechnungen eine wichtige Rolle.

Status → **Gesellschaft,** → Mobilität, → Viertelsbildung
Staublawine → Lawine
Staukuppe → Plutonismus
Stauniederschlag → Niederschlag

stehende Gewässer: Oberirdische Gewässer, die innerhalb der *Binnengewässer* der Erde als mittelgroße bis große, ausdauernde Wasserflächen (z. B. Teiche, Weiher, Seen), als kleine periodische bis ausdauernde Wasserflächen (z. B. Regentümpel, Lithothelmen – rock pools, in den Spritzwasserzonen von Seen und Bächen – oder Phytothelmen – in Baumhöhlen und Trichterpflanzen, Kannen der Nepenthespflanzen), als Salzgewässer bzw. als Übergangs- und Verlandungsbiotope (z. B. Moore, Sümpfe; → Biotop, → Sukzession) entwickelt sein können. S. G. können auch als unterirdische Gewässer ausgeprägt sein (z. B. als → Grundwasser, *Höhlenseen*).
Die flächenmäßig ausgedehntesten s.n. G. sind die *Seen,* wobei je nach der

geographischen Lage (z. B. Seen im Polarbereich, deren Oberfläche während mehrerer Monate zugefroren ist; das wärmste Wasser befindet sich dort in der Tiefe; Warmwasserseen in den Tropen und Subtropen) und je nach dem Gehalt an Schwebstoffen, besonders Huminsäuren (z. B. Braunwasser- und Klarwasserseen), verschiedene Untergliederungen vorgenommen werden können (MÜLLER 1977).
Bei einem tiefen Süßwassersee in den mittleren Breiten z. B. lassen sich – vom Ufer aus gesehen – die folgenden Lebensräume ausgliedern (KULL-KNODEL 1974/1975 und Abb. 103):

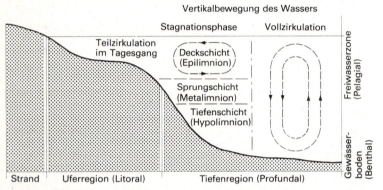

Abb. 103   Die Lebensräume im tiefen Süßwassersee und die Vertikalbewegungen des Wassers
(nach U. KULL/H. KNODEL, Ökologie und Umweltschutz, Stuttgart 1974/75, S. 86; leicht verändert)

1. *Litoral* (Uferregion): reicht vom Ufer aus so weit, wie das photosynthetisch wirksame Licht (→ Photosynthese) bis zum Grund des Sees durchdringen kann, so daß der Boden von grünen Pflanzen bewachsen ist (Flachwassergürtel, in dem randlich auch Pflanzen aus dem Wasser ragen können, z. B. Schilf). Der Schilfgürtel ist zugleich Lebensraum charakteristischer Tierarten wie Wasserfrosch, Rohrsänger, Rohrdommel, Enten, Wasserinsekten, Schlammschnecken etc.,
2. *Profundal/Benthal:* Abfall des Sees bis zur lichtlosen Tiefe (Seeboden; → Biosphäre). Dort sind keine Pflanzen mehr anzutreffen,
3. *Pelagial:* Zone des freien Wassers. Diese Zone läßt sich dreifach untergliedern:
3.1 Deckschicht bzw. Nährschicht *(Epilimnion):* Die oberen Wasserschichten sind in unbelasteten Gewässern gewöhnlich ausreichend mit Sauerstoff versorgt, gut durchleuchtet und im Sommer erwärmt (das Epilimnion im Bodensee z. B. reicht bis ca. 30 m Tiefe),
3.2 Sprungschicht *(Metalimnion):* die Temperatur fällt sprunghaft ab (1 °C pro Meter),

3.3 Tiefenschicht *(Hypolimnion):* In der kalten, nicht mehr durchleuchteten und sauerstoffarmen Tiefenschicht beträgt die Temperatur über das ganze Jahr etwa 4 °C, da das Wasser bei dieser Temperatur seine größte Dichte hat.

Die meisten Lebewesen ernähren sich im Pelagial von → Plankton *(Phytoplankton:* Kieselalgen, Geißelalgen, Grünalgen, Blaualgen; *Zooplankton:* Kleinkrebse, Rädertierchen). Das Hypolimnion wird auch als Zehrschicht bezeichnet, da hier nur noch die → Konsumenten vorkommen, während die → Produzenten im Epilimnion, der Nährschicht, leben (KULL-KNODEL 1974/1975).

Das Nährstoffangebot in einem s. n. G. entscheidet über den Umfang und die Verflechtungen der → Nahrungsketten. Je vielfältiger das Angebot ist, um so mannigfaltiger ist die Lebensgemeinschaft in einem Gewässer (→ Ökosystem). Im Pelagial findet eine jahreszeitlich bedingte Vollzirkulation statt: Der See wird durch Konvektionsströme umgeschichtet.

Die Selbstregulierung erfolgt durch die im See lebenden Organismen (→ kybernetische Mechanismen in der Ökologie). Für die *Primärproduktion* sorgt vor allem das Phytoplankton im Epilimnion. Dabei wird viel Sauerstoff an der Wasseroberfläche produziert und an die → Atmosphäre abgegeben. Da für die → Photosynthese Licht benötigt wird, kann dieser Vorgang nur tagsüber stattfinden. Das Licht wird somit zum begrenzenden Faktor für den Lebensraum der Produzenten in der *trophogenen Zone* (Nährschicht; → Ökologie). In der darunterliegenden Schicht wird Sauerstoff ausschließlich verbraucht *(tropholytische Zone,* Zehrschicht). Ein vollständiges *ökologisches Gleichgewicht* herrscht nur dann im See, wenn der Abbau der abgesunkenen organischen Substanz vollständig erfolgt (→ Destruenten).

Bei starker Produktivität im Epilimnion tritt im nährstoffreichen *(eutrophen)* See Sauerstoffmangel in der Tiefe ein. Dies führt zu Faulschlammbildung im Hypolimnion. Dauert dieser Vorgang längere Zeit an, verliert der See sein *biozönotisches Gleichgewicht.* Bei erhöhter Nährstoffzufuhr wirkt der Sauerstoffhaushalt als begrenzender Faktor.

Bei den Stoffumsatzvorgängen (→ Stoffkreisläufe in der Biosphäre) stehen zwei sauerstoffzehrende Prozesse einem sauerstoffproduzierenden gegenüber.

Während die Produktion von Sauerstoff nur tagsüber möglich ist, läuft die Zehrung dagegen am Tag und in der Nacht ab. Ab einer bestimmten Sauerstoffzehrung kann daher nicht mehr genügend Sauerstoff bereitgestellt werden, um das gesamte System zu versorgen. Der Sauerstoffschwund betrifft vor allem die unteren Wasserschichten und nimmt mit zunehmender → Belastung des gesamten → limnischen Ökosystems zu. Die Folge ist eine Vermehrung der Fäulnisvorgänge im Sediment.

Neben der Zufuhr mit Nährstoffen von außen (→ Phosphorkreislauf; → Stickstoffkreislauf) werden auch die im Sediment gebundenen Nährsalze dabei wieder freigesetzt und tragen zusätzlich zur Anreicherung des Wassers mit Nährstoffen bei. Nährstoffarme Seen *(oligotrophe* Seen) besitzen in allen Wasserschichten genügend Sauerstoff, so daß Fäulnis in den

Bodenschichten nicht vorkommt. Nährstoffreiche Seen dagegen sind durch hohe Sauerstoffkonzentrationen in der trophogenen Zone und durch einen permanenten Sauerstoffmangel in der tropholytischen Zone gekennzeichnet. Außerdem besitzen sie einen mehr oder weniger stark ausgebildeten Streifen mit Ufervegetation, die den oligotrophen Seen fehlt.

In durch phosphathaltige *Abwässer* eutrophierten Seen z. B. vermehrt sich durch die erhöhte Pflanzendüngung die organische Substanz *(„Algenteppiche")*, was zugleich einen erhöhten Sauerstoffbedarf der → Destruenten zur Folge hat (→ Eutrophierung). Das Sauerstoffdefizit während der Stagnationsphase im Sommer, d. h. der Zeit des Jahres, in der es infolge der thermisch bedingten Dichteunterschiede im See eine ausgeprägte Schichtung gibt und kaum Sauerstoffaustauschvorgänge stattfinden können, wird größer. Dabei wird der gesamte Wasserchemismus derart geändert, daß vor allem Phosphate aus dem *Sediment* des Hypolimnions freigesetzt und in die oberen Wasserschichten befördert werden, wo sie durch ihre zusätzliche düngende Wirkung das Algenwachstum weiter begünstigen, so daß schließlich das Licht nicht mehr so tief in das Epilimnion eindringen kann. Der Lebensraum der Pflanzen wird eingeengt, die trophogene Zone wird kleiner, die Faulschlammschicht mit Methan, CH_4, → Schwefelwasserstoff, H_2S, und Ammoniak, NH_3, wächst an. Die Konsumenten nehmen wegen der Vergiftung durch Fäulnisgase ab. Schließlich reicht der Sauerstoffvorrat während der Nachtzeit, in der keine photosynthetisch wirksamen Prozesse ablaufen können, nicht mehr aus, um die Pflanzen zu versorgen, der See „kippt um" (→ Umkippen). Damit ist der Zustand erreicht, in dem nur noch anaerob lebende Bakterien im Gewässer vorhanden sind (→ anaerobe Organismen).

Die Kenntnis der Wirkungszusammenhänge und der einzelnen Faktoren im Ökosystem See ist Grundvoraussetzung zur Einleitung von Sanierungsmaßnahmen hoch eutropher Gewässer. Dabei ist zuerst auf die Fernhaltung eutrophierender Abwässer zu achten. Durch den Bau von Ringabwasserleitungen um das Gewässer bleibt dieses von zusätzlichen Belastungen verschont (→ Belastungsreduktion). Werden die Abwässer dennoch eingeleitet, sollen sie die dritte Reinigungsstufe *(chemisches Reinigungsverfahren)* durchlaufen haben (→ Abwasserreinigung). In dieser Stufe werden mit Hilfe von Eisensalzen die beim bakteriellen Abbau im *biologischen Reinigungsverfahren* entstandenen Phosphate gebunden und dem Wasser entzogen.

Eine wichtige Sanierungsmöglichkeit ist in diesem Zusammenhang die Anlage von Binsenbeeten (Binsenstrecke nach SEIDEL) als pflanzliche *„Kläranlagen"* an den Schmutzwassereinleitungsstellen, da Binsen viele im Wasser gelöste Giftstoffe zu binden und zu absorbieren vermögen. Außerdem ist die Verbesserung der Regenerationsfähigkeit von s.n. G.n. durch Belüftung anzustreben. Die Belüftung des gesamten Wasserkörpers bewirkt, daß Fäulnisvorgänge und ihre negativen Begleiterscheinungen stark reduziert werden können. Die zusätzliche Belüftung erreicht man durch Einblasen von Preßluft.

Die Störung des ökologischen Gleichgewichts und der natürlichen Selbstregulationsfähigkeit in s.n. G.n. läßt sich durch die Ursachenkette Siedlungsverdichtung – Abwasserbelastung – Eutrophierung – Trinkwassergefährdung – Beeinträchtigung der Erholungsfunktion gut kennzeichnen. Der ,,Phosphat-Inflation" unserer Gewässer muß mit geeigneten Maßnahmen gezielt begegnet werden (→ Waschmittelgesetz).

Steigungsniederschlag → Niederschlag
Steilküste → Abrasion, → **Küste**, → Terrasse
Steingirlande → Frostboden

Steinkohle: Schwarzes brennbares Umwandlungsprodukt aus organischen Substanzen mit einem Kohlenstoffgehalt von 78–90%. Der über sehr große Zeiträume verlaufende Umwandlungsprozeß wird als *Inkohlung* bezeichnet. Er besteht im wesentlichen darin, daß sich aus der pflanzlichen Substanz unter Luftabschluß *Torf* bildet, aus dem dann bei Abnahme des Sauerstoffes und des Wasserstoffes bei relativer Anreicherung des Kohlenstoffes *Braunkohle* mit einem Kohlenstoffgehalt von 55–75% entsteht. Bei weiterem Fortschreiten dieses Prozesses kommt es zur Bildung von S., die weiter zu *Anthrazit* (92–96% Kohlenstoffgehalt) und schließlich zum *Graphit* (100% Kohlenstoff) umgewandelt werden kann. Voraussetzung für eine solche *Metamorphose* bis zu S. und Anthrazit sind hoher Druck und große Hitze, die bei Gebirgsbildungsvorgängen auftreten (→ Gestein). Berührung mit magmatischen Massen (→ Vulkanismus) kann die gleichen Voraussetzungen schaffen. Im allgemeinen geht diese natürliche Veredlung der Kohle mit dem geologischen Alter parallel, d. h. die S. ist meist älter als die Braunkohle. In Europa findet sich die S. hauptsächlich in den → Ablagerungen des oberen Karbons (→ Formation, Tab. 19). Die üppigen Sumpfwälder und Moore eines subtropischtropischen → Klimas, die sich entweder in Randsenken des Grenzbereiches zwischen Land und Meer *(paralische Becken)* oder in festländischen Becken *(limnische Becken)* entfalteten, wurden bei Landsenkung von Sedimenten überlagert und unter Sauerstoffabschluß zersetzt. Bei mehrfacher Landhebung oder -senkung oder bei Klimawechsel kam es zu wiederholter Moorbildung und zu wiederholter Ablagerung von Pflanzenmassen in sogenannten *Flözen,* die durch kohlearme oder kohlefreie Zwischenschichten voneinander getrennt sind.
Nach dem Anteil der S. an flüchtigen Stoffen und nach ihrem Verhalten bei Erhitzung unter Luftabschluß *(Verkokung)* unterscheidet man folgende Arten: Flammkohle (etwa 40% flüchtige Bestandteile), die sich als Heizkohle sehr gut eignet, für die Verkokung aber nicht gut verwendbar ist, da sie im Koksofen zerfällt, Gaskohle (etwa 35%), Fettkohle (25%), wegen ihrer guten Verkokbarkeit auch Kokskohle genannt, Eßkohle (17%), Magerkohle (8%), Anthrazit (5–10%).
Infolge von Gebirgsbildungsvorgängen wurden die tiefliegenden Steinkohlenflöze gehoben und oft zu einem System von *Sätteln* und Mulden aufgefaltet (→ Falte). Dies ist der Fall am Rand der Mittelgebirgs-

schwelle, die sich von Schottland über Frankreich, Belgien und Deutschland bis nach Osteuropa zieht. Im *Ruhrgebiet* (→ Rheinisch-Westfälisches Industriegebiet), das diesem System angehört, besitzt das flözführende Karbon eine Mächtigkeit von 3000 m, und es weist 75 abbauwürdige Flöze mit einer durchschnittlichen Höhe von 1,10 m auf. Die übrigen Steinkohlenreviere der Bundesrepublik Deutschland sind aus Tab. 45 zu

Tabelle 45 Steinkohlenförderung nach Revieren in der Bundesrepublik Deutschland

	Ruhr Mio t	%	Saar Mio t	%	Aachen Mio t	%	Niedersachsen Mio t	%
1950	103,3	82,2	15,0	11,9	5,5	4,3	2,0	1,6
1960	115,4	81,1	16,2	11,4	8,2	5,8	2,4	1,7
1970	91,1	81,8	10,6	9,5	6,9	6,2	2,8	2,5
1975	75,9	82,1	9,0	9,7	5,7	6,2	1,8	2,0
1976	72,8	81,6	9,3	10,4	5,4	6,0	1,8	2,0
1977	68,1	80,6	9,3	11,0	5,2	6,2	1,9	2,2
1978	67,1	80,3	9,3	11,1	5,0	6,0	2,1	2,6

(Zahlenangaben aus Diercke Weltstatistik 80/81, Braunschweig und München 1980, S. 19)

ersehen. Tab. 46 zeigt die wichtigsten Produktionsländer für S. Die S. fand erst spät als Energierohstoff Verwendung (→ Rohstoffe), sie war bis zum 18. Jh. nahezu unbekannt (→ Energiewirtschaft). Erst im Verlaufe der *industriellen Revolution* gewann sie an Bedeutung und ermöglichte bis zum Ersten Weltkrieg fast ausschließlich den steil ansteigenden Energieverbrauch. Nach dem Ersten Weltkrieg gewannen andere *Energieträger* wie → Erdöl und → Erdgas zunehmend an Bedeutung und verdrängten mit der Zeit die S. von ihrer Vormachtstellung auf dem Energiesektor. Nach 1950 betrug ihr Anteil am Weltenergieverbrauch 58%, 1960 lag er bei 44%, 1973 dagegen nur noch knapp 30%, in den westlichen → Industrieländern sogar nur noch bei 19% (→ Steinkohlenkrise). Erst nach 1973 begann man der Kohle wieder größere Bedeutung beizumessen, weil sie in den meisten westlichen *Industriestaaten,* die von der *Erdölkrise* stark betroffen waren, in großen Mengen vorhanden ist. In der Nachfrage nach S. treten am → Markt verschiedene Verbrauchergruppen auf, die die Kohle unterschiedlich nutzen:
1. Verwendung der S. zur Erzeugung von Wärme, die anschließend oft in *mechanische Energie* (Dampfmaschine) und weiter in *elektrische Energie (Wärmekraftwerk)* umgewandelt wird (→ Elektrizität). Für diese Verbrauchergruppe wird die Kohle im allgemeinen kaum weiterverarbeitet, eine Möglichkeit wäre das Pressen von Briketts,
2. Verwendung im Hüttenwerk, wobei die Kohle zuerst in Koks übergeführt werden muß. Dies geschieht in Kokereien, und die S. verliert bei diesem Vorgang etwa 30% ihres Gewichtes in Form von verschiedenen Gasen und flüchtigen Teeren, die früher ungenutzt blieben, heute jedoch als wertvolle Nebenprodukte zum großen Teil wieder genutzt werden,

Tabelle 46   Steinkohlenförderung nach Ländern

in Mio t	1965	1970	1975	1978
USA	475,3	550,4	568,0	566,6
Sowjetunion	397,6	432,7	540,0	501,5
China	299,0	330,0	470,0	635[1]
Polen	118,8	140,1	171,6	192,6
Großbritannien	190,0	144,6	127,8	123,5
Indien	67,2	73,7	95,9	101,5
Bundesrepublik Deutschland	135,1	111,3	92,4	86,9
Südafrika	48,5	54,6	69,5	85,6
Australien	30,1	44,3	61,2	79,9
Tschechoslowakei	27,6	28,2	28,1	28,3
Nordkorea	14,5	21,8	35,0	40,0[2]
Frankreich	51,3	37,4	22,4	19,6
Kanada	8,6	11,6	21,7	25,6
Japan	49,5	39,7	19,0	17,7
Südkorea	10,2	12,4	17,6	18,1
Spanien	12,9	10,8	10,6	12,0
Belgien	19,8	11,4	7,5	6,5
Übrige Länder	55,4	77,7	68,4	73,7
Insgesamt	2011,4	2132,7	2391,7	2632

[1] 1979 (einschließlich Braunkohle),   [2] 1976

(Zahlenangaben nach Diercke Weltstatistik 80/81, Braunschweig und München 1980, S. 229, und Fischer Weltalmanach '81, Frankfurt a. Main 1980, S. 834)

3. Verwendung als → Rohstoff zur industriellen Weiterverarbeitung in der *chemischen Industrie*. Solange in erster Linie die Kokereinebenprodukte Gas und Teer die Ausgangsrohstoffe waren, bestand eine enge Verbindung zu den Kokereien. In einem anderen Zweig der *Kohlechemie* wurde die S. jedoch von Anfang an als chemischer Rohstoff angesehen, aus dem neue Verbindungen geschaffen werden sollten. Dieser Industriezweig wurde vor allem in Deutschland entwickelt und sollte die Versorgungslücke an Erdöl und Erdgas überbrücken helfen. Die Erzeugung flüssiger Brennstoffe aus S. spielte vor allem im Zweiten Weltkrieg eine große Rolle, die Verfahren wurden später weiterentwickelt. Die Zukunftsaussichten, aus S. durch *Kohleverflüssigung* oder *Kohlevergasung* Benzin herzustellen, haben sich als Folge der Erdölpreisentwicklung seit 1978 deutlich verbessert.

Ein Zusammenwirken von Kohle und Atomenergie wird als aussichtsreich angesehen, da *Hochtemperaturreaktoren* (→ Kernenergie) neben der elektrischen Energie Prozeßwärme mit Temperaturen bis zu 1000 °C für chemische Prozesse (z. B. Kohlevergasung) liefern können.

Steinkohlenkrise: Absatzkrise im Steinkohlen-*Bergbau* Europas, besonders der Bundesrepublik Deutschland, die seit 1957/58 in den Steinkohlenrevieren (z. B. *Ruhrgebiet*, → Rheinisch-Westfälisches Industriegebiet, und Saarrevier) nachhaltige Auswirkungen hatte. Die Ursachen der Krise

sind sehr vielfältig. Nach dem Zweiten Weltkrieg schien der Bedarf an → Steinkohle auf Jahrzehnte hinaus die *Produktion* zu übersteigen. Um die für den industriellen Wiederaufbau notwendige Energieversorgung zu sichern (→ Energiewirtschaft), wurde die Steinkohlenförderung stark vorangetrieben (Bau neuer Schachtanlagen). Da die Bundesrepublik Deutschland aufgrund des *Montanunion*-Vertrages (→ EGKS) zur Lieferung von Steinkohle an die Mitgliedstaaten verpflichtet war, entstand auf dem deutschen → Markt ein starker Mangel, der durch langfristige Lieferverträge mit dem Ausland beseitigt werden sollte. Die Abschaffung des Heizölzolls sollte den neuen *Energieträger* → Erdöl wettbewerbsfähiger machen, um mit ihm die Energielücke zu schließen. 1956 war der Höhepunkt des Steinkohlenbedarfs erreicht. Sinkende Frachttarife führten zu einer Verbilligung der USA-Kohle unter den Preis der einheimischen Kohle, die Hüttenwerke als Hauptabnehmer der Steinkohle führten kokssparende Aufbereitungsverfahren ein, der Ausbau der Erdölgewinnung führte zu einem weltweiten Überangebot dieses Energieträgers bei niedrigen → Preisen, ein relativ milder Winter und eine weltweite *Stahlflaute* ließen die Nachfrage nach Kohle weiter sinken. Innerhalb kurzer Zeit war aus der Knappheit ein Überangebot geworden, das nicht mehr abgebaut werden konnte trotz vielfältiger Maßnahmen des Staates (Ablösung der Importverträge, Heizölsteuern) und der Zechen (Produktionseinschränkung durch Feierschichten, Reduzierung der Belegschaft). Es kam schließlich zu Zechenstillegungen, die der Staat durch Zahlung von Prämien förderte. Die dadurch ausgelöste Massenarbeitslosigkeit machte die rasche Schaffung von Arbeitsplätzen notwendig, um durch die Ansiedlung neuer Industriebetriebe die Wirtschaftskraft der Räume wieder zu festigen und zugleich zu verbessern. Alle Bemühungen zielten auf die Schaffung einer möglichst vielseitigen Mischstruktur des Industriegefüges hin. Sie ist dort an die Stelle der früheren → Monostruktur getreten, wo ganz neue Fabrikationszweige erfolgreich angesiedelt werden konnten. Für den Steinkohlenbergbau und die weiter fördernden Zechen bedeutete der nachhaltige Marktdruck seit 1957 Zwang zur Förderungsanpassung an die ausländische Konkurrenz und Leistungssteigerung durch Rationalisierung und Mechanisierung. Benachbarte Zechen wurden zusammengelegt, der Abbau erfolgte nur noch an wenigen Großabbaupunkten, und durch Vollmechanisierung wurde die Schichtleistung auf von ca. 2000 kg (1969) auf ca. 4500 kg (1976) je Mann unter Tage erhöht. Der Bedeutungsverlust der Steinkohle als Energieträger hatte zur Folge, daß die Kohleveredlung verstärkt betrieben wurde, d. h. daß die Steinkohle als → Rohstoff der Kohlechemie zugeführt wurde.
Infolge der *Erdölkrise* (→ OPEC) seit 1973 hat die Steinkohle als Energieträger und damit der Steinkohlenbergbau wieder an Bedeutung gewonnen.

Steinpflaster: Anreicherung von Steinen an der Erdoberfläche durch → Deflation. Das S. entsteht durch ständige Staub- und Sandauswehung, wobei am Ausblasungsort grobes, nicht verwehtes Material zurückbleibt, welches häufig Einwirkungen durch → Korrasion zeigt. S. sind vornehmlich in den Trockengebieten der Erde verbreitet; so sind z. B. die auf den großen Schwemmflächen der Wüstenbecken entstandenen Regs der westlichen und Serire der östlichen Sahara *(Kieswüsten)* sowie die von Blöcken und großen Gesteinsscherben übersäten *Tafellandwüsten* der Hammadas entscheidend durch die Deflation mitgeprägt worden. Die S. sandiger → glazialer → Ablagerungen (→ Akkumulation) entstanden während der trockenkalten Perioden des Eiszeitalters, als keine schützende Vegetationsdecke vorhanden war (LOUIS 1968).

Steinpolygon → Frostboden
Steinring → **Frostboden,** → Solifluktion
Steinschlag → Abtragung
Steinstreifen → **Frostboden,** → Solifluktion
Stellglied → kybernetische Mechanismen in der Ökologie
Stellgröße → kybernetische Mechanismen in der Ökologie
stenök → ökologische Valenz
Sterberate → **Bevölkerungsentwicklung,** → generative Struktur, → Smog
Steuerung → kybernetische Mechanismen in der Ökologie

Stickstoffkreislauf: Beim S. steht ein großer gasförmiger Vorrat an Luftstickstoff (N_2) in der → Atmosphäre im Mittelpunkt, „dessen Zyklus durch vielfältige Rücklaufmechanismen gekennzeichnet ist. Gerade diese Rückkoppelungen an verschiedenen Stellen des Kreislaufs garantieren die weitgehende Unabhängigkeit und Vollständigkeit der Stickstoffumsetzung und -erneuerung im Rahmen des biologischen Systems" [9d].
Die wichtigsten an der Zusammensetzung der Lufthülle beteiligten Stoffe sind Stickstoff (N_2) mit 78,1% und Sauerstoff (O_2) mit 20,94%. Durch Energieentladungen in der Atmosphäre (Blitz, → Gewitter) werden aus dem Luftstickstoff nicht unbeträchtliche Mengen von Stickoxiden gebildet, die mit dem *Regen* in den → Boden gelangen.
Stickstoffbindende Mikroorganismen wie die Knöllchenbakterien der Leguminosen (→ heterotrophe Organismen) vermögen den Luftstickstoff in Eiweißstoffe zu überführen, was sich die → Landwirtschaft durch die *Gründüngung* zunutze macht, um dem Boden genügend Stickstoff zuzuführen. Weitere Stickstoffdefizite werden dadurch ausgeglichen, daß man zusätzlich Stickstoffdünger *(Nitrate)* in den Boden gibt. Durch die künstliche Zufuhr von Nitraten kann der S. durch den Menschen überlastet werden. „Schon macht sich in zahlreichen Gewässern und Trinkwasserquellen eine beunruhigende Zunahme des Nitratgehaltes bemerkbar" [34d] (→ Eutrophierung; → stehende Gewässer).
Der größte Teil des Stickstoffs bleibt in der Luft oder im → Gestein für die Organismen unzugänglich. In begrenztem Umfang wird der → Biosphäre Stickstoff über den Harnstoff, die Harnsäure und andere stickstoffhaltige Exkrete zugeführt.
Beim Aufbau der Organismen nimmt der Stickstoff eine Schlüsselstellung ein, auch wenn er nur 0,15% (Baumstämme) bis höchstens 6% (Algen)

Steinpolygon

der pflanzlichen Trockensubstanz ausmacht. Nach TSCHUMI (1976) besteht die Trockensubstanz von Eichenblättern aus 2,5%, von Brennesseln aus ca. 4% Stickstoff. „Der Stickstoff wird von der Pflanze hauptsächlich für den Aufbau von Blättern mit großen, plasmareichen Zellen benötigt" [37]. Eiweiß ist eine typische organische Stickstoffverbindung. Mit den abgestorbenen Pflanzenteilen oder mit tierischen Substanzen gelangt der Stickstoff in organisch gebundener Form in den Boden (s. auch → Stoffkreisläufe in der Biosphäre).

Stirnmoräne → Moräne

Stoffkreisläufe in der Biosphäre: Die Organismen sind in der → Biosphäre durch *Kreislaufprozesse* in vielfältiger Weise miteinander verknüpft. Diese sind wiederum Bestandteil der zwischen → Lithosphäre, → Atmosphäre und → Hydrosphäre ablaufenden Stoffkreisläufe der Erde. Damit die Kreisläufe nicht in sich zusammenbrechen, muß eine möglichst ständige Rückgewinnung der für die einzelnen Organismen lebensnotwendigen Stoffe garantiert sein. „In allen Kreisläufen wandern die Stoffe zwischen den Lebewesen und der abiotischen Umwelt" [12f].
Die notwendige *Energie* zur Aufrechterhaltung der Prozeßabläufe fließt wie in einer „Einbahnstraße" – den → Nahrungsketten entlang – in einem einseitig gerichteten Energiestrom, der auf ständige Nachlieferung angewiesen ist. Die Energie wird in Form der Sonnenenergie von außen zugeführt (→ Photosynthese). → Produzenten, → Konsumenten und → Destruenten besorgen den Stoffumsatz im → Ökosystem (Abb. 104).

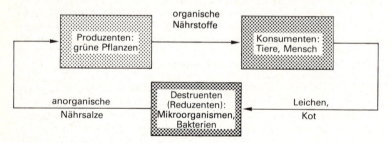

Abb. 104 Nährstoffkreislauf im Ökosystem
(nach KIEKUTH 1973 bzw. H. HENDINGER, Landschaftsökologie, Westermann-Colleg Raum und Gesellschaft, Heft 8, Braunschweig 1977, S. 38; verändert)

Die Verfügbarkeit von Wasser (→ Wasserkreislauf) als Lösungs- und Transportmittel sowie als Ionenlieferant für die chemischen Prozesse kann als eine der grundlegenden Voraussetzungen für die Entstehung und die Existenz von Leben auf der Erde betrachtet werden. Wasser ist stofflicher Hauptbestandteil (zwischen 60% und 99%) in allen Organismen.

Beim → Stickstoffkreislauf ergeben sich für die Lebewesen insofern Schwierigkeiten, als der größte Teil des Stickstoffs in der Luft oder im → Boden für sie unzugänglich bleibt.
Da der Mensch die → fossilen *Primärenergieträger* → Steinkohle, → Erdöl und → Erdgas in immer stärkerem Maße zur Energiebedarfsdeckung heranzieht (als Brennstoffe, Treibstoffe; → Energiewirtschaft), gelangen immer größere Mengen von CO_2 in die Atmosphäre (→ Kohlenstoffkreislauf).
Der Phosphorverlust in der Biosphäre wird z. T. durch die Organismen selbst und durch Austauschströme im Meer aufgehalten (→ Phosphorkreislauf).
Die S. werden durch die klimatischen Einflüsse (→ Klima) und die → Verwitterung von Gesteinsmaterial genauso wie durch menschliche Eingriffe z. B. in den Mineralhaushalt (→ Mineralien) auch von außen mitgesteuert, „so daß es sich nicht um völlig geschlossene, sondern um offene Systeme handelt" [9e]. Die räumliche Verteilung der Organismen auf der Erde ist in Abb. 105 dargestellt.
Die S. können durch anthropogene Einflüsse erheblich verändert bzw. sogar außer Kraft gesetzt werden. „Der Mensch ändert die Kreisläufe dadurch, daß er zusätzliche Stoffmengen, die aus der Erdtiefe gefördert werden, oder nicht natürlich vorkommende Substanzen, die er synthetisch gewinnt, in die Kreisläufe einführt. Dadurch setzt er sich selbst der Gefahr aus, daß seine Materialquellen mit der Zeit versiegen oder zu hohe Konzentrationen der betreffenden Substanzen ihn toxisch schädigen" [40a].
Beispiel: Düngung und → Eutrophierung der Gewässer (→ Fließgewässer, → stehende Gewässer): Der für die 14,5 Mio ha → landwirtschaftlicher Nutzfläche der Bundesrepublik Deutschland benötigte jährliche Düngemittelbedarf wird auf rd. 450000 t geschätzt. Tatsächlich werden aber ca. 1 Mio t allein an Stickstoffdünger verwendet. Über die Hälfte der Düngemittel wird somit nutzlos verschwendet.
Da die Pflanzen die Überdosis an Dünger nicht binden können, wird er mit dem Wasser fortgespült. Dies ist besonders bei *humus*armen Böden der Fall. Der Anteil an Mineraldünger, der infolge Überdosierung die Pflanze nicht erreicht, gelangt somit in Seen und Flüsse, wo durch die übermäßig gesteigerte Nährstoffzufuhr die pflanzlichen Organismen in ihrem Wachstum stark gefördert werden. Die so vermehrte *Phytomasse* sinkt schließlich im Gewässer ab, wobei beim Abbau Sauerstoff verbraucht wird, so daß diese Bereiche für andere Organismen, z. B. für die vom Menschen genutzten Fische, unbrauchbar werden.
Infolge der erhöhten Nährstoffversorgung des Gewässers kann dieses – vor allem in den ufernahen Zonen – auch langsam verlanden (→ Sukzession). Die Verwendung übergroßer Mengen an Mineraldünger führt zu einer ökologisch bedenklichen Situation. „Die Ackerbaurevolution hat dem Menschen eine enorme Steigerung seiner Nahrungsmittelproduktion gebracht, ist aber ein Eingriff in die Stoffkreisläufe der Erde" [40b] (→ kybernetische Mechanismen in der Ökologie).

Stoffkreisläufe in der Biosphäre

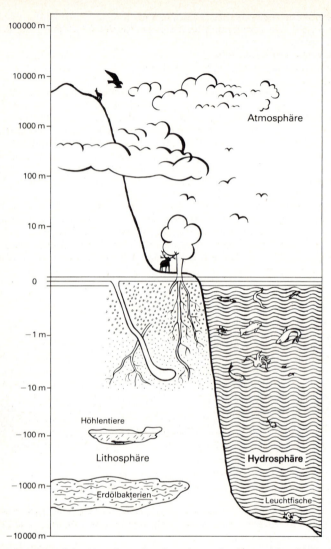

Abb. 105 Räumliche Verteilung der Organismen in Atmosphäre, Lithosphäre und Hydrosphäre. Senkrechte Achse logarithmisch von 10 m bis 100000 m und von −1 m bis −10000 m
(nach STUGREN 1972 bzw. Funkkolleg Biologie, Studienbegleitbrief 9, Weinheim und Basel 1974, S. 17; verändert)

Stolypinsche Agrarreform → Mir-System
Störgröße → **kybernetische Mechanismen in der Ökologie,** → Standortfaktoren
Stoßkuppe → Plutonismus
Strahlstrom → planetarische Frontalzone

Strahlung: Übertragung von *Energie* durch elektromagnetische Wellen. Der überwiegende Teil der atmosphärischen Energie (→ Atmosphäre) entstammt der S. der Sonne. Dieser *Einstrahlung (Insolation),* die eine Wärmeaufnahme durch Erdoberfläche bzw. Atmosphäre bewirkt, steht die *Ausstrahlung,* also eine Wärmeabgabe, gegenüber. Während die Einstrahlung sich je nach Sonnenstand stark verändert und nachts gleich 0 wird, findet die Ausstrahlung ständig und in allen Erdregionen in nahezu gleichem Maße statt. Aus der Kenntnis beider Größen läßt sich die *Strahlungsbilanz* für einzelne Erdregionen aufstellen.

An der Obergrenze der Atmosphäre wird bei senkrechter Bestrahlung jeder Flächeneinheit eine im ganzen gleichbleibende Energiemenge zugeführt, die als *Solarkonstante* bezeichnet wird. Sie beträgt ca. 8,11 J/cm^{2}min und schwankt lediglich in Abhängigkeit von der unterschiedlichen Entfernung der Erde zur Sonne (Perihel, d. h. Sonnennähe, am 3. Januar; Aphel, d. h. Sonnenferne, am 3. Juli).

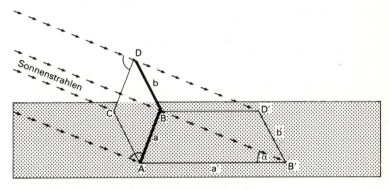

A B C D = senkrecht bestrahlte Fläche (Seiten a bzw. b)
A B' C D' = Projektion auf Erdoberfläche (Seiten a' bzw. b')

Abb. 106 Minderung der Strahlungsintensität bei schrägem Einfall der Strahlen (nach R. SCHERHAG/H. BLÜTHGEN, Klimatologie, Braunschweig 1973[7], S. 44)

Die von der Sonne ausgesandte S. hat ihr Intensitätsmaximum im Bereich des sichtbaren Lichts (56% der *Strahlungsenergie*), umfaßt aber auch die langwellige, unsichtbare infrarote (IR-) *Wärmestrahlung* (36%) und die photochemisch wirksame ultraviolette (UV-) Strahlung (8%) (→ Photo-

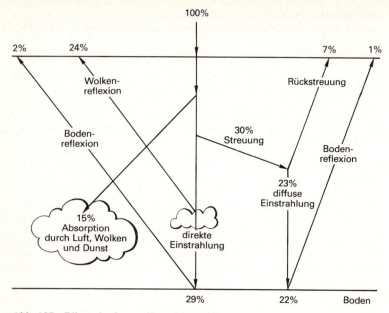

Abb. 107 Bilanz der kurzwelligen Einstrahlung
(nach R. SCHERHAG/J. BLÜTHGEN, Klimatologie, Braunschweig 1973[7], S. 47)

synthese). Die UV-Strahlung wird bereits in der *Stratosphäre* durch die *Ozonschicht* größtenteils absorbiert (→ Absorption). Aber auch von der übrigen S. erreicht nur ein relativ geringer Teil ungehindert den Erdboden. Die direkte und die *diffuse Reflexion* (→ Reflexion) sowie die → Absorption durch Luftteilchen, → Aerosole und → Wolken bewirken, daß im Durchschnitt nur ca. 51% der kurzwelligen Sonnenstrahlung den Erdboden erreichen. Davon wird wieder ein nach der Oberflächenbeschaffenheit unterschiedlicher Prozentsatz direkt oder diffus reflektiert (→ Albedo). Der verbleibende Strahlungsanteil wird in einer dünnen Schicht der Erdoberfläche (bei festen Gesteinsoberflächen unter 2 mm) absorbiert, d. h. in *thermische Energie* umgewandelt. Die Absorptions- und Reflexionsfähigkeit einer Oberfläche bestimmt deren Farbe und Helligkeit. Ein Körper, der annähernd die gesamte Lichtstrahlung absorbiert, erscheint schwarz, ein Körper, der Strahlen aller Bereiche des sichtbaren Lichts reflektiert, weiß.

Im Gegensatz zur Einstrahlung umfaßt die Ausstrahlung nur den Bereich der unsichtbaren IR-Strahlung. Da sie insbesondere durch Wasserdampf und Wolkentröpfchen stark absorbiert und teilweise als *Gegenstrahlung* zum Erdboden zurückgesandt wird, bleibt dem Planeten Erde insgesamt mehr Wärme erhalten, als dies ohne Atmosphäre der Fall wäre. Hauptsächlich in feuchten → Luftmassen wirkt dieser *„Glashauseffekt"* der Atmosphäre wärmespeichernd und temperaturausgleichend (→ Lufttemperatur). Da auch CO_2 IR-Strahlen absorbiert, verstärkt erhöhter CO_2-Gehalt der Luft den Glashauseffekt. Im → Stadtklima mit seinen zahlreichen Verbrennungsprozessen (→ Industrie, Haushalte, → Verkehr) entsteht so ein zusätzlicher strahlungsbedingter Wärmeüberschuß.

Strahlungsbilanz → solares Klima, → **Strahlung**
Strahlungsenergie → Bestandsklima; → **Energiewirtschaft;** → **Strahlung**
Strahlungsinversion → Inversion
Strahlungsnebel → Kondensation
Strahlungswetter → Inversion, → Stadtklima, → **Wetter**
Strandterrasse → Terrasse

Strandverschiebung: Verlagerung der Strandlinie (s. auch → Küste). Das mit Landverlust verbundene Vordringen des Meeresstrandes bezeichnet man als *positive Strandverschiebung* (→ Transgression), das mit Landgewinn verbundene Zurückweichen der Strandlinie als *negative Strandverschiebung* (→ Regression). Ursache der S. sind *isostatische Ausgleichsbewegungen* (→ Isostasie), → eustatische Meeresspiegelschwankungen und epirogenetische Vorgänge (→ Epirogenese).

Stratigraphie → Geologie
Stratocumulus → Wolken
Stratosphäre → **Atmosphäre,** → Strahlung
Stratovulkan → Vulkan
Stratus → Wolken
Streifenflur → Flurformen

Streusiedlung: Ländliche Siedlungsform, bei der → Einzelsiedlungen und kleine → Gruppensiedlungen vermischt auftreten. Die lange Beibehaltung des *Hofrechts* (Recht, das die Verhältnisse zwischen Grundherrn und abhängigem Bauern regelte) verhinderte in Nordwestdeutschland die Entstehung geschlossener Dörfer, so daß hier die S. mit Einzelhöfen und Hofgruppen (→ Drubbel) charakteristischer Siedlungstyp wurde. Das hier gleichzeitig vorherrschende → Anerbenrecht wirkte der späteren Verdichtung entgegen.

Strichdüne → Dünen
Stromstrich → **Fluß,** → Mäander
Strukturboden → **Frostboden,** → Solifluktion
Stufenbildner → Schichtstufe
Stufenstirn → Schichtstufe
Sublimationswachstum → **Niederschlag,** → **Sublimation**

Sublimation: Der unmittelbare Übergang des gasförmigen Wasserdampfes in die feste Eisphase und umgekehrt; kommt in der → Atmosphäre relativ selten vor, da die wirksamsten *Kondensationskerne* (→ Kondensation) wasserlösliche Salze sind, die mit dem angelagerten Wasser, auch bei negativen → Lufttemperaturen, wäßrige Lösungen in kugeliger Form bilden. Der Sublimationsprozeß setzt Kristallisationskerne *(Eiskeime)* voraus, die dem Eiskristall isomorph sind. Sie sind in der Atmosphäre sehr selten. In Mischwolken (→ Wolken) allerdings wachsen vorhandene Eiskristalle durch S. auf Kosten der Wassertröpfchen rasch an (*Sublimationswachstum*, → Niederschlag). Nicht mit der S. zu verwechseln ist das Gefrieren flüssiger Wolkentröpfchen, das bei etwa −14 °C einsetzt und bis −40 °C alle flüssigen Teilchen erfaßt, so daß es bei niedrigeren Temperaturen nur noch reine Eiswolken gibt (WEISCHET 1977).

subpolare Tiefdruckrinne → Aktionszentren, → **Luftdruckgürtel,** → Zirkulation der Atmosphäre
subpolarer Tiefdruckgürtel → Luftdruckgürtel
Subsistenzwirtschaft → Wirtschaft
Substitution → Aluminium
Subtropenhoch → **Luftdruckgürtel,** → planetarische Frontalzone, → Zyklone
subtropisch-randtropischer Hochdruckgürtel → Aktionszentren, → **Luftdruckgebilde,** → **Luftdruckgürtel,** → Monsun, → Niederschlagsverteilung, → Zirkulation der Atmosphäre, → Zyklone

Subvention: Zweckgebundene finanzielle Unterstützung des Staates, die dieser Einzelpersonen, Personengruppen, Unternehmern, aber auch ganzen Wirtschaftszweigen oder Räumen zugute kommen läßt. Zweck dieser Zahlungen ist die Erhaltung, Verbesserung oder Steigerung der Produktivität und der gesamtwirtschaftlichen Leistungen (→ Volkswirtschaft). In der Bundesrepublik Deutschland ist die → Landwirtschaft Empfänger erheblicher Subventionszahlungen mit dem Ziel ihrer strukturellen Verbesserung (→ Agrarpolitik).

Subvulkanismus → Plutonismus
Südföhn → Föhn

Sukzession: Als offene Systeme sind → Ökosysteme ständigen quantitativen und qualitativen Veränderungen unterworfen, wobei verschiedene Stadien einander ablösender Lebensgemeinschaften (→ Biozönosen) (sukzessiv) aufeinander folgen. Es handelt sich meist um vieljährige Entwicklungsprozesse mit einem bestimmten Ausgangsstadium, verschiedenen Zwischenphasen und einer stabilen Endphase (→ Klimaxgesellschaft).
Bei einer Trockenrasengesellschaft als Ausgangsstadium z. B. führt die progressive Entwicklung über Gebüschstadien (Schlehen-, Haselgebüsch) als Zwischenphasen zum Eichen-Hainbuchenwald *(Querco-Carpinetum),* der die Abschlußgesellschaft bildet. Die Abfolge der verschiedenen Sta-

dien im Zusammenhang mit der (Erst- bzw. Wieder-) Besiedlung vorher vegetationsloser Flächen (z. B. von Lavafeldern, Gletscherrückzugsgebieten, verlandenden Seen) wird als *Primärsukzession (natürliche S.)* bezeichnet. Solche natürlichen S.en sind z. B. auch → Pflanzenformationen, die am gleichen Ort einander ablösen.

S.en sind auch auf solchen Flächen zu beobachten, die der Mensch vorübergehend von der Vegetation befreit und anschließend sich selbst überlassen hat (z. B. Kahlschläge im *Wald* (→ Forstwirtschaft), nicht mehr genutztes Grünland, aufgelassene Äcker, → Sozialbrache). In diesem Fall spricht man von *Sekundärsukzessionen* oder von *anthropogen bedingten Sukzessionen*. Die einzelnen aufeinanderfolgenden Biozönosen besitzen eine unterschiedliche Konkurrenzkraft. Bestimmte Arten werden verdrängt, andere erscheinen neu und können sich behaupten (→ Wettbewerbsfaktoren in Ökosystemen). Der stabile Endzustand der Vegetation in Mitteleuropa ist überwiegend der *Wald*.

Sumpfreis → Reis

Symbiose (griech. symbiosis: Zusammenleben): Die gesetzmäßige – zeitweilige oder dauernde – Vergesellschaftung artverschiedener Organismen zum beidseitigen Nutzen (z. B. die S. zwischen Einsiedlerkrebs und Seerose; Verdauungssymbiosen zwischen Pflanzenfressern und ihren Darmbakterien) (→ Wettbewerbsfaktoren in Ökosystemen).

Synklinale → Falte
Synklinaltal → Tal
Synökologie → Ökologie
synoptische Wetterkarte → Wetterkarte
synthetische Geomorphologie → Geomorphologie
System-Ökologie → Ökologie, → ökologische Landschaftsforschung

T

Tafellandwüste → Steinpflaster
Tafelvulkan → Vulkan
Tagesganglinie → Stadt-Umland-Bereich, → Tag- und Nachtbevölkerung, → Viertelsbildung
Tageszeitenklima → Klima, → Lufttemperatur, → tropischer Regenwald
Tageszeiten-Solifluktion → Solifluktion

Tag- und Nachtbevölkerung: Begriffspaar, das innerhalb der → Stadtgeographie zur Abgrenzung der → City herangezogen wird. Die Bevölkerungsentleerung des *Stadtkerns* als Folge von dessen Funktionswandel bezieht sich lediglich auf die Wohnbevölkerung, nicht aber auf Erwerbsbevölkerung sowie Bildungs- und Einkaufspendler (→ Pendler, → Stadt-Umland-Bereich), die sich zeitweilig in der City aufhalten. Zur Differenzierung dieser Gruppen unterscheidet die Fachliteratur zwischen Tag-(Arbeits-)bevölkerung und Nacht-(Wohn- oder Schlaf-)bevölkerung. Je größer der Verhältniswert von Tag- zu Nachtbevölkerung (*Wohnindex*) ist, um so weiter ist die → Citybildung vorangeschritten. Nach dieser Definition hätte die Entwicklung ihren Endpunkt erreicht, wenn in der City selbst keine eigentliche Wohnbevölkerung mehr ansässig wäre.
Unberücksichtigt bleibt dabei die Tatsache, daß sich nachts in der City nicht nur Wohnbevölkerung, sondern auch Arbeitsbevölkerung aufhält, die ihren Beruf ausschließlich in der City ausüben kann (City als Kultur- und Vergnügungsviertel mit Theatern, Kinos, Gaststätten usw., → Viertelsbildung).
Die *Tagesganglinien* des → Verkehrs zum Zwecke des Vergnügens spiegeln mit ihrem citygerichteten Verkehrsstrom mit der Spitze gegen 20.00 Uhr diesen Sachverhalt deutlich wider. Städte, deren Hafenanlagen wenigstens teilweise zum Citybereich gehören (z. B. Hamburg), haben sogar einen ziemlich großen Anteil an Nachtbevölkerung in diesem Bereich, die zugleich als Arbeitsbevölkerung einzustufen ist. Wegen solcher Überschneidungsmöglichkeiten scheint die einfache Unterscheidung zwischen Tag- und Nachtbevölkerung definitorisch fragwürdig und wird für die Abgrenzung der City problematisch.

Taifun → Monsun, → **Wirbelstürme, tropische**
Take-Off-Society → Entwicklungsländer

Tal: Langgestreckte offene Hohlform, die vom fließenden Wasser (→ Fluß, → Erosion) geschaffen wurde. Die morphologischen Hauptelemente sind der *Talboden* (Talgrund, Talsohle), auf dem das Gewässer fließt, und die *Talhänge* (Talwände), die das T. auf beiden Seiten einfassen.
Erosion und Hangabtragung (→ Denudation), die ihrerseits wieder von

vielen Faktoren abhängen (z. B. von klimatischen Verhältnissen, → Tektonik, Gesteinsbeschaffenheit, Flußgefälle), bedingen eine unterschiedliche Gestaltung von Talboden und Talhängen, so daß verschiedene Talquerschnitte bzw. *Talformen* entstehen (Abb. 108). Bei besonders starker Tiefenerosion und geringer Hangabtragung bilden sich in standfesten → Gesteinen entweder eine *Klamm* oder eine *Schlucht* heraus. Kennzeichnend für die *Klamm* sind die nahezu senkrechten, oft sogar überhängenden Wände, die noch die Spuren der raschen Erosion tragen (z. B. Strudellöcher), und das enge Flußbett, das den gesamten Talboden ausfüllt (Beispiel: Partnach-Klamm bei Garmisch-Partenkirchen). Bei der *Schlucht* sind die Hänge durch die Denudation bereits etwas abgeschrägt. (Beispiel: Aare-Schlucht in der Schweiz).

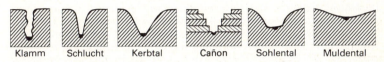

Klamm   Schlucht   Kerbtal   Cañon   Sohlental   Muldental

Abb. 108 Talformen
(nach E. NEEF, Das Gesicht der Erde. Taschenbuch der Physischen Geographie, Zürich und Frankfurt/M 1974[3], S. 814)

Bei gesteigerter Hangabtragung und gleichzeitig anhaltender Tiefenerosion entwickeln sich *Kerbtäler* mit einem V-förmigen Querschnitt (*V-Tal*). Die Wände sind z. T. schon erheblich abgeflacht, doch nimmt der Wasserlauf fast noch die gesamte Breite des Talbodens ein. Als Sonderform, die besonders in trockenen und vegetationsärmeren Gebieten gut ausgeprägt ist, ist die tief eingeschnittene Form des *Cañon* (Canyon) anzusehen, die bei wechselnd harten und weichen Gesteinsschichten besonders in Tafelländern auftritt (Beispiel: Colorado-Cañon in Arizona).
Bei nachlassender Tiefenerosion und verstärkter Seitenerosion verbreitert sich das Flußbett, und eine ebene Talsohle bildet sich aus (*Sohlental*). Durch Hangunterschneidung ist die Talsohle meist deutlich gegen die Talwände abgesetzt. Mit zunehmender Sohlenbreite und Verflachung der Hänge entwickelt sich schließlich ein *Muldental*. Die Talwände werden nach unten immer sanfter und gehen schließlich unmerklich in den Talboden über.
Die Systematisierung der Talformen der Tropen ist schwieriger als diejenige der mittleren Breiten, wo die Terminologie der Talformen entwickelt wurde. In den Tropen sind Talboden und Talhänge infolge der intensiven *chemischen Verwitterung* (→ Verwitterung) bzw. infolge der *Flächenspülung* (→ Abspülung) häufig ohne Übergang ausgebildet, so daß ganz flache Hohlformen wie *Flachmuldentäler* oder *Spülmulden* charakteristisch sind. Bei einem stärkeren Relief treten allerdings auch andere Talformen, wie z. B. Kerbtäler, auf.
Folgt ein T. dem Streichen eines Gebirges, so wird es als *Längstal* bezeichnet; verläuft es quer zur Streichrichtung und durchbricht es eine Gebirgs-

kette, so wird es zum *Quertal* oder *Durchbruchstal*. Viele Hochgebirgstäler der Alpen (z. B. Inn, Salzach, Drau, Enns) haben nach längeren Längstalstrecken kurze Quertalstrecken.

Bezieht man die Talrichtung auf den geologischen bzw. geotektonischen Bau, so kann man zwischen konkordanten und diskordanten (→ Diskordanz) Tälern unterscheiden. Zu den konkordanten Tälern gehören die *Spalten-* und *Klufttäler,* bei denen aufgerissene Klüfte den Flüssen den Weg durch das Gebirge vorgezeichnet haben, oder *Synklinaltäler,* die einer geologischen *Mulde* (→ Falte) bzw. einem geologischen Graben (→ Verwerfung) folgen (z. B. das Oberrheintal). Zu den diskordanten Tälern, die im Widerspruch zum geologischen Bau stehen, gehören die *Antiklinaltäler,* die auf einem geologischen *Sattel* (→ Falte), einer *Antiklinale,* verlaufen.

In Abhängigkeit von bestimmten geologisch-tektonischen Voraussetzungen entwickeln sich antezedente und epigenetische Täler (Abb. 109). Bei den *Antezedenztälern* existierte der *Flußlauf* bereits, bevor sich das Gebirge emporwölbte. Das Einschneiden des Flusses durch Tiefenerosion konnte mit der langsam erfolgenden Hebung des Gebirges Schritt halten (z. B. Maintal im Spessart, Neckartal im Odenwald, Donautal am „Eisernen Tor" im Karpatenbogen). Von *epigenetischer Talbildung* spricht man, wenn ein Flußtal aus höherem Geländeniveau in wenig widerstandsfähigen Deckschichten, die ein älteres Gebirgsrelief verhüllten, angelegt war, und bei Neubelebung der Erosion der Fluß einschneiden und die darunter liegende härtere Gesteinsschwelle durchsägen mußte. Dabei wurden die weicheren Deckschichten ganz oder teilweise ausgeräumt und das Altrelief herauspräpariert. Zu den bekanntesten deutschen Beispielen für eine Talepigenese gehört das Donautal bei Kehlheim.

epigenetisches Durchbruchstal   antezedentes Durchbruchstal

Abb. 109 Entstehung des epigenetischen und des antezedenten Durchbruchtals (nach W. PANZER, Geomorphologie. Das Geographische Seminar, Braunschweig 1970[3], S. 141)

Sonderformen der Talbildung treten im → Karst auf, wo der Fluß in Spalten und Höhlen Wasser verlieren und sich unterirdisch fortsetzen kann. Das T. endet dann als *Blindtal*. Vielfach sind die Täler in Karstgebieten auch ohne fließendes Gewässer; der frühere Fluß ist versiegt, so daß ein *Trockental* entstanden ist. Die Bildung ist nicht allein an Karstgebiete gebunden, auch andere Ursachen lassen Trockentäler entstehen, z. B. Verminderung der Wasserführung aus klimatischen Gründen, Senkung des Grundwasserspiegels (→ Grundwasser), Veränderungen der Vegetation.

Auch in ehemals vergletscherten Gebieten (→ Gletscher) sind Sonderformen der Talbildung vorhanden. Zu ihnen gehören vor allem → Trogtal, → Urstromtal und → Hängetal.

TA-Lärm → Lärmschutzmaßnahmen
Talboden → Hängetal, → **Tal**, → Terrasse
Talengenlage (von Städten) → Stadtlage
Talformen → Tal
Talgletscher → Gletscher
Talhang → Tal
Talmäander → Mäander
Talnebel → Wetter
Talterrasse → Terrasse
TA-Luft → Belastungsreduktion, → Immissionen
Talwind → Berg- und Talwind
Tanker → Erdöl
Taschenboden → Frostboden
Tau → Kondensation, → Luftfeuchte, → **Niederschlag**, → Verwitterung, → Wetter
Taupunkt → **Kondensation**, → Luftfeuchte, → Niederschlag
technische Arbeitsteilung → Arbeitsteilung
technische Hilfe → **Entwicklungsländer**, → FAO
Teichwirtschaft → Fischereiwirtschaft
Tektogenese → Epirogenese, → **Orogenese**

Tektonik: Lehre vom Bau der *Erdkruste,* insbesondere die Lehre von den Bewegungsvorgängen, die die Entstehung der heutigen Oberflächenformen bewirkten. Zur Erklärung der tektonischen Prozesse sind zahlreiche geotektonische Theorien entwickelt worden, z. B. die *Unterströmungstheorie,* die *Kontinentalverschiebungstheorie* und die Theorie der *Plattentektonik.*
Die *Unterströmungstheorie,* die auf O. AMPFERER (1906) zurückgeht und von anderen Forschern weiterentwickelt wurde, erklärt die Bewegungen von Erdkrustenteilen durch Strömungen in den zähplastischen *Magma*massen an der Untergrenze der Erdkruste. Es handelt sich um *Konvektionsströme,* durch die Wärme aus dem Inneren der Erde nach außen abgeführt wird. Durch Abkühlung an der Erdoberfläche, besonders unter den dünnen Ozeanböden, und fortgesetzte Zufuhr neuer Wärme von innen her werden die Strömungen in Gang gehalten. Dabei entstehen selbständige, in sich geschlossene Strömungskreise, die mehr oder weniger gleichmäßig über den Erdkörper verteilt sind. Dort, wo zwei Strömungswalzen aufsteigen und seitlich auseinanderweichen, werden die Krustenteile gehoben, gedehnt und zerrissen; dort, wo die Strömungen nach unten absteigen, werden die Krustenteile durch Saugwirkung nach unten gezogen, wodurch eine *Geosynklinale* und später ein *Faltengebirge* entstehen.
Die *Kontinentalverschiebungstheorie* von ALFRED WEGENER (1915) geht davon aus, daß eine ehemals zusammenhängende Kontinentmasse –

der Südpol-Urkontinent *Pang(a)ea* – in Teilkontinente zerbrochen ist. Die Kraft der Polflucht und die Westdrift führten zu Horizontalverschiebungen der leichteren Landteile auf den zähplastischen *Sima*massen (→ Schalenbau). Die Ozeanböden sind aus den Spalten der sich voneinander entfernenden Kontinente hervorgegangen.

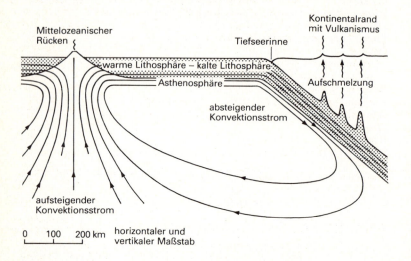

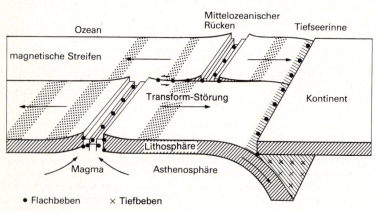

Abb. 110 Plattengrenzen (mittelozeanische Rücken, Transform-Störungen, Tiefseerinnen) und Erdbeben-Verteilung
(nach J. LOESCHKE, Das Konzept der Plattentektonik, in: Geographische Rundschau 8/1976, Braunschweig 1976, S. 313)

Unter dem Begriff *Plattentektonik* faßt man die neuen Erkenntnisse über die Großstrukturen der Erde und ihre Bewegungsmechanismen zusammen (LOESCHKE 1976). Voraussetzung für diese Theorie ist die Erkenntnis, daß die Erdkruste sich aus verschiedenen Großplatten (z. B. eurasiatische Platte, nordamerikanische Platte, pazifische Platte) zusammensetzt, an deren Grenzen Bewegungsvorgänge stattfinden. Die Bewegungen gehen von den mittelozeanischen Rücken nach außen zu den Kontinentblöcken. Durch Aufsteigen von Material aus dem *Erdmantel* unter den Rücken erfolgt eine Neubildung und Verbreiterung der Ozeanböden, denen eine Verschluckung von Material in ähnlicher Größenordnung im Bereich der Tiefseerinnen gegenübersteht (Abb. 110). Der Materialaustausch setzt Gleitbewegungen auf einem zähplastischen Erdmantel voraus. Mit Hilfe der Plattentektonik lassen sich endogene Vorgänge wie → Erdbeben, → Vulkanismus und → Orogenese als Reibungs- und Kompressionsvorgänge im Bereich der Plattengrenzen deuten (→ endogene Kräfte).

tektonisches Beben → Erdbeben
Telefondichte → zentraler Ort
Temperaturgang → Bestandsklima,   → Klima,   → **Lufttemperatur,**
→ Standortfaktoren

Temperaturgradient (vertikaler): Die für die *Troposphäre* (→ Atmosphäre) charakteristische Abnahme der → Lufttemperatur mit zunehmender Höhe. Der T. beträgt durchschnittlich 0,5 °C–0,6 °C pro 100 m. Ursache für die Temperaturabnahme ist nicht in erster Linie die wachsende Entfernung von der Aufheizfläche des Erdbodens (→ Strahlung), sondern die physikalische Gesetzmäßigkeit, die im Gasgesetz zum Ausdruck kommt:

$p \cdot v = R \cdot T$ *(BOYLE/GAY-LUSSACSCHES Gesetz);*

dabei ist p der Druck (→ Luftdruck), v das Volumen, R die Gaskonstante, T die absolute Temperatur.
Unter bestimmten meteorologischen Bedingungen kommt es in räumlich begrenzten Schichten zur Umkehr der normalen Temperaturverhältnisse in der Troposphäre (→ Inversion).

Temperaturverwitterung → Verwitterung
temporäre Schneegrenze → Schneegrenze

Terms of trade: Drücken ganz allgemein das Verhältnis der → Preise aus, die man für benötigte Waren entrichten muß, zu jenen Preisen, die man für seine Waren bekommt (→ Geld). Die T. verbessern sich, sobald der Preis der verkauften Waren mehr steigt oder weniger fällt als der Preis der Güter und → Dienstleistungen, die man benötigt. Fällt z. B. der Preis für → Rohstoffe, die ein Land importiert, während der Preis der Exportwaren, die in das rohstoffproduzierende Land exportiert werden, steigt, so ändern sich die T. zu Ungunsten des Rohstofflieferanten (→ Welthandel).

Im Zusammenhang mit den T. wird insbesondere die Frage diskutiert, ob die bisherige Entwicklung der T. zwischen → Entwicklungsländern und → Industrieländern einen bestimmten Trend erkennen läßt. Diese Frage ist Gegenstand der *PREBISCH-These* (nach PAUL PREBISCH, Generalsekretär der Welthandelskonferenz 1963–1969), nach der sich die T. für die Entwicklungsländer langfristig verschlechtern. Als Ursachen führt er die sinkenden Weltmarktpreise für Rohstoffe bei gleichzeitig steigenden Weltmarktpreisen für Industriegüter (→ Industrie) an. Es ist dabei zu beachten, daß Rohstoffe zu einem erheblichen Anteil die Exporte der Entwicklungsländer ausmachen, während vorwiegend Industriegüter importiert werden müssen. Die Gründe für eine solche Preisentwicklung liegen nach PREBISCH u. a. darin begründet, daß das Konkurrieren der Entwicklungsländer um Absatzmärkte (→ Markt) Preissenkungen bewirkt, während die Industrieländer durch die *Monopol*-Konkurrenz auf Güter- und Faktormärkten die Preise für ihre Industriegüter steigern können. Die PREBISCH-These war stets umstritten, vor allem was den Untersuchungszeitraum 1950–1961 angeht. Die Rohstoffverknappung 1973 *(Erdölkrise)* hat die Entwicklung der T. für viele Staaten erheblich verändert.

Terra rossa → **Bodentyp,** → Doline

Terrasse: Langgestreckte, wenig oder mäßig geneigte Fläche von wechselnder Breite an einem Hang oder Geländeabfall. Hinsichtlich Entstehung und Vorkommen unterscheidet man niveaugebundene und nicht niveaugebundene T.n.
Zu den an ein bestimmtes Niveau gebundenen T.n (Flußgefälle, Meeres- bzw. Seespiegel) zählen die *Fluß-(Tal-),* die *Strand-* und die *Seeterrassen.* Die Flußterrassen entstehen dadurch, daß ein → Fluß nach einer Periode ausschließlicher Seitenerosion erneut zur Tiefenerosion übergeht (→ Erosion). Der bisherige *Talboden* (→ Tal) bleibt auf beiden Seiten oder auch auf einer Seite der Talkerbe als T. zurück und zeigt die einstige Stillstandslage der Tiefenerosion an (Abb. 111). Besteht der Terrassenkörper aus einer *Schotter*packung, so nennt man ihn *Schotterterrasse.* Nach der Zerstörung und Ausräumung der Schotterlager wird der alte Felstalboden als *Felsterrasse* sichtbar. In Mitteleuropa wurden die Flüsse durch vermehrten Schuttanfall in den Kaltzeiten des Pleistozäns zur *Sedimentation* (→ Ablagerung) gezwungen; durch nachfolgende Zerschneidung in den jeweiligen Warmzeiten entstanden mehrere übereinander gestaffelte T.n. Die unterste T. in mitteleuropäischen Tälern, die vom Hochwasser nicht mehr erreicht wird und deshalb bevorzugter Siedlungsplatz ist (→ Stadtlage), bezeichnet man als *Niederterrasse;* ihrer Entstehung nach gehört sie in die letzte Kaltzeit des Pleistozäns (Würm- bzw. Weichsel-Glazial). Über der Niederterrasse liegen häufig eine oder mehrere *Hochterrassen,* die älteren Kaltzeiten zuzuordnen sind. Aus den erhaltenen T.n bzw. Terrassenresten lassen sich die alten Talböden rekonstruieren bzw. die Flußentwicklung beschreiben. Die Strandterrassen sind durch → marine

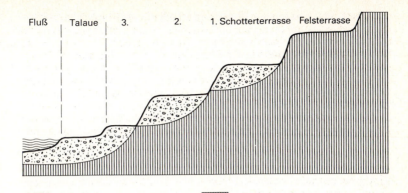

Abb. 111 Entstehung fluviatiler Terrassen; schematisch
(nach R. GERMANN, Studienbuch Geologie, Stuttgart 1970, S. 39)

→ Abrasion an den *Steilküsten (*→ Küsten) des Festlandes entstanden, während die Seeterrassen bei einem früheren höheren Seespiegelstand geschaffen wurden.
Zu den nichtniveaugebundenen Terrassen gehören die wenig ausgedehnten *glazialen Terrassen* (→ glazial), die durch Gletscherschurf (→ glaziale Abtragung) gebildet wurden, sowie die *Denudationsterrassen,* die an einer harten Gesteinsbank des Hanges von der → Denudation herausgearbeitet wurden.

tertiärer Wirtschaftssektor → Bruttosozialprodukt, → Citybildung, → Dienstleistung, → Industrieländer, → Rheinisch-Westfälisches Industriegebiet, → Sozialbrache, → sozialwirtschaftliche Entwicklung, → Stadt, → Stadttypen, funktionale, → Verkehrspolitik, → Verstädterung, → **Wirtschaftssektoren,** → zentraler Ort
Tertiärkonsument → Konsumenten
Thermalquelle → Vulkan
thermische Energie → **Energiewirtschaft,** → Strahlung
thermisches Hoch → **Luftdruckgebilde,** → Zirkulation der Atmosphäre
thermisches Kracken → Erdöl
thermisches Luftdruckgebilde → Luftdruckgebilde
thermisches Tief → Land- und Seewind, → **Luftdruckgebilde,** → Zirkulation der Atmosphäre
thermisches Tiefdruckgebiet → Immissionen
Thermosphäre → Atmosphäre
Thufur → Frostboden

THÜNENsche Kreise: Von dem Agrartheoretiker J. H. THÜNEN entwickeltes Modell von Anbauzonen in der → Landwirtschaft und → Forstwirtschaft, die, von einem gemeinsamen Markt- oder Konsumzentrum ausgehend, nach außen ständig an Intensität (→ intensiv) in der Bewirtschaftung abnehmen. In seinem 1826 erschienenen Werk „Der isolierte Staat in Beziehung auf Landwirtschaft und Nationalökonomie" legte THÜNEN seine Theorie dar, zu deren Verdeutlichung er sich der Abstraktion des „Isolierten Staates" in dreifacher Hinsicht bediente, nämlich einer räumlichen, natürlichen und wirtschaftlichen Abstraktion. Der Staat ist kreisförmig und von der Außenwelt vollkommen abgeschlossen. Er liegt in einer Ebene mit gleicher → Bodenart und gleichen klimatischen Verhältnissen (→ Klima). Die → Bevölkerung betreibt Land- und Forstwirtschaft mitteleuropäischer Art, produziert wird für einen → Markt, der als → Stadt genau im Zentrum des Staates liegt. Eine Konkurrenz durch andere Märkte besteht nicht. Da die *Produktion* überall gleich ist und der Transport überall auf gleiche Weise erfolgt (mit Pferd und Wagen), entstehen den Landwirten mit zunehmender Entfernung vom Markt zunehmende Transportkosten, die sich im Verkaufspreis der Produkte niederschlagen. Die Abhängigkeit des Erzeugers vom → Preis spiegelt sich in seiner Wirtschaftsweise und in dem Aufwand wider, den er in die Erzeugung der Güter investieren muß. Nach THÜNEN ordnen sich daher um den Markt herum scharf zu trennende konzentrische Kreise, wobei die Wirtschaftsweise mit zunehmender Entfernung vom Markt immer *extensiver* wird, da mit steigenden Transportkosten nach außen der Reinertrag (Verkaufspreis minus Unkosten), und damit gleichzeitig die Möglichkeit zur Investition, abnimmt. Die sechs Intensitätszonen (Abb. 112) sind wie folgt gekennzeichnet:

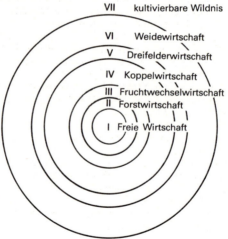

Abb. 112   Schematische Darstellung der THÜNENschen Kreise
(nach A. PETERSEN 1944 bzw. E. OTREMBA, Die Güterproduktion im Weltwirtschaftsraum. Erde und Weltwirtschaft, Bd. 2/3, Stuttgart 1976)

1. *freie Wirtschaft:* → Gartenbau, Obst-, Gemüse-, Blumenanbau; Anbau von Produkten, die keinen weiten Transport vertragen,
2. *Forstwirtschaft:* Die Schwierigkeit des Transportes und hohe Transportkosten machten zur Zeit THÜNENs *Holz*gewinnung in unmittelbarer Nähe des Verbrauchsortes notwendig,
3. *Fruchtwechselwirtschaft:* Wechsel zwischen Getreideanbau und Anbau von Brachfrüchten, meist Hackfrüchte und Klee; Flächenanteil 50:50 (→ Brache),
4. *Koppelwirtschaft:* Die Erzeugung von Viehwirtschaftsprodukten (→ Viehwirtschaft) steht im Vordergrund, das Dauergrünland ist vorherrschend,
5. *Dreifelderwirtschaft:* Zwei Drittel der Kulturfläche werden bebaut, wobei der Getreidebau in der Regel vorherrscht, ein Drittel fällt brach,
6. *Weidewirtschaft:* natürliches Dauergrasland, kaum Ackerland.

Außerhalb dieses letzten Ringes folgt, obwohl noch die gleiche Bodenqualität vorhanden ist, kultivierbare Wildnis, in der höchstens noch Jagd betrieben wird.

Die räumliche Differenzierung der Landwirtschaft äußert sich also weniger hinsichtlich der einzelnen Produkte, sondern vielmehr hinsichtlich der Wirtschafts- und Betriebsform sowie des Betriebssystems (→ Wirtschaftsformen, → Agrarstruktur).

Die Übertragung dieses Modells auf die Wirklichkeit bereitet Schwierigkeiten, da es durch eine Vielzahl von Faktoren Abwandlungen erfahren kann. Grundsätzlich behält das Modell jedoch seine Gültigkeit, und zwar ist es nicht nur auf einen regionalen *Marktort* anwendbar, sondern sogar auch auf einen einzelnen Betrieb und auf den Weltmarkt (→ Welthandel). Letzteres wird durch die weltweite Ausdehnung THÜNENscher Kreise im 19. Jh. um England als „Stadt im isolierten Staat" bzw. um Europa in der zweiten Hälfte des 19. Jh. deutlich. Diese weltweite Einpoligkeit der *Agrarwirtschaft* ist durch die Entwicklung mehrerer Pole und ihnen zugeordneter Kreissysteme abgelöst worden.

Eine der Hauptursachen der seit THÜNEN erfolgten Veränderungen in den Voraussetzungen ist u. a. die sprunghafte Entwicklung der *Verkehrsmittel*, vor allem der *Eisenbahn* (→ Verkehr).

Tiefdruckgebiet → Föhn, → Immissionen, → Monsun, → Wetter, → Wind, → **Zyklone**

Tiefdruckrinne → Aktionszentren, → **Luftdruckgürtel,** → Monsun, → Niederschlagsverteilung, → Zirkulation der Atmosphäre

Tiefengestein → Gestein, → Plutonismus

Tiefenwasser → Grundwasser

Tiefseeboden → hypsographische Kurve, → Schalenbau

Tierareal → Areal, → Tiergeographie

Tiergeographie: Befaßt sich mit der Aufklärung von Struktur, Funktion und Geschichte von *Tierarealen* (→ Areal). „Als Teilgebiet der → Biogeographie erforscht sie die faunistische Ausstattung von Kontinenten, Ländern und → Landschaften, die Entwicklung und gegenwärtige Dynamik von Tierarealen, die räumliche Verbreitung von → Biozönosen und → Ökosystemen und deren wechselseitige Beziehung zum Menschen ... Das geographische Forschungsziel der T. ist die Erhellung von Raumqualitäten und räumlichen Wirkungsgefügen" [17d].

Tonboden → Bodenart

Topographie: 1. Die Gesamtheit der geographischen Ausstattung eines Erdraumes in Hinblick auf Relief, Gewässer, Bodenbedeckung, Siedlungen, Einrichtungen des Verkehrs und der Wirtschaft usw. sowie die Vielzahl der Lagebeziehungen (→ Geographie).
2. Die Beschreibung des Raumes, seiner Ausstattung und seiner Lagebeziehungen (T. wörtl.: Ortsbeschreibung).
3. In der → Klimatologie die Darstellung der Höhenlage einer bestimmten *isobaren Fläche,* d. h. einer Höhenschicht, in der überall der gleiche → Luftdruck herrscht. *Isohypsen* verbinden alle Orte mit gleicher Höhenlage der ausgewählten isobaren Fläche. Die Höhenangaben der Isohypsen erfolgen in Dekametern (dkm). Die Internationale Meteorologische Organisation in Genf hat die Flächen von 1000, 850, 700, 600, 500, 400, 300, 200, 100, 50, 30, 20, 10 mbar zu Standardflächen erklärt, die in Höhenwetterkarten (→ Wetterkarte) dargestellt werden sollten (SCHERHAG/BLÜTHGEN 1973). Im großen und ganzen sind die T.n mit der Darstellung der *Isobaren* des betreffenden Niveaus identisch.

topographische Lage (von Städten) → Stadtlage
Torf → Sölle, → **Steinkohle**
Torfhügel → Frostboden

Tornado: Kleinräumiger, aber äußerst intensiver Luftwirbel (→ Wind). Tornados treten fast ausschließlich im südlichen Nordamerika auf und hinterlassen bei einem Durchmesser von 100 bis einigen 100 m eine Schneise der Verwüstung. Sie sind an Luftmassenfronten (→ Luftmasse) mit besonders ausgeprägtem Temperaturgegensatz gebunden (→ Lufttemperatur). Aus einer der Gewitterfront (→ Gewitter) vorauseilenden Wolkenbank wächst der T. trichter- oder rüsselförmig nach unten. Während im Innern des Trichters abgekühlte Luft herabstürzt, entsteht am Außenrande ein wirbelartiger Sog zur → Wolke hin, durch den Hausdächer abgedeckt, Autos emporgeschleudert und Bäume geknickt werden können.

Torr → **Luftdruck,** → Luftfeuchte

Toteis: Vom Gletscherkörper (→ Gletscher) abgetrenntes, bewegungslos gewordenes Eis. Durch rasches Abtauen und Rückzug des Eises kann die *Gletscherzunge* völlig zerfallen. In den Höhlungen des Eises häuft sich der Moränenschutt (→ Moräne) und überdeckt die übrig gebliebenen *Toteis-*

linsen, die – auf diese Weise geschützt – oft erst nach langer Zeit zum Abschmelzen kommen. Beim Auftauen des T.es sinkt die Oberfläche nach. Es entstehen tiefe Hohlformen, die oft mit Wasser gefüllt sind *(Toteisseen)* (s. auch → Kames, → Sölle).

Toteissee → Sölle, → **Toteis**
Toteislinse → Moräne, → **Toteis**

Trabantenstädte: Siedlungen mit großen Berufspendleranteilen (→ Pendler) der Wohnbevölkerung. Sie liegen als Wohnvororte (*„Schlafstädte"*, → Tag- und Nachbevölkerung) selten mehr als 10 km von der *Kernstadt* entfernt und sind mit dieser verkehrstechnisch gut verbunden. T. sind lediglich mit städtischen Funktionen der unteren Versorgungsstufen ausgestattet (→ zentraler Ort).
Die Begriffe Trabantenstadt, Schlafstadt und → Satellitenstadt werden in der Literatur oft synonym gebraucht und sind damit mißverständlich (→ Stadtregion).

Tragfähigkeit (eines Raumes): die Zahl von Menschen, „die von einem Raum unter Berücksichtigung eines dort in naher Zukunft erreichbaren Kultur- und Zivilisationsstandes auf überwiegend agrarischer Grundlage auf die Dauer unterhalten werden kann, ohne daß der Naturhaushalt nachteilig beeinflußt wird" [4]. In dieser Definition kommt zum Ausdruck, daß exakte Tragfähigkeitsberechnungen nur für begrenzte Räume und die nahe Zukunft möglich sind, da eine Vielzahl von Natur- und vor allem Humanfaktoren diese Größe ständig verändern. Aussagen über die globale T. bleiben letzten Endes spekulativ, obwohl man immer wieder, mit Blick auf die dynamische → Bevölkerungsentwicklung, die Tragfähigkeitsgrenze der Weltbevölkerung zu ermitteln versucht. Nach Meinung zahlreicher Autoren stößt die T. – selbst bei einer Ertragssteigerung in der → Landwirtschaft auf das Drei- bis Vierfache der heutigen Werte – in einigen Jahrzehnten auf eine endgültige Grenze.
Die ersten aufsehenerregenden Zahlen über die T. errechnete der englische Pfarrer und Nationalökonom TH. R. MALTHUS („An Essay on the Principle of Population", 1798) vor dem Hintergrund des sprunghaften Bevölkerungsanstiegs in England seit 1750. MALTHUS nahm an, daß sich das Wachstum der → Bevölkerung in geometrischer Reihe (1, 2, 4, 8, 16 …) von Generation zu Generation fortsetze, die Nahrungsmittelproduktion sich in gleichen Zeiträumen jedoch nur in arithmetischer Reihe (1, 2, 3, 4 …) steigern lasse. Der heute – vor allem in populärwissenschaftlicher Literatur – verbreitete „Neu-Malthusianismus" propagiert, das Schreckgespenst des Hungers für die gesamte Weltbevölkerung beschwörend, die konsequente Einschränkung der *Geburtenrate*. MALTHUS' pessimistische Prognosen haben sich allerdings nicht bewahrheitet: nach seiner Annahme müßten derzeit mehr als 1 Mrd. Menschen (real: 55 Mio) in England leben. Allerdings läßt sich nach RUPPERT (1975) ein „*Malthusianischer Gürtel*" auf der Erde ausmachen, wo die

Bevölkerung wesentlich schneller wächst, als der *Nahrungsspielraum* ausgeweitet werden kann. Nach Berichten der → FAO stehen 1966 in Afrika und Lateinamerika pro Kopf der Bevölkerung weniger Nahrungsmittel zur Verfügung als zehn Jahre zuvor. In Indien wächst die Bevölkerung zur Zeit jährlich um ca. 12 Mio Menschen. Aus eigener *Produktion* können jedoch lediglich für fünf Millionen Inder zusätzlich Nahrungsmittel beschafft werden. Nach EHLERS (1977) läßt sich das malthusianische Modell am Beispiel der Niloase Ägyptens für die letzten 100 Jahre verdeutlichen: Um die Jahrhundertwende standen noch ca. 2000 m^2 → landwirtschaftliche Nutzfläche pro Einwohner zur Verfügung, während die Werte heute auf ca. 600 m^2 gesunken sind. Trotz intensivster Nutzung (→ intensiv) und bei Auswertung aller Landreserven (Bau des Sadd el-Ali-Staudamms bei Assuan!) hat die *Bevölkerungsexplosion* die Steigerung der Nahrungsmittelproduktion mehr als aufgezehrt.

Im „Welthungergürtel" der Tropen und Subtropen sterben jährlich 10 bis 20 Mio Menschen an Hunger oder an den Folgen von Fehl- oder Unterernährung. In den betroffenen Ländern ist die T. bzw. der Nahrungsspielraum zumindest zeitweilig überschritten. Dabei ist zu unterscheiden zwischen relativer *Übervölkerung* (Produktion eines Raumes reicht nicht aus, die Bevölkerung desselben Raumes zu versorgen) und absoluter Übervölkerung (Unterversorgung auch bei Agrarimporten). Damit wird deutlich, daß die T. in einer modernen arbeitsteiligen Welt (→ Arbeitsteilung) nicht mehr nur eine agrarische Größe ist, die in Verbindung mit Bevölkerungszahlen zu sehen ist.

Bevölkerungsdruck läßt sich auch durch gezielte Mobilitätsvorgänge (z. B. Agrarkolonisation in Verbindung mit dem Bau der Transamazonica in Brasilien zur Entlastung der übervölkerten Nordostregion des Landes; → Mobilität) oder aber durch Importe aus Ländern mit agrarischer Überproduktion mindern. Die vorliegenden Tragfähigkeitsberechnungen gehen noch viel zu ausschließlich von der landwirtschaftlichen Inwertsetzbarkeit aus. Am Beispiel Japans im Vergleich zu Indien läßt sich zeigen, daß bei höherer Bevölkerungsdichte (Japan: 273 E. pro km^2, Indien: 172 E. pro km^2), aber intensiven Anbaumethoden und weitsichtiger Außenhandelspolitik (→ Handel) das Inselreich keineswegs übervölkert ist, die Indische Union dagegen relativ und absolut als übervölkert gilt. „Für eine effiziente Welternährungsstrategie sind die Verteilungsmechanismen von landwirtschaftlichen Überschüssen im Lichte großräumiger politischer Blockbildungen von Interesse ... Wäre die Überwindung des Welthungers ein reines Produktionsproblem, fänden sich Lösungen viel leichter. Produzieren ist einfacher als Verteilen!" [16]. So fehlen der Indischen Union zur Zeit die infrastrukturellen Möglichkeiten (→ Infrastruktur, z. B. Verkehrseinrichtungen, Lagerungs- und *Verteilungs*einrichtungen), um kanadischen und US-amerikanischen Weizen billig zu importieren und zu verteilen.

Der von der FAO ermittelte mittlere tägliche *Nahrungsmittelbedarf* eines Menschen beträgt 10 900 kJ bei ca. 6,5 g Proteinen. Auf diesen Durchschnittswert bezogen, reicht die Weltnahrungsmittelproduktion gegen-

wärtig zur Ernährung der Weltbevölkerung aus. Seit dem Jahre 1870 stieg z. B. die Weltgetreideproduktion um das Dreifache gegenüber einer Verdoppelung der Weltbevölkerung (Stand 1960). Die Steigerung der T. eines Raumes durch Intensivierung und Rationalisierung wird am Beispiel der bundesdeutschen Landwirtschaft deutlich, die im Vergleich zur Vorkriegszeit auf stark begrenzter Anbaufläche heute mehr als 80% des bundesdeutschen Bedarfes an → Grundnahrungsmitteln sicherstellt. Allerdings wurden die Produktionssteigerungen der Landwirtschaft durch Produktivitätssteigerungen und Überschüsse anderer Wirtschaftsbereiche ermöglicht (z. B. → Subventionen im Rahmen des *„Grünen Plans"*).
Solche Möglichkeiten besitzen die meisten → Entwicklungsländer aufgrund ihrer passiven → Außenhandelsbilanz und der Wirtschaftsschwäche im industriellen Bereich nicht. Aus den gleichen Gründen kommen für sie Nahrungsmittelimporte über längere Zeiträume nicht in Frage. So drängt sich als wichtigste Aufgabe vieler Entwicklungsländer die Verringerung der demographischen Wachstumsraten auf. Diese Regel gilt allerdings nicht für relativ dünn oder ungleichmäßig besiedelte Entwicklungsräume. Gerade für einige südamerikanische Staaten, deren Bevölkerung in Küstennähe konzentriert wohnt (z. B. Brasilien), erscheint eine Bevölkerungsvermehrung zur Kolonisation der Binnenräume und zum Aufbau eines Binnenmarktes – trotz momentaner Schwierigkeiten bei der Versorgung der „explodierenden" Bevölkerung – notwendig. Nach dem Schema des *demographischen Übergangs* (→ Bevölkerungsentwicklung) ist ein Rückgang der natürlichen Bevölkerungsentwicklung in den bereits übervölkerten Entwicklungsländern nur durch steigende → Industrialisierung möglich.
Die Entwicklung des Agrarsektors zur Vergrößerung der T. ist nach MANSHARD (1978) vor allem durch intensive Nutzung der agrarischen Ressourcen bei Beachtung des folgenden Instrumentariums möglich:
1. *Agrarreformen:* Umstrukturierung bestehender Besitzverhältnisse zur Überwindung wachstumshemmender Feudalstrukturen (→ Rentenkapitalismus). Angestrebte Reformen müssen durch flankierende Maßnahmen (Beratung, Ausbildung, Vermarktung, Vorratshaltung) gestützt werden,
2. Mechanisierung: von Vorteil allerdings nur nach sorgfältiger Prüfung, da Arbeitskräfte freigesetzt werden und, je nach Bodengüte und Relief, handbearbeitete Areale größere Erträge als mit Maschinen bearbeitete (z. B. in Japan) erbringen,
3. Agro-Industrien: Anbindung von gewerblichen und industriellen Klein- und Mittelbetrieben an die Agrarräume zur Erweiterung der Beschäftigungsmöglichkeiten und Dezentralisierung der → Industrie,
4. „Grüne Revolution": ausgehend von Züchtung hoch ertragreicher Getreidearten, Verbesserung der Bodenbearbeitung (z. B. durch Ersetzen von Grabstock, Hacke und Pflug durch Motorpflüge, → Grabstockbau, → Pflugbau), der Bewässerungssysteme, Anwendung des Mehrfachanbaus.
Zielen solche Maßnahmen alle auf eine Steigerung der Hektarerträge, so

sind einer Ausweitung der → landwirtschaftlichen Nutzfläche meist natürliche Grenzen gesetzt, falls Kältegrenzen oder Trockengrenzen überschritten werden. Binnenkolonisatorische Maßnahmen (Rodungen, Trockenlegungen von Sümpfen und Talböden) verlaufen in der Regel erfolgreicher.

Transgression: Vordringen des Meeres in Richtung Festland, bedingt durch Landsenkung (→ Epirogenese) oder → eustatische Meeresspiegelschwankungen. Der Gegensatz ist die → Regression (s. auch → Strandverschiebung, → Küste).

Transhumanz → Wechselweidewirtschaft

Transpiration: Bezeichnung für die Wasserdampfabgabe durch die oberirdischen Pflanzenteile an die → Atmosphäre. Das Transpirationswasser wird durch die Wurzeln aufgenommen und entweicht zum größten Teil als Dampf über die Spaltöffnungen (→ Bestandsklima; → Evaporation; → Wasserkreislauf).

Transversalwelle → Erdbeben
Trauf → Schichtstufe
Trichterdoline → Doline
trockenadiabatisch → **adiabatische Zustandsänderung,** → Fallwind, kalter, → Föhn, → Inversion, → Luftschichtung
Trockenbrache → Brache
Trockenfarmsystem → Dryfarming-System
Trockenschneelawine → Lawine
Trockental → Karst, → **Tal**
Trogkante → Trogtal
Trogschulter → Trogtal
Trogsee → Trogtal

Trogtal (Abb. 113): Ein durch Gletschereis (→ Gletscher) überformtes → Tal mit U-förmigem Querschnitt *(U-Tal).* Der eigentliche Trog besteht aus einer flach konkaven Sohle, die von steilen Seitenhängen eingefaßt wird. Auf der Sohle liegen *Grundmoräne* (→ Moräne) und vom → Fluß abgelagerter *Schotter,* am Fuß der Wände bauen sich bis hoch hinauf Gehängeschuttkegel auf. Nach oben enden die Wände an einer Kante *(Trogkante),* an die sich oft eine Flachform, die *Trogschulter,* anschließt, die ebenfalls noch vom Gletscher überformt ist. Da der obere Teil der Schulter meist intensiver überarbeitet ist als der der Trogkante benachbarte Streifen, wird er als *Schliffbord* bezeichnet. Folgt über der Schliffgrenze steileres Gehänge, so ist meist unter ihr noch eine Hohlkehle, die *Schliffkehle,* ausgearbeitet.
Der Längsschnitt des Trogtals zeigt, daß das fließende Eis kein kontinuierlich talabwärts gerichtetes Gefälle erzeugt hat; das Gletscherbett ist daher in Becken und Schwellen gegliedert. In den Vertiefungen wird nach dem Schwinden des Eises das Wasser häufig zu *Trogseen* aufgestaut.

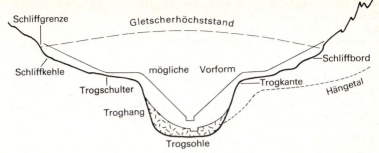

Abb. 113 Schematischer Querschnitt durch ein alpines Trogtal mit Trogschultern (in Anlehnung an H. LOUIS nach H. WEBER, Die Oberflächenformen des festen Landes, Leipzig 1966², S. 234)

Tropenzone → Klima
Tropfenboden → Frostboden
Tropfkörper → Abwasserreinigung
Tropfstein → Karsthöhlen

trophisches Niveau: Ein → Ökosystem kann nur in Funktion bleiben, wenn ihm ständig *Energie* zugeführt wird. Der Energiefluß erfolgt stets von einem höheren Nahrungsniveau (→ Nahrungskette) zum nächst niedrigeren. Jedes Ökosystem läßt sich in mehrere t. N.s. (trophische Ebenen) untergliedern: → Produzenten, → Konsumenten und → Destruenten. Der Energiehaushalt ist dabei eng mit dem jeweiligen t. N. verbunden. Der Energiefluß von einem t. N. zum nächsten wird in kJ/m²/Zeiteinheit angegeben. Der Übergang von einem Niveau zum nächsten ist mit großen Energieverlusten verbunden. ,,Dieser verlustreiche Energiefluß prägt nun dem Ökosystem eine bestimmte Struktur auf: Auf einer breiten Produzentenebene ruht eine viel schmälere *Primärkonsumenten*gemeinschaft. Diese wiederum vermag bloß eine noch kleinere Stufe *sekundärer Konsumenten* zu erhalten. Die verschiedenen Produktionsebenen bilden also bezüglich ihrer → Biomasse oder Produktivität eine Pyramide (Abb. 114). Der Umfang jeder Pyramidenstufe ist gleichsam ein Maß für den Raum, der den → Populationen einer trophischen Ebene im Ökosystem zur Verfügung steht. Bestand und Produktivität einer Ebene sind, mit anderen Worten, begrenzende Faktoren für den Bestand und die Produktivität der nächst höheren Ebene" [35]. Jedes Glied der Nahrungskette, d. h. jedes t. N. ist von dem vorhergehenden abhängig. Am Anfang der Kette stehen die Produzenten (grüne Pflanzen), die mittels der → Photosynthese allein in der Lage sind, organisches Material aufzubauen (→ autotrophe Organismen). Wegen des Energieverlustes beim Übergang von einem t. N. zum nächsten ist die Zahl der Glieder der Nahrungskette begrenzt. ,,Die trophischen Niveaus bieten Planstellen für Organismen bestimmter, jeweils gleicher Ernährungsweise" [1c] (→ ökologische Nische).

Abb. 114 Schema einer ökologischen Pyramide (Nahrungspyramide mit verschiedenen trophischen Niveaus)
„Die grünen Pflanzen (Produzenten) haben weitaus den größten Anteil an der Biomasse und Produktivität eines Ökosystems. Sie bilden die umfangreiche Basis der Pyramide. Von ihnen leben zahlreiche Pflanzenfresser (Konsumenten 1. Ordnung), deren Biomasse und Produktivität viel geringer sind als die der Pflanzen. Sie bilden die zweite, hier noch zu groß gezeichnete Stufe der Pyramide. Von den Pflanzenfressern ernähren sich Raubtiere (Konsumenten 2. oder 3. Ordnung), deren Bestand wiederum viel kleiner ist als der der Herbivoren. Sie bilden die oberste und kleinste Stufe der Pyramide" (aus: P.-A. TSCHUMI: Allgemeine Biologie; 1. Aufl. Frankfurt/M., Berlin, München 1975, Abb. 84, S. 131)

trophogene Zone → stehende Gewässer
tropholytische Zone → stehende Gewässer
tropischer Monsun → **Monsun**, → Niederschlagsverteilung

tropischer Regenwald (als Beispiel für ein naturnahes Landökosystem; → Ökosystem): Die Tieflandzonen der Kerntropen sind durch ganzjährig hohe → Niederschläge gekennzeichnet (→ Niederschlagsverteilung). Gemäß dem Zenitstand der Sonne sind meist zwei ausgeprägte Maxima vorhanden, dazwischen schieben sich ein bis zwei relativ trockene Monate (unter 100 mm Niederschlag). Es herrscht ein ausgesprochenes *Tageszeitenklima*. Dem Tagesgang der → Lufttemperatur entspricht ein Tagesgang der Niederschläge: nachts und vormittags aufklarender Himmel, ab Mittag heftige → Gewitter. Im t. R. herrscht eine ständig hohe → Luftfeuchte bei ausgeglichener Temperatur, die *Insolation* (→ Strahlung) an der Blattoberfläche führt zu Übertemperaturen bis zu 15 °C und zu entsprechenden Sättigungsdefiziten. Physiognomisch zeichnet sich der t. R. durch ein unruhiges Kronendach und ungleichmäßige Durchwachsung aller Stockwerke (Strauchschicht, drei Baumschichten) aus. Der Artenreichtum an Pflanzen (Tab. 47) und Tieren ist besonders auffallend (z. B. ca. 3000 Pflanzenarten auf den Sunda-Inseln), da für viele Organismen in den Kerntropen optimale Bedingungen herrschen (→ Optimum, ökologisches und physiologisches). Bei der Blattbildung sind zu vermerken: kontinuierliche Blattbildung, kein Knospenschutz, oft rasche, schubweise Entfaltung der Sproßspitzen (Blattschüttung), Schüttellaub, Träufelspitze, ständige Blüten- und Fruchtbildung; ständiger Blattfall gemäß arteigenen, jahreszeitunabhängigen Rhythmen. Der Wettbewerb der Organismen untereinander (→ Wettbewerbsfaktoren in Ökosystemen) erklärt sich vor allem durch das Streben nach Licht und aufgrund der Armut an mineralischen Nährsalzen (→ Mineralien). Dies hat die Ausprägung bestimmter Anpassungsformen zur Folge (z. B. Lianen). Günstige Lichtverhältnisse finden die Epiphyten durch das Keimen und Wachsen auf den Ästen der Bäume. Die tiefgründige → Verwitterung der → Böden ist besonders au-

Tabelle 47 Mindest-Artenzahlen in verschiedenen venezolanischen Waldtypen

Niederschlag (mm/Jahr)	Mittlere Jahrestemperatur (°C) bzw. Höhenlage (m ü. M.)		
	> 24 0–400	12–24 400–2300	6–12 2300–3300
2000–4000	172 Baumarten 9 Palmenarten	116 Baumarten 5 Palmenarten	99 Baumarten
1000–2000	178 Baumarten 8 Palmenarten	190 Baumarten 6 Palmenarten	2 Palmenarten
500–1000	36 Baumarten keine Palmen		

Nach Atlas Forestal de Venezuela, Caracas 1961

genfällig: tiefreichende rot- oder gelbbraune *Lehme;* Tonminerialien, meist durch Eisenhydroxide verfärbt; wenig verwertbare Mineralsalze; geringer Sauerstoffgehalt im Boden; dünne *Humus*schicht; rasche Zersetzung der Bodenstreu. Die Nährstoffe werden meist unmittelbar aus der Streu- und Humusschicht entnommen, da die meisten Pflanzen flach wurzeln (oft nur bis 15 cm Tiefe). Brett- und Stelzwurzeln vermitteln einen besseren Halt.
Wie die Wälder des Tieflandes zeichnen sich auch die immergrünen Gebirgswälder der ständig feuchten Tropen durch eine ununterbrochene Vegetationstätigkeit während des ganzen Jahres aus. Wegen der mit der Höhe abnehmenden Wärme ist das Wachstum allerdings langsamer, der Artenreichtum wird geringer. An tropischen → Küsten finden sich *Mangrove*-Gehölze, die an das Leben auf salzhaltigem, von Meer- oder Brackwasser überspültem Schlamm angepaßt sind. Ihre Stämme werden durch eine Vielzahl von Luftwurzeln gestützt. Mangrove-Gehölze bilden oft fast undurchdringliche Dickichte. Der t. R. wird traditionell durch *Jagd-* und *Sammelwirtschaft* (→ Wirtschaftsformen) genutzt. Wegen der geringen

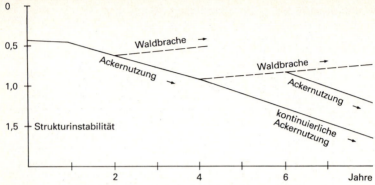

Abb. 115 Veränderung der Bodenstruktur bei Shifting Cultivation
(nach Handbuch der Landwirtschaft und Ernährung in den Entwicklungsländern, Bd. II, Stuttgart 1971 bzw. W. STORKEBAUM, Entwicklungsländer und Entwicklungspolitik, Westermann-Colleg Raum und Gesellschaft, Heft 7, Braunschweig 1973, S. 34; leicht verändert)

→ Tragfähigkeit des Raumes und der klimatischen Gegebenheiten ist die Siedlungsdichte gering. Bei der Nutzung durch *Shifting Cultivation*, d. h. bei der Ackernutzung im Wechsel mit Waldbrache (Brandrodung), geht der Humusabbau sehr rasch vonstatten (bei der Brandrodung erfolgt die Mineralisierung der gesamten → Biomasse; Abb. 115). Mit zunehmender Auswaschung der Nährsalze verschlechtert sich die Bodenqualität, was einen schnellen Ertragsrückgang zur Folge hat (Abb. 116). Bei kurzzeitiger Nutzung auf kleinen Rodungsflächen sollte ein Verhältnis von Nutzung zur → Brache von 3:20 angestrebt werden. Bei länger andauernder Nutzung treten irreversible ökologische Schäden ein. Auf den verlassenen Flächen stellt sich allerdings meist schnell wieder der *Wald* ein. Diese *Sekundärwald*-Formationen (→ Pflanzenformation) haben gewöhnlich ein dichteres Unterholz, die Schichtung des Kronendaches ist weniger ausgeprägt.

Im Hinblick auf die agrarische Nutzung in den Gebieten des t. R.es ist festzustellen, daß diese zu den störungsanfälligsten und labilsten Ökosystemen der Erde gehören. Es besteht daher die Notwendigkeit verstärkter Grundlagenforschung zur Entwicklung gezielter Maßnahmen für Bodenerhaltung und Landschaftspflege. Als Boden- und Wasserschutz hat der t. R. eine wichtige Protektionsfunktion, als Lieferant von Edelhölzern (Hart- und Farbhölzer, z. T. heute bereits auf Holzzuchtplantagen gepflanzt) eine Produktionsfunktion (s. auch die Sauerstoffproduktion durch den t. R.) und im Hinblick auf den immer stärker einsetzenden Tourismus (z. B. Brasilien, Südostasien) auch eine Rekreationsfunktion. Der beschleunigte Stoffkreislauf (hohe Wärme und Feuchtigkeit wirken als Beschleuniger bei den ablaufenden biochemischen Prozessen, → Stoffkreisläufe in der Biosphäre) und die Bindung aller Nährstoffe in der

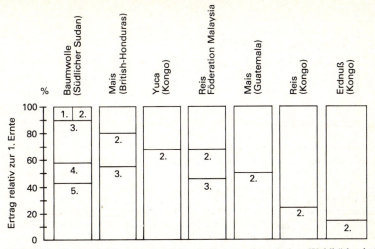

Abb. 116 Ertragsabfälle typischer Jahreskulturen auf tropischen Waldböden bei Shifting Cultivation
(nach A. MAASS 1969 bzw. W. STORKEBAUM, Entwicklungsländer und Entwicklungspolitik, Westermann-Colleg Raum und Gesellschaft, Heft 7, Braunschweig 1973, S. 34; leicht verändert)

→ Biomasse bewirken, daß auch Schadstoffe nach der raschen Zersetzung der Bodenstreu sofort wieder in die Biomasse aufgenommen werden. Dadurch können Überkonzentrationen entstehen, die die Schädigung bzw. das Aussterben empfindlicher Arten zur Folge haben.

tropischer Westwind → Monsun, → Zirkulation der Atmosphäre
Tropopause → **Atmosphäre,** → Luftschichtung
Troposphäre → **Atmosphäre,** → Luftschichtung, → Temperaturgradient, → Wetter, → Wetterkarte, → Zirkulation der Atmosphäre
Tschernosjom → Bodentyp
Tunneltal → Rinnensee, → **Tal**
Turbulenz → Atmosphäre, → **Konvektion,** → Lufttemperatur, → Niederschlag
Turmkarst → Karst

U

Überfischung → Fischereiwirtschaft
Übervölkerung → Bevölkerungsentwicklung, → **Tragfähigkeit**
Ufermoräne → Moräne

Umkippen: Vorgang, der einsetzt, wenn ein Gewässer (→ Fließgewässer; → stehende Gewässer) die ihm zugeführten Schmutz- und Schadstoffe (→ Eutrophierung, → Belastung) nicht mehr auf natürlichem Wege durch → biologische Selbstreinigung abbauen kann. Der Begriff U. wird auch gebraucht, wenn eine biologisch arbeitende *Kläranlage* durch Vergiftung funktionsunfähig wird.

Umlaufberg → Mäander
Umwelt → abiotische Elemente, → Bauleitplanung, → Belastung, → Belastungsreduktion, → Biogeographie, → Biozönose, → Daseinsgrundfunktionen, → Energiewirtschaft, → Kernenergie, → Kybernetik, → kybernetische Mechanismen in der Ökologie, → Lärm, → Luftverschmutzung, → Müllbeseitigung, → Ökologie, → ökologische Landschaftsforschung, → ökologische Nische, → Recycling
Umzug → Wanderung
Universitätsstadt → **Stadttypen, funktionale,** → Viertelsbildung, → zentraler Ort
Unterboden → Boden
Untergrund → **Boden,** → Erdbeben, → Falte, → Fließgewässer, → Frostboden, → Geologie, → Löß
Unterlauf → Fließgewässer, → **Fluß**
Unterstadt → Stadtlage
Unterströmungstheorie → Tektonik
Uran-Blei-Methode → Altersbestimmung
Urlandschaft → **Ökosystem,** → Ortsnamen
Urproduktion → Wirtschaft

Urstromtal: Breite, durch die Schmelzwässer am Saum des nordischen → Inlandeises gebildete Talniederung (→ Tal). Da sich die abschmelzende Inlandeismasse gegen ansteigendes Gelände bewegte (Anstieg des norddeutschen Tieflandes zum Mittelgebirge), waren die Schmelzwässer gezwungen, auf langen Strecken parallel zum Eisrand zu fließen. Die breiten Talfurchen werden heute streckenweise von Elbe, Oder, Warthe und Weichsel, aber auch von kleineren, meist träge fließenden Flüssen benutzt.

U-Tal → Trogtal
Uvala → **Doline,** → Polje

V

Vegetationsgeographie *(Pflanzengeographie):* Der „geographische Forschungszweig, der das Pflanzenkleid der Erde im Hinblick auf seine Bedeutung für den Charakter der Erdgegenden" untersucht [27c]. Die Pflanzendecke wird als Komponente der → Landschaft beschrieben. Das Hauptinteresse der *Geobotanik* als stärker biologisch ausgerichtetem Forschungszweig dagegen gilt den Pflanzen und → Pflanzenformationen in ihrem natürlichen Lebensraum (→ Biozönose).

Verbundsystem → **Elektrizität;** → **Verkehr**

Verdichtungsraum: Allgemein ein Raum mit einer überdurchschnittlichen Verdichtung von Arbeitsstätten, Wohnplätzen, Verkehrsanlagen sowie Versorgungs-, Entsorgungs- und Dienstleistungseinrichtungen (→ Ballungsgebiete, → Stadtregion, → Agglomeration, → Verstädterung).
Die Ministerkonferenz für → Raumordnung erstellte einen Kriterienkatalog mit festgelegten Schwellenwerten zur Abgrenzung von Verdichtungsräumen in der Bundesrepublik Deutschland. Allgemein wurde bestimmt, daß ein V. eine Mindestfläche von 100 km^2 und eine Mindesteinwohnerzahl von 150000 E. sowie eine durchschnittliche Bevölkerungsdichte von mehr als 1000 E./km^2 haben muß. Demnach lassen sich 24 Verdichtungsräume abgrenzen, in denen ca. 45% der gesamten → Bevölkerung auf einem Anteil von 7% der Gesamtfläche der Bundesrepublik Deutschland leben (s. Abb. 116).

Verdichtungswelle → Erdbeben
Vergetreidung → Wüstung
vergreiste Gesellschaft → **Bevölkerungsentwicklung,** → Bevölkerungspyramide, → Viertelsbildung

Verkehr: Im weitesten Sinne umfaßt für FOCHLER-HAUKE (1972) der V. „die Vielfalt sozialer Kontakte und insbesondere alle Ortsveränderungen mit einigermaßen bedeutenden Distanzen und einem Mindestmaß von Regelmäßigkeit" [7]. Im engeren Sinne definiert J. MATZNETTER (1953) den V. wie folgt: „Verkehr ist die Ortsbewegung von Menschen, Gegenständen und Nachrichten nach bestimmten Zielen entlang gebahnter oder vorgezeichneter, räumliche Hindernisse überwindender Wege bei vorwiegender Zuhilfenahme technischer Mittel" [7]. Als Wesen des V.s wird somit die Raumüberwindung angesehen (→ Mobilität, → Wanderung), wobei es sich sowohl um Großräume als auch um kleinere Räume handeln kann. Eine Möglichkeit der Differenzierung im Bereich des V.s ist das Unterscheiden von *Verkehrsarten* und *Verkehrsmitteln.*
Verkehrsarten lassen sich nach verschiedenen Bezugsmöglichkeiten gliedern. Nach dem Transportmedium ergeben sich die Verkehrsarten *Land-*

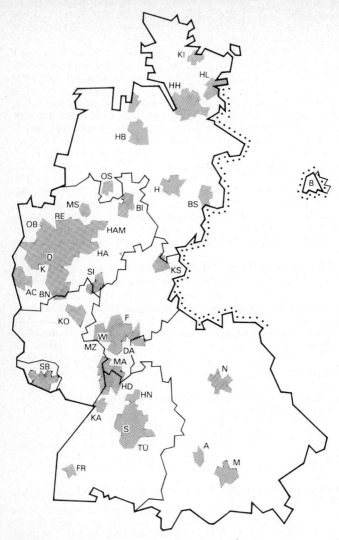

Abb. 117 Verdichtungsräume in der Bundesrepublik Deutschland gemäß Beschluß der Minister-Konferenz für Raumordnung vom 21. 11. 1968 (nach F. MALZ, Taschenwörterbuch der Umweltplanung, München 1974, S. 597)

(Boden-), Wasser- und *Luftverkehr,* nach den Verkehrsfunktionen die drei Arten *Personen-, Güter-* und *Nachrichtenverkehr.* Die Beziehung zur Entfernung ist bei der Unterscheidung nach *Orts-, Nah-* und *Fernverkehr,* der im *Weltverkehr* gar kontinentale und ozeanische Großräume überwindet, zugrunde gelegt. Schließlich lassen sich, bezogen auf die *Verkehrsmittel,* noch die Verkehrsarten *Individualverkehr* und *öffentlicher V.* unterscheiden.

Zu den *Verkehrsmitteln* zählen alle technischen Einrichtungen zur Beförderung von Gütern und Personen. Unter diesem Begriff werden zusammengefaßt: 1. die Fahrzeuge aller Art, 2. die Rohrleitungen aller Art, 3. Leitungen und Einrichtungen zur Übermittlung von *Energie* (→ Elektrizität), Nachrichten bzw. zur Kommunikation (z. B. Radio, Fernsehen).

Bei den Fahrzeugen erfolgt meist eine weitere Differenzierung nach Transportweg und Transportmedium: 1. Straßenfahrzeug (z. B. PKW, LKW, Kraftrad, Omnibus), 2. Schienenfahrzeuge (z. B. *Eisenbahn,* Straßenbahn, U-Bahn), 3. Wasserfahrzeuge (Schleppkähne, Frachtkähne, Passagierschiffe), 4. Luftfahrzeuge (Flugzeuge, Hubschrauber). Das Verhältnis der Verkehrsmittel untereinander bleibt nicht konstant, die Verkehrsmittel liegen in einem ständigen Wettstreit, der sich auf zwei Ebenen abspielt:
1. die Konkurrenz des privaten Personenverkehrs zum öffentlichen Personenverkehr (Tab. 48). Die steigende Zahl der privaten Kraftfahrzeuge

Tabelle 48 Beförderte Personen nach Verkehrsträgern

Jahr[1]	insgesamt Mio	Eisenbahnverkehr[2] Mio	%	öffentl. Straßenpersonenverkehr Mio	%	Luftverkehr Mio	%
1950	5468	1473	27,0	3995	73,0		0,0
1955	6767	1555	23,0	5210	77,0	2	0,0
1960	7822	1399	17,9	6418	82,1	5	0,1
1965	7477	1165	15,6	6302	84,3	10	0,1
1970	7245	1054	14,5	6170	85,2	21	0,3
1974	7825	1124	14,4	6674	85,3	27	0,3
1975	7989	1079	13,5	6882	86,1	28	0,4

[1] bis 1958 ohne Saarland und Berlin, teils geschätzt.
[2] ohne Berlin.
Zahlenangaben: Statistisches Bundesamt. Nach Diercke Statistik '77, Braunschweig 1977, S. 22

führte zu immer stärkerem Individualverkehr, der in mehrfacher Hinsicht Probleme aufwirft. So werden die Straßen und vor allem die Innenstädte (*Pendelverkehr,* → Pendelwanderung, → Stadtumland-Bereich) stark belastet bzw. überlastet, während gleichzeitig die öffentlichen Verkehrsmittel nicht ausgelastet sind. Mögliche Maßnahmen des Staates im Rahmen seiner → Verkehrspolitik sind verstärkter Straßenbau, Einschränkungen

Tabelle 49 Verkehrsleistungen im Güterverkehr nach Verkehrsträgern in der BR Deutschland

Jahr[1]	insgesamt Mrd. t km	Eisenbahnverkehr[2,3] Mrd. t km	%	Straßengüterfernverkehr Mrd. t km	%	Binnenschiffahrt[1] Mrd. t km	%	Rohölfernleitungen[4] Mrd. t km	%	Luftverkehr Mrd. t km	%
1950	72,6	48,1	66,1	7,8	10,8	16,8	23,1	–	–	0,0	0,0
1955	104,1	58,8	56,5	16,7	16,1	28,6	27,4	–	–	0,0	0,0
1960	139,9	64,8	49,1	23,7	17,9	40,4	30,6	3,0	2,3	0,0	0,0
1965	153,5	68,6	44,6	32,6	21,2	43,3	28,4	8,9	5,8	0,1	0,0
1970	192,1	86,2	44,9	41,9	21,8	48,8	25,4	15,1	7,8	0,1	0,1
1971	185,2	79,3	42,8	44,5	24,0	45,0	24,3	16,3	8,8	0,1	0,1
1972	188,6	78,6	41,7	49,2	26,1	44,0	23,3	16,7	8,9	0,1	0,1
1973	203,7	82,4	40,5	55,9	27,4	48,5	23,8	16,8	8,2	0,1	0,0
1974	209,1	84,2	40,3	58,5	28,0	51,0	24,4	15,2	7,3	0,2	0,1
1975	177,4	57,3	32,3	59,3	33,4	47,6	26,8	13,1	7,4	0,2	0,1
1976	190,5	61,4	32,3	68,6	36,0	45,8	24,0	14,5	7,6	0,2	0,1
1977	192,8	57,9	30,0	71,5	37,1	49,3	25,5	14,0	7,3	0,2	0,1
1978	200,2	59,5	29,7	73,2	37,6	51,5	25,7	13,9	6,9	0,2	0,1
1979	214,2	68,2	31,8	78,8	36,8	51,0	23,8	16,0	7,5	0,2	0,1

[1] bis 1958 ohne Saarland und Berlin, teils geschätzt. – [2] ohne Berlin. – [3] Leistungen in Effektiv-t km. – [4] über 50 km Länge. Zahlenangaben: Statistisches Bundesamt. Nach Diercke Statistik '77, Braunschweig 1977, S. 23 und Diercke Weltstatistik 80/81, Braunschweig und München 1980, S. 23

des Individualverkehrs durch Verkehrsverbund *(Verbundsystem)* und Hebung der Attraktivität der öffentlichen Verkehrsmittel,
2. die Konkurrenz der Verkehrsmittel im öffentlichen Güterverkehr (Tab. 49). Die Wahl eines Verkehrsmittels wird entscheidend beeinflußt von der Art des Transportgutes, dem Beförderungszeitraum und dem Preis.
Massengüter sind z. B. → Erdöl, Kohle (→ Steinkohle), Erz (→ Eisen) und Getreide; sie werden in der Regel von Verkehrsmitteln mit viel Laderaum transportiert. *Hochwertige Güter* sind Stückgüter (Einzelfrachtstücke), die entweder sehr kostbar sind oder schnell bzw. aufwendig transportiert werden müssen. Die *Eisenbahn* als das älteste der modernen Landverkehrsmittel bleibt das sicherste und zuverlässigste Massenverkehrsmittel. Sie befördert auch Stückgüter, erhält jedoch Konkurrenz durch den LKW, da ihre Schienengebundenheit oft von Nachteil ist.
Die Domäne des *Schiffsverkehrs* ist der Transport von Massengütern. Sein besonderer Vorteil liegt in der Preisgünstigkeit.
Der LKW ist besonders vielseitig einsetzbar, vor allem in der täglichen Versorgung der Städte, im Nahverkehr, in der Endverteilung von Gütern und im Sammelverkehr. Die ständige Steigerung seiner Beförderungsanteile machte einschränkende Maßnahmen (→ Verkehrspolitik) notwendig.
Der Container als genormter Transportbehälter für alle modernen Verkehrsmittel gewinnt zunehmend an Bedeutung, da das kosten-und zeitaufwendige Umpacken der Ladung entfällt. Großen Zuwachs haben auch der *Güterluftverkehr* und die *Rohrfernleitungen* zu verzeichnen.
Der Wettbewerb der Verkehrsmittel spielt sich in den Überschneidungsbereichen der Güterarten und der Beförderungsdauer ab.
Eine besondere Bedeutung kommt dem V. im Entwicklungsprozeß eines Raumes zu, denn wegen seines erschließenden und verbindenden Charakters ist er von besonderer Raumwirksamkeit. Der Ausbau der Verkehrswege als Strukturlinien der → Wirtschaft als Voraussetzung einer wirtschaftlichen Entwicklung wird in den → Entwicklungsländern vorangetrieben. Dem Vorbild der großen transkontinentalen Verkehrsverbindungen (z. B. Transsib.-Eisenbahn) folgend, werden ähnlich große Erschließungsmaßnahmen vorgenommen (Tansam-Bahn, Transamazonika).

Verkehrsart → **Verkehr,** → Verkehrspolitik
Verkehrsgeographie → **Geographie,** → Handelsgeographie, → Wirtschaftsgeographie
Verkehrslage → **Stadtlage,** → Stadttypen, funktionale, → Weltstadt
Verkehrsmittel → Erdöl, → Pendelwanderung, → Stadtentwicklung, → Stadttypen, funktionale, → Stadt-Umland-Bereich, → THÜNENsche Kreise, → **Verkehr,** → Verkehrspolitik

Verkehrspolitik: Gesamtheit regulierender Maßnahmen des Staates und der Verbände zur Lenkung und Beeinflussung des → Verkehrs. Diese Maßnahmen werden von technischen, wirtschaftlichen (→ Wirtschaft),

raumordnerischen (→ Raumordnung) und sozialen Gesichtspunkten bestimmt. Sie werden notwendig, weil eine leistungsfähige → Volkswirtschaft ein leistungsfähiges Verkehrswesen benötigt, das durch die Ausweitung bestimmter *Verkehrsmittel* (LKW) und *Verkehrsarten (Individualverkehr)* gestört zu werden droht.
Verkehrspolitische Maßnahmen, um das Verhältnis der Verkehrsmittel zu beeinflussen, sind in folgenden Bereichen möglich:
1. Kapazitätspolitik, z. B. durch die Beschränkung des gewerblichen Güterfernverkehrs in Größe und Umfang auf ein bestimmtes Kontingent,
2. Infrastrukturpolitik (→ Infrastruktur), z. B. durch Entscheidung über den Bau eines Wasserstraßenanschlusses,
3. Abgabenpolitik, z. B. durch Belegung bestimmter Beförderungsarten mit besonderen Steuern.
V. nimmt in erster Linie auf nationaler Ebene Einfluß. In der Bundesrepublik Deutschland hat in Anbetracht der Bedeutung des Verkehrs das Verkehrsbudget am Bundeshaushalt einen erheblichen Anteil (etwa 12%). Das Verkehrswesen ist ein bedeutender Faktor auf dem Arbeitsmarkt unseres Landes geworden, denn in ihm sind 5% der Erwerbstätigen des *tertiären Wirtschaftssektors* beschäftigt (→ Wirtschaftssektoren).

Verkehrsstadt → Stadttypen, funktionale
Verkokung → Rheinisch-Westfälisches Industriegebiet, → Steinkohle
Verkoppelung → Flurformen
verschleppte Mündung → Fluß
Versorgungsbeziehung → zentraler Ort
Versorgungsstufe → zentraler Ort
verstädterte Zone → Stadt, → **Stadtregion,** → zentraler Ort

Verstädterung: Zunächst als Begriff der Bevölkerungsstatistik *(Verstädterungsgrad)* ein Zahlenwert, der den Anteil der in verstädterten Gebieten lebenden → Bevölkerung eines Landes meint (→ Statistik). Nach J. GOTTMANN (in MALZ 1974) konzentrieren sich in „modernen Ländern" mindestens 15 bis 30% der Bevölkerung auf etwa 5% der Landesfläche. In der Bundesrepublik Deutschland bewohnen in den → Verdichtungsräumen ca. 45% der Gesamtbevölkerung nur 7% der Gesamtfläche.
Im Rahmen der → Stadtgeographie versteht man unter V. eine weltweite Entwicklung, die unter dem Einfluß der → Industrialisierung im 19. Jh. einsetzte und bei immer stärkerer Herausbildung des *tertiären Wirtschaftssektors* (→ Wirtschaftssektoren, → sozialwirtschaftliche Entwicklung) in der Gegenwart weiterwirkt. Kennzeichen dieser Entwicklung sind:
1. Zunahme der Anzahl der städtischen Siedlungen,
2. Wachstum der städtischen Siedlungen nach Bevölkerungszahl und Raum (Bevölkerungszunahme durch Wanderungsgewinne, z. B. → Landflucht, → Gastarbeiterwanderung, räumliches Wachstum durch Umstrukturierung ehemals ländlicher Siedlungsgebiete, → Stadtentwicklung),
3. überproportionales Wachstum der städtischen gegenüber der ländlichen Bevölkerung,

4. Verstärkung der städtischen Funktionen und damit der funktionsräumlichen Differenzierungen (→ Viertelsbildung, → Citybildung, → Agglomeration).
Vorteil der V. ist der Ausgleich des Strukturgefälles zwischen städtischem und ländlichem Bereich. Nachteilige Folgen eines unkontrollierten Verstädterungsprozesses sind die → Zersiedelung der → Landschaft sowie Eingriffe in den natürlichen Landschaftshaushalt, die sich nachteilig auswirken. Um solchen Nachteilen entgegenzuwirken, entwickelte die → Raumordnung das sog. *Punkt-achsiale Prinzip,* wobei die Siedlungen sich nicht mehr flächenhaft und polypenartig ausbreiten sollen, sondern in sog. Verdichtungsbändern bzw. *Entwicklungsachsen* fortgeführt werden (→ Stadtentwicklungsplanung).

Verstädterungsgrad → Verstädterung
Versteinerung → fossil
Verteilung (in der Wirtschaft) → Tragfähigkeit, → **Wirtschaft**
vertikale Konzentration → Kombinat, → **Konzentration,** → NÖSPL, → Rheinisch-Westfälisches Industriegebiet
vertikale Mobilität → Mobilität
Verwaltungsstadt → **Stadtentwicklung,** → Stadttypen, funktionale

Verwerfung *(Bruch):* Entsteht dadurch, daß ein Schichtkomplex durch tektonische Vorgänge (→ Tektonik) gegen einen anderen entlang einer Linie *(Verwerfungs-, Bruchlinie)* bzw. Fläche verschoben wird. Die Massenversetzungen können sowohl in der Horizontalen *(Blattverschiebung)* als auch in der Vertikalen erfolgen. Falls durch → Abtragung keine Einebnung eingetreten ist, machen sich die Vertikalverschiebungen durch auffällige Gelände- oder *Bruchstufen* bemerkbar. Das Ausmaß der vertikalen Verschiebung zwischen den beiden verschobenen Krustenteilen oder Flügeln, die *Sprunghöhe,* reicht von ganz kleinen Beträgen bis zu Beträgen von mehreren tausend Metern (z. B. maximale Sprunghöhe im Rheingraben bis 4400 m). V.en treten meist vergesellschaftet auf und zerlegen die *Erdkruste* in verschieden hoch gelegene *Schollen* (Abb. 118). Folgen die Bruchschollen treppenartig in unterschiedlicher Höhenlage aufeinander, so spricht man von *Staffelbrüchen* (z. B. am Rande von Schwarzwald und Vogesen zum Oberrheingraben). *Kesselbrüche* sind bogenförmig um ein Senkungsfeld angeordnet (z. B. Neuwieder Becken). Eine Hochscholle, die ihre exponierte Lage einer eigenen Hebung oder einem Absinken der Nachbarschollen verdankt, bezeichnet man als *Horst* (z. B. Thüringer Wald); eine Scholle, die entlang langgezogener, mehr oder weniger paralleler V.en zwischen zwei stehengebliebenen oder gehobenen Schollen abgesunken ist, heißt *Graben.* Gräben bilden die tiefsten Stellen der Festländer und ordnen sich in die großen Bruchzonen der Erdkruste ein. Bekannte Beispiele sind der Oberrhein-, der Jordan-, der ost- und zentralafrikanische Graben.

a) Flexur   b) Übergang einer Flexur in Verwerfung

c) Horst   d) Graben

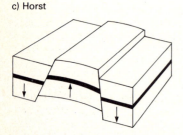
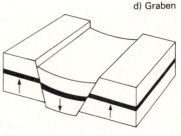

Abb. 118 Formen der Bruchtektonik
(nach H. WILHELMY, Geomorphologie in Stichworten, Bd. 1 – Endogene Kräfte, Vorgänge und Formen, Kiel 1971, S. 57)

Verwerfungslinie → Verwerfung
Verwilderung → Fluß

Verwitterung: Aufbereitung und Zerstörung oberflächennaher → Gesteine und → Mineralien durch → exogene Kräfte. Sie ist Vorstufe und Voraussetzung für die *Bodenbildung* (→ Boden), für die → Abtragung, die Bildung von *Sedimentgesteinen* (→ Gestein) und damit für das Entstehen der mannigfachen Formen der Erdoberfläche überhaupt. Von entscheidendem Einfluß auf die V. sind → Klima und Gesteinsbeschaffenheit.
Man unterscheidet in der Regel zwischen *mechanischer (physikalischer)* und *chemischer V.*, je nachdem, welcher Vorgang vorherrscht. Allerdings sind Verwitterungsvorgänge in der Natur von so komplexer Gestalt, daß es häufig schwierig ist, mechanische und chemische V. voneinander zu trennen. Oft wirken beide Vorgänge untrennbar zusammen. Die manchmal gesondert erwähnte *biologische V.*, die auf dem Einfluß von Tier- und Pflanzenwelt auf den Gesteinszerfall beruht, läßt sich leicht entweder der mechanischen (z. B. Wurzelsprengung) oder der chemischen V. (z. B. Wirkung organischer Säuren) zuordnen.

Die *mechanische V.* führt zur Zerlegung des Gesteins in grobe Trümmer. Die wichtigsten Teilvorgänge sind:
1. die *Hitzesprengung (Temperaturverwitterung, Insolationsverwitterung)*, die durch den schnellen Wechsel von Erhitzung und Abkühlung (→ Strahlung) die Lockerung des Mineralgefüges und Zertrümmerung des Gesteins bewirkt,
2. der *Spaltenfrost (Frostverwitterung)*, der infolge der Ausdehnung des in Spalten eingedrungenen und gefrierenden Wassers den Fels sprengt,
3. die *Salzsprengung*, die das Gestein dadurch zerstört, daß wasserfrei ausgeschiedene Salze (z. B. in Trockengebieten) bei *Nebel-* oder *Tau*bildung bzw. bei gelegentlichen *Regen*fällen bedeutende Wassermengen aufnehmen und dabei ihr Volumen vergrößern,
4. die *Wurzelsprengung* infolge Dickenwachstums der in Klüfte eingedrungenen Wurzeln.

Durch die *chemische V.* wird die Gesteinszusammensetzung verändert. Das in die Erde eindringende Wasser wirkt allein oder infolge seines Gehaltes an Sauerstoff, Säuren und Salzen auf die einzelnen Gesteine in verschiedenem Maße lösend und zersetzend. Folgende Vorgänge lassen sich unterscheiden:
1. die *Lösungsverwitterung*, die auf der Lösung von Alkalisalzen und Erdalkaliverbindungen, z. B. Lösung von Steinsalz, Gips, Anhydrit oder Kalk *(Kalkkorrosion)*, in reinem oder kohlensäurehaltigem Wasser beruht. Mit der Wasseraufnahme gehen eine chemische Umwandlung *(Hydratation)* und oft eine mechanische Sprengung des umgebenden Gesteins durch Volumenvergrößerung einher (z. B. Umwandlung von Anhydrit zu Gips mit Volumenvergrößerung von 60%), so daß hierbei chemische und mechanische Verwitterung eng miteinander verzahnt sind,
2. die *Hydrolyse* (Silicatverwitterung), die die weitverbreiteten Silicate (z. B. Feldspäte, Glimmer) zersetzt. Die H_3O^+-Ionen des dissoziierten Wassers treten mit den ein- und zweiwertigen Kationen (Na^+, K^+, Mg^{2+}, Ca^{2+}, Fe^{2+}, Mn^{2+}) der Silicate in Austausch. In einer weiteren Phase werden dann die Kationen als lösliche Hydroxide und Salze weggeführt, und es bilden sich wasserhaltige Tonmineralien. Durch im Bodenwasser (→ Haftwasser, → Sickerwasser) gelöste Säuren und erhöhte Temperatur wird der Umwandlungsprozeß aktiviert und beschleunigt,
3. die *Oxidationsverwitterung*, die auf die Einwirkung des im Wasser enthaltenen Sauerstoffs der Luft auf die obersten Bodenschichten zurückgeht und eine Verfärbung der Verwitterungsmaterialien herbeiführt (z. B. Verbraunung der B-Horizonte vieler Böden),
4. die *chemisch-biologische V.* infolge Ausscheidung von organischen Säuren durch Tier- und Pflanzenwelt oder infolge Säurebildung bei der Zersetzung abgestorbener Organismen.

Viehwirtschaft: Haltung und Züchtung von Vieh mit unterschiedlichster Zielsetzung: Molkereigüter- und Fleischproduktion für den → Markt (rationelle V. bei freiem Weidegang oder Stallfütterung in Mastbetrieben), Produktion von Wolle, Fellen und Häuten, Erzeugung natürlichen Düngers, Bereitstellung von Arbeitsleistungen (Zugtiere beim → Pflugbau, Arbeitstiere bei Wasserhebewerken, Lasttiere), Abfallfutterverwertung (z. B. bei Betrieben mit Zuckerrüben – und Kartoffelerzeugung). Die *extensive* (→ intensiv) Herdenwirtschaft (→ Wechselweidewirtschaft) wird meist ohne Besitz von Grund und Boden betrieben, wogegen → intensive V. (z. B. Schweinemastbetriebe, Hühnerfarmen) hochspezialisierte *boden-* und *kapitalintensive* Unternehmen sind, die z. B. auf eine betriebseigene Futterproduktion zurückgreifen, so daß Viehhaltung und Futterwirtschaft bzw. Ackerbau oft eine betriebliche Einheit bilden (*Corn-Belt,* → Belt).

Viertelsbildung (in Städten): Infolge der Differenzierung der städtischen → Bevölkerung hinsichtlich ihres sozialen *Status* (→ Gesellschaft), aber auch in Abhängigkeit von ihrer wirtschaftlichen Tätigkeit (→ Wirtschaftssektoren) kommt es ab einer bestimmten Einwohnerzahl (Untergrenze etwa 1000 E., → Stadt) zur *inneren Differenzierung* von Städten. Dies zeigt sich auch in üblichen Bezeichnungen wie Bahnhofs-, Geschäfts-, Regierungsviertel usw. Wohn-, Arbeits-, Erholungsbereiche in einer Stadt sind dann nicht willkürlich ineinander verschachtelt, sondern der funktionalen Differenzierung entspricht eine bestimmte räumliche Anordnung (→ Stadttypen, funktionale). Die wichtigste Voraussetzung für die V. ist wohl die → Arbeitsteilung im Zuge der Technisierung, die die Trennung von Wohn- und Arbeitsplätzen bewirkt.

Mit HOFMEISTER verstehen wir unter einem *„sozial-ökonomischen Stadtviertel"* ein städtisches „Teilgebiet, das durch bestimmte *Grund-* und *Aufriß*formen sowie gemeinsame funktionale und soziologische Merkmale geprägt ist und sich damit deutlich von benachbarten Stadtteilen abhebt" [10 g] (→ Stadt, Physiognomie).

Zur Abgrenzung solcher Viertel müssen die Gebäude und Flächen der Stadt in ihrer Nutzung kartiert werden. Hinzu kommen Verkehrszählungen sowie die genaue Ermittlung der Wohn- und Arbeitsbevölkerungszahlen in den verschiedenen Teilräumen der Stadt (→ Tag- und Nachtbevölkerung). Bei der Auswertung solcher Arbeiten ergeben sich bestimmte Regelhaftigkeiten, die für die meisten größeren Städte (etwa über 100 000 E.) zutreffen: Abnahme der Bevölkerungsdichte von innen nach außen (mit Ausnahme des inneren Geschäftszentrums, → City), unterschiedliche Bevölkerungszahlen bei Tag und Nacht in verschiedenen Vierteln (→ Tag- und Nachtbevölkerung), Abnahme der Bebauungsdichte vom Zentrum zur Peripherie der Stadt (s. Abb. 119). Solche Regelhaftigkeiten führten zur Aufstellung verschiedener Modelle des städtischen Gefüges:

1925 entwarf E. W. BURGESS das *Kreismodell,* das die Struktur der damaligen amerikanischen Städte kennzeichnen sollte (s. Abb. 120). Das Kreismodell läßt sich am Beispiel Berlins verdeutlichen: An den Kern der Kurfürstenstadt mit Hauptgeschäftszentrum lagern sich mehrere planmäßig angelegte Vorstädte an; der „Wilhelminische Ring" (überwiegend Wohnfunktion) schließt sich nach außen an, gefolgt von Industriegelände

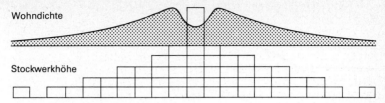

Abb. 119 Stockwerkhöhe und Wohndichte der Stadt (Querschnittsmodell) (Entwurf: H. KNÜBEL; nach: Beiheft Geographische Rundschau 8/1978, Heft 1, Braunschweig 1978, S. 43)

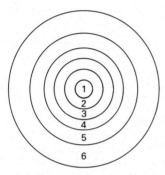

1. Hauptgeschäftszentrum
2. Großhandel/Leichtindustrie
3. Wohnviertel der Unterschicht
4. Wohnviertel der Mittelschicht
5. Wohnviertel der begüterten Schichten
6. Pendlereinzugsbereich

Abb. 120 Kreismodell von BURGESS

an Wasseradern und Eisenbahnlinien sowie einer aus unterschiedlichen Siedlungselementen zusammengesetzten Außenzone (nach HOFMEISTER 1969). Am Beispiel Chicagos zeigte BURGESS allerdings selbst auf, daß sein Kreismodell abstrahierend die freie → Stadtentwicklung im homogen strukturierten Raum voraussetzt (s. Abb. 121). Chicago, als Hafenstadt am Michigansee gelegen, weist lediglich konzentrische Halbkreise auf, die teilweise durch das Negerviertel durchbrochen sind. Letzteres wäre im Sinne H. LEHMANNs (1936) ein *„primäres Stadtviertel",* das als städtischer Teilraum ein Eigenleben, unabhängig von den allgemeinen Vorgängen der V. führt, was sich mit der Vorrechts- oder minderprivilegierten Stellung solcher Viertel begründet.

1939 veröffentlichte H. HOYT das sog. *Sektorenmodell* (s. Abb. 122), in dem, über das Kreismodell hinausgehend, die vom Zentrum ausstrahlenden und darauf zustrebenden Verkehrswege berücksichtigt werden. An *Eisenbahn*linien, Straßen und Kanälen lagern sich verschiedene Industriesektoren an, die die Bildung von Arbeiterwohnvierteln nach sich ziehen. Wie beim Kreismodell strebt auch hier die wohlhabendere *Schicht,* nach

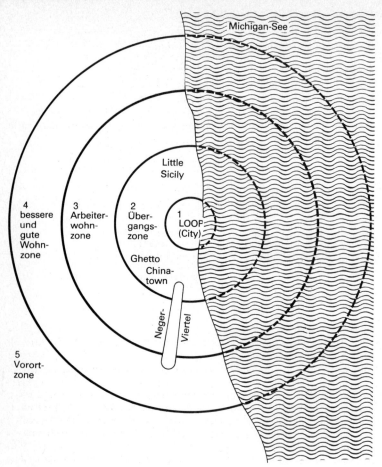

Abb. 121 Die Anordnung der konzentrischen Ringe nach dem Kreismodell von

Abwertung ihrer früheren *Wohnviertel* im Zentrum und dessen Rand, nach der Peripherie, wobei besondere Gunstlagen bevorzugt werden (Südhänge; Westseiten der Stadt, um bei Westwindlagen der → Luftverschmutzung zu entgehen).

Im Jahre 1945 legten HARRIS und ULLMANN ein blockartiges Modell vor, das sie mit der sog. *„Mehr-Kerne-Theorie"* erläuterten (s. Abb. 123).

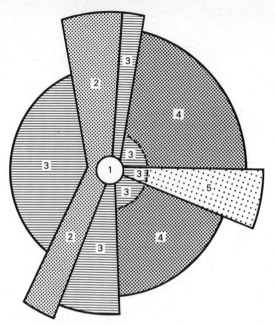

Abb. 122 Sektorenmodell nach HOYT
(nach G. SCHWARZ, Allgemeine Siedlungsgeographie, Berlin 1966[3], S. 483)

Hier wird stärker berücksichtigt, daß gerade die neueren *Industriestädte* mit blockartigen *Stadtvierteln* wachsen, wobei sie sich oft auf Grundlage bereits vorhandener Siedlungskerne zu einem mosaikartigen Stadtgrundriß weiterentwickeln. Außerdem enthält dieses Modell neben dem Hauptzentrum regionale Geschäftszentren (Shopping Centers), meist im Randbereich gelegene *Schwerindustrie*gebiete sowie Wohn- und Industrievororte.

Klein- und *Mittelstädte* weisen eine solche ausgeprägte innere Differenzierung nicht auf. Wenn es dort auch zur Konzentration von *Einzelhandels*geschäften und öffentlichen Dienstleistungsbetrieben (→ Dienstleistung) kommt, so bleibt dieses „Geschäftszentrum" doch noch Wohnbereich der Ladenbesitzer.

Daß bei größeren Städten das *Geschäftsviertel* bzw. das Versorgungszentrum der Stadtbewohner und → Pendler meist im Kernbereich, d. h. zugleich im historischen Teil der Stadt *(Altstadt)* liegt, hat folgenden Grund: die im Zuge der Arbeitsteilung erfolgte Trennung der Betriebe von den Haushalten bewirkte, daß die Arbeitsstätten dorthin verlagert wurden, wo zugleich die öffentlichen Geschäfte getätigt wurden. Die öffentlichen Bauten (Kirche, Rathaus, Schloß, Handelshäuser, Markteinrichtungen)

Viertelsbildung 185

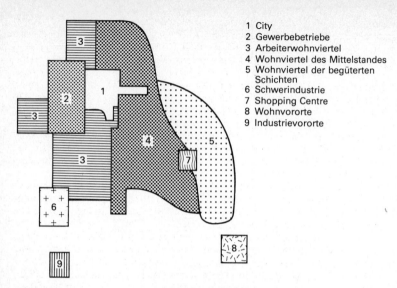

1 City
2 Gewerbebetriebe
3 Arbeiterwohnviertel
4 Wohnviertel des Mittelstandes
5 Wohnviertel der begüterten Schichten
6 Schwerindustrie
7 Shopping Centre
8 Wohnvororte
9 Industrievororte

Abb. 123 Mehr-Kerne-Modell nach HARRIS und ULLMANN
(nach G. SCHWARZ, Allgemeine Siedlungsgeographie, Berlin 1966³, S. 484)

behielten aber, schon wegen ihrer massiven und repräsentativen Bauweise ihre alten Funktionen im Zentrum bei. Stadterweiterungen, vor allem in der zweiten Hälfte des 19. Jh., führten zu einer noch stärkeren Konzentration des → Handels und → Verkehrs in der Altstadt bei gleichzeitiger Bodenpreiserhöhung. Die Folge ist eine Entvölkerung (Abwanderung der Wohnbevölkerung), wobei die alten Wohnungen Büro- oder Verkaufsräumen Platz machen (→ City, → Citybildung).

Die sich an das Geschäfts- und Verwaltungszentrum anschließenden *Wohnviertel* bezogen ihre Wohnbevölkerung jedoch nur zum Teil aus dem alten *Stadtkern*. Zum großen Teil handelte es sich um Zugewanderte (→ Landflucht), die in den neugegründeten Industrie- und Gewerbebetrieben Arbeit suchten. Die ersten Betriebe der großgewerblichen Produktion hatten sich wegen der günstigeren Bodenpreise und den dort noch vorhandenen Erweiterungsflächen für ihre Unternehmen außerhalb der kompakten innerstädtischen Baumasse niedergelassen. Besondere Standortgunst besaßen Freiflächen in der Nähe der neuen Verkehrseinrichtungen (Eisenbahn-, Wasserweganschluß, → Standortfaktoren). In unmittelbarer Nachbarschaft solcher Industriebetriebe entstanden nun Arbeiterwohnquartiere, teils als aufgelockerte Werkssiedlungen (z. B. Kruppsiedlungen in Essen), teils als mehrstöckige „Mietskasernen" (z. B. „Wilhelminischer Wohnring" in Berlin). Bei anhaltender → Industrialisierung und Bevölkerungszunahme verzahnten sich die ursprünglich voneinander

getrennten Wohngebiete, so daß sich allmählich ein geschlossener Ring von Wohnhäusern um den alten Stadtkern legte. Die Wohndichte in solchen Vierteln beträgt heute gelegentlich 100000 E./km^2 und mehr (z. B. in einigen Berliner Verwaltungsbezirken). Viele ursprüngliche Industriebetriebe entwickelten sich bis in die Gegenwart hinein zu Montage- und Reparaturbetrieben oder dienen dem *Großhandel* mit flächenbeanspruchender Lagerhaltung. Die räumliche Enge in diesen innerstädtischen Wohn- und Gewerberingen, oft gepaart mit unzureichender Sanitärausstattung, fehlenden Erholungsflächen und schlechter Durchlüftung (→ Stadtklima) hat eine beschleunigte Überalterung der dort lebenden Bevölkerung zur Folge (*vergreiste Gesellschaft,* → Bevölkerungspyramide). Die jüngeren, meist mobileren Bevölkerungsteile, suchen periphere Wohnviertel auf.
Stadtauswärts gliederten sich im Laufe der Zeit aufgelockerte Wohngebiete für mittlere und gehobenere Ansprüche (Wohndichte: ca. 1000 bis 10000 E./km^2) an, die in ihrem Kern oft auf ältere Umlandgemeinden zurückgehen (→ Stadt-Umland-Bereich).
In dieser städtischen Rand- und Außenzone befinden sich auch viele raumbeanspruchende städtische Einrichtungen neueren Baudatums wie Flugplätze, Messegelände, Sportanlagen, Friedhöfe, Krankenanstalten, städtische Versorgungs- und Verkehrsbetriebe. Die industriellen Großbetriebe verlagerten ihre → Standorte, sofern sie nicht die oben beschriebene Gunstlage von Anfang an besaßen, auf die Außenzone, die nicht mit Wohngebäuden besetzt war und geeignete Verkehrsanschlüsse besaß *(Industrieviertel).*
Neben diesen in den meisten mitteleuropäischen *Großstädten* so oder in ähnlicher Weise angeordneten Stadtvierteln gibt es noch Städte, in denen aufgrund besonderer Funktionen (→ Stadttypen, funktionale) auch besondere Viertel ausgebildet sind. Beispiele sind *Universitätsstädte* mit einem ausgeprägten Hochschulbezirk, *Bischofsstädte* mit einer räumlichen Konzentration von Sakralbauten in einem „geistlichen Viertel", Hafenstädte mit einem oft weiter differenzierten Hafenviertel.
Die vermittelnde Aufgabe zwischen den räumlich voneinander getrennten Funktionsgebieten einer Stadt übernimmt der innerstädtische Verkehr. Die Kenntnis der in die nach Tageszeiten unterschiedlichen Verkehrsströme trägt zum Verständnis der funktionalen Zusammenhänge zwischen den Vierteln einer Stadt bei (→ Stadt-Umland-Bereich, *Tagesganglinien* des Verkehrs).

Volkseigene Güter → LPG

Volkseinkommen: Summe aller Einkommen, die während eines Jahres innerhalb einer → Volkswirtschaft entstehen. Es setzt sich zusammen aus gezahlten Löhnen und Gehältern, Honoraren, Einkommen aus → Dienstleistungen, Mieten, Pachten sowie Unternehmergewinnen. Einkommen, die nicht versteuert werden (z. B. Hausarbeit, Nachbarschaftshilfe), bleiben unberücksichtigt, weswegen sich der Begriff nicht für internationale

Vergleiche eignet. Die Begriffe V. und *Sozialprodukt* werden synonym verwendet.

Teilt man das V. durch die Bevölkerungszahl eines Landes, erhält man das *Pro-Kopf-Einkommen,* das bedingt als Kennzeichen für den wirtschaftlichen Entwicklungsstand eines Landes herangezogen werden kann.

Volkswirtschaft: Gesamtheit der miteinander verknüpften Wirtschaftseinheiten wie Haushalte und Betriebe in einem Staat mit einheitlicher → Wirtschaftsordnung und Währung.

Volkswirtschaftslehre (Abk.: VWL; Nationalökonomie, politische Ökonomie): Zweig der → Wirtschaftswissenschaften, der die gesamtwirtschaftlichen Zusammenhänge innerhalb einer → Volkswirtschaft analysiert. Insbesondere bemüht sich die V. mit Hilfe von Kosten-Nutzen-Analysen um das Auffinden von Gesetzmäßigkeiten, wie knappe *Produktionsmittel* mit alternativer Verwendbarkeit für die Güter*produktion* optimal eingesetzt und diese dem *Konsum* zugeführt werden können.

Vorfluter: Gewässer, das als Hauptsammler alle *Abwässer* eines Gebietes aufnimmt und ableitet (→ Fließgewässer). Das Problem der Abwassersammler und → Abwasserreinigung kann befriedigend nur interkommunal und überregional gelöst werden. Viele Abwässer werden nach wie vor ohne Klärungsverfahren direkt in den V. geleitet.

vorgerückte Küste → Küste
Vorlandgletscher → Gletscher

V-Tal → Fluß, → **Tal**

Vulkan: Austrittstelle von magmatischem Material an der Erdoberfläche. Morphologisch ist der V. meist ein Berg, der sich aus den geförderten Produkten aufbaut.

Die *Magma*-Schmelze, die als *Lava* bezeichnet wird, wenn sie an die Oberfläche tritt, steigt entlang *Bruchlinien* der *Erdkruste* (→ Verwerfung) oder in schmalen Kanälen *(Schlote)* aus *Magmaherden* auf. Sie durchstößt die Erdrinde meist in einer trichterförmigen Öffnung, dem *Krater.* Den Austritt von Auswurfmassen bezeichnet man als *Eruption.* Die Eruption kann in einer Explosion, in einem langsamen Emporsteigen und Ausfließen von Lava oder in Verbindung von beidem erfolgen. Charakter und Verlauf eines Vulkanausbruchs hängen im wesentlichen von der chemischen Beschaffenheit des Magmas, seiner Temperatur und von seinem Gehalt an Gasen und Dämpfen ab. Bahnt sich das Magma sehr früh einen Weg nach außen, so ist der Dampfdruck gering, und es kommt zu einem ruhigen Ausströmen von Lava *(Effusion).* Hat sich durch fortgeschritteneres Erkalten eine große Gasmenge angesammelt, bricht sie sich explosionsartig Bahn: es werden *Aschen* (fein zerspratzte Lava), *Lapilli* (kleine hasel- bis walnußgroße Lavabrocken), *Bomben* (größere Lavafetzen, die erst beim Flug durch die Luft erstarren und gedrehte Formen zeigen) und *Schlacken* (Lavabrocken, die von zahlreichen, z. T. luftgefüllten Hohlräumen durchsetzt sind) ausgeworfen. Später kann dann ein Lavastrom folgen. Der Entstehung oder dem erneuten Ausbruch eines V.s gehen oft lokale Beben voraus (→ Erdbeben), die durch die Stöße des Magmas gegen das umgebende → Gestein ausgelöst werden.

Nach der Art der Eruption und des geförderten Materials unterscheidet man verschiedene Vulkantypen (Abb. 124). Bei Förderung basischer,

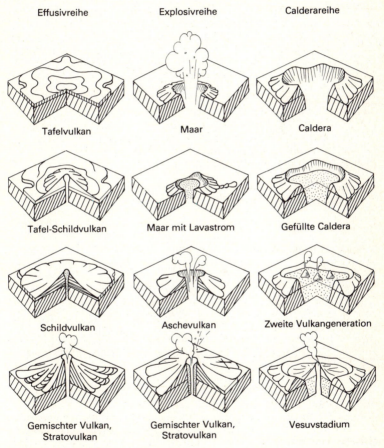

Abb. 124 Vulkanische Großformen
(nach H. CLOOS 1956 bzw. Westermann Lexikon der Geographie Bd. 4, Braunschweig 1970, S. 863)

dünnflüssiger Lava über lange Zeit hinweg entsteht ein *Tafelvulkan* (z. B. Columbia Plateau in den USA), bei Förderung von zäher Lava mit geringen Hubkräften ein *Schildvulkan* mit annähernd kreisförmigem Grundriß und flach gewölbtem Profil (z. B. auf Hawaii und in Island). Bei einem *Schichtvulkan* oder *Stratovulkan* wechseln Lava- und Aschenausbrüche miteinander ab, so daß sich der V. zwiebelschalenartig aus verschiedenen Lagen von Lava und Aschen aufbaut (z. B. Cotopaxi in Ecuador, Kilimandscharo, Vesuv). Häufig sind Schichtvulkane schön geformte Kegelberge mit steilen Flanken im Gipfelbereich. *Maare* sind kreisförmige Sprengtrichter, die ihre Entstehung einer einmaligen Gasexplosion verdanken, durch die nur wenige magmatische Auswurfmassen an die Oberfläche gelangten. Der Ringwall besteht vorwiegend aus dem herausgeschleuderten anstehenden Gestein; vielfach ist der Krater mit Wasser gefüllt (z. B. Eifelmaare). Bei reichlicher Ascheförderung ohne Lavaausfluß bilden sich *Aschevulkane* heraus, die durch → Verwitterung und → Abtragung leicht zerstört werden können. *Vulkandecken* sind aus Spaltenergüssen sehr dünnflüssiger Lava hervorgegangen und können nach mehreren Ergüssen als Lavaplateaus weite Flächen bedecken (z. B. Paranábecken in Südamerika mit über 1 Mio km^2, Hochland von Dekkan in Vorderindien). Durch gewaltige explosive Zerstörungen und starke Magmaförderung kann der Vulkankegel in sich zusammenbrechen, so daß ein überdimensionaler Einsturzkessel, eine *Caldera*, entsteht (z. B. Ngorongoro-Krater in Tansania, Insel Thera [Santorin] in der Ägäis). Auf ihrem Boden können sich kleine Sekundärvulkane aufbauen. In jungvulkanischen Gebieten treten manchmal heiße Springquellen oder *Geysire* auf, die durch Niederschlagswasser gespeist werden. Das durch heiße Magmastöcke aufgeheizte Wasser wird durch hohen Dampfdruck, der sich in dem verzweigten Röhrensystem aufbaut, in mehr oder weniger regelmäßigen Abständen ausgeschleudert (z. B. Island, Yellowstone-Nationalpark in Wyoming, Neuseeland). *Thermalquellen* oder *Mineralquellen* enthalten feste, gelöste oder gasförmige Stoffe (z. B. Kohlensäure, Kochsalz, Eisensalz, Schwefel) und sind an tektonische Störungslinien (→ Verwerfung, → Tektonik) gebunden. Auf schwache vulkanische Tätigkeit weisen *Gasaushauchungen* hin; z. T. sind sie Nachklänge früherer vulkanischer Tätigkeit. Nur noch ein relativ dünner Gasstrom sickert durch das Gestein nach oben. Die Aushauchungen bestehen entweder aus Wasserdampf *(Fumarolen)*, aus Schwefelgasen *(Solfataren)* oder aus kohlendioxidhaltigem Wasserdampf *(Mofetten);* das Kohlendioxid kann auch in wäßriger Lösung in Form von *Säuerlingen* austreten.

Vulkandecke → Vulkan
vulkanisches Beben → Erdbeben

Vulkanismus: Bezeichnung für alle Vorgänge und Erscheinungen, die mit dem Aufstieg von glutflüssiger Gesteinsschmelze *(Magma)* aus dem oberen *Erdmantel* (→ Schalenbau) an die Erdoberfläche (→ Vulkan) zusam-

menhängen. Gelangt das Magma nicht bis zur Erdoberfläche, so spricht man von → Plutonismus bzw. *Kryptovulkanismus*.
V. und Plutonismus sind an tiefreichende Spalten und Störungszonen in der *Erdkruste* gebunden (→ Verwerfung), die Leitwege für das aufsteigende Magma bilden (→ Tektonik). Ursachen für den Magmaaufstieg sind Entgasung und Druckentlastung des Glutflusses. Hauptverbreitungsgebiete des V. sind die Zonen großer *Graben*brüche (z. B. ost- und zentralafrikanischer Graben), junger Kettengebirge (z. B. zirkumpazifische Gebirge) sowie die mittelozeanischen Rücken (z. B. mittelatlantische Schwelle).

Vulkanit → Gestein

W

Wachstumsindustrien: Industriezweige (→ Industrie), die das Tempo der → Industrialisierung eines Landes positiv bestimmen. W. in den letzten 100 Jahren für Europa waren in zeitlicher Abfolge seit Beginn der *industriellen Revolution:* Textilindustrie, *Schwerindustrie,* Schiffbau, *chemische Industrie,* Automobilindustrie, ölverarbeitende Industrie (→ Erdöl), Luft- und Raumfahrtindustrie, elektronische Industrie (*Datenverarbeitung*).

Wald → Altsiedelland, → Bodennutzungssystem, → Bodentyp, → Dauerfrostboden, → **Forstwirtschaft,** → Haufendorf, → Lawine, → Moräne, → Naturwaldzellen, → Ökosystem, → Pflanzenformation, → Standortklima, → Sukzession, → tropischer Regenwald, → Wasserkreislauf
Waldhufenflur → Flurformen

Waldhufensiedlung: Planmäßig, unter grundherrschaftlicher Lenkung (Adel, Kirche) angelegte ländliche Siedlung. Es handelt sich um *Reihendörfer* mit hofanschließenden Breitstreifen-*Parzellen* in *Einödlage* (BORN 1977). Die Gehöfte reihen sich meist entlang einem Wasserlauf bzw. einer Straße auf der unteren Terrassenkante (→ Terrasse) eines → Tales und ziehen sich oft, bei nicht allzu engen Talzügen, viele Kilometer talaufwärts (Abb. 125).
Die ältesten W.en sind im Odenwald als Gründungen des Klosters Lorsch im 9. Jh. nachweisbar (BORN 1977). Sie finden sich jedoch später in fast allen deutschen Mittelgebirgen. Während vor allem in Realerbteilungsgebieten Süddeutschlands (→ Realerbteilung) durch Längs- und Querteilung der → Hufen, Aufteilung der Hofflächen und Neugründungen abseits der vorgegebenen Leitlinie der Waldhufencharakter vielfach verloren ging, blieb er am Nordrande der Mittelgebirge infolge großzügigerer Anlage der Rodungsflächen und straffer Lenkung der Rodung besser gewahrt.

Waldwirtschaft → Forstwirtschaft
Walfang → **Fischereiwirtschaft,** → Plankton
Walldüne → Dünen
Wallfahrtsstadt → Stadttypen, funktionale
Wallmoräne → Moräne
Wallriff → Korallenriffe
Wanderdüne → Dünen
Wanderfeldbau → Bodennutzungssystem
Wanderschäferei → Wechselweidewirtschaft

Wanderung: Nach dem offiziellen Wanderungsbegriff wird eine räumliche Bewegung nur dann als W. bezeichnet, wenn eine vorübergehende oder ständige Wohnsitzverlagerung über Gemeinde-, Landes- oder Staatsgren-

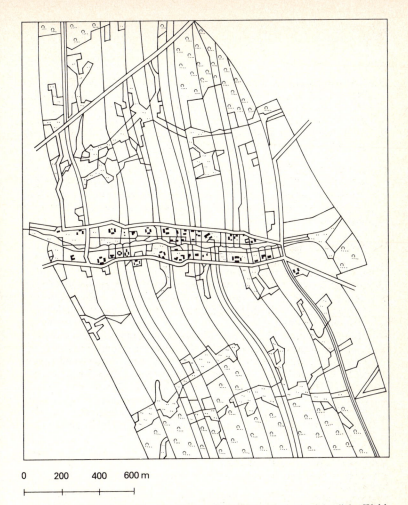

Abb. 125 Röllingshain (Rochlitz/Sachsen) 1835/43. Hochmittelalterliche Waldhufensiedlung der deutschen Ostsiedlung: Reihendorf mit streifenförmiger Einödflur; partielle Verdichtungen und Längsteilungen der Streifen
(nach R. KÖTZSCHKE bzw. M. BORN, Geographie der ländlichen Siedlungen, Bd. 1, Stuttgart 1977, S. 164)

zen hinweg stattfindet (→ Mobilität). Wichtigstes Merkmal ist somit das Überschreiten von Verwaltungsgrenzen; Bewegungen innerhalb solcher Grenzen werden von der offiziellen → Wanderungsstatistik überhaupt nicht erfaßt. Aus geographischer Sicht muß der Wanderungsbegriff daher weiter gefaßt werden, und er muß neben der → Pendelwanderung, bei der ja keine Wohnsitzverlagerung stattfindet, auch die *Umzüge,* d. h. die Wohnsitzverlagerungen innerhalb von Gemeindegrenzen, beinhalten, da sie oft raumwirksamer sein können als Bewegungen im Sinne des offiziellen Wanderungsbegriffes. Die amtliche → Statistik unterscheidet *Binnenwanderungen* innerhalb eines Staatsgebietes und *Außenwanderungen* als Aus- und Einwanderungen. Die umfassendste Einteilung der W.en ergibt sich aus der Zuordnung nach den Wanderungsmotiven: ökonomisch bedingte W. (z. B. → Landflucht, → Gastarbeiterwanderung), religiös und politisch bedingte W. (Israel, Indien, Pakistan) und ökologisch bedingte W. (z. B. *Stadtkern-* Stadtrand-Bewegung, → Stadt-Umland-Bereich, → Stadtregion). Erfolgen W.en aus politischen, religiösen, kulturellen und wirtschaftlichen Zwängen oder werden durch staatsrechtliche Verträge Umsiedlungen erzwungen, so spricht man von *Zwangswanderungen* (→ Flüchtlinge).

Wanderungsbilanz → Abwanderungsraum, → **Wanderungsstatistik**

Wanderungsstatistik: Zahlenmäßige Feststellung der Wohnsitzverlagerungen von Personen und Personengemeinschaften (z. B. Familien) mit gleichzeitiger Aufschlüsselung der Personen nach natürlichen, sozialen, wirtschaftlichen und rechtlichen Merkmalen sowie nach Merkmalen, die in unmittelbarer Beziehung zur Wohnsitzverlagerung stehen. Von der W. werden nur solche → Wanderungen erfaßt, die Verwaltungsgrenzen (Gemeinde-, Landesgrenzen) überschreiten. Die Veränderungen in der Bevölkerungszahl aufgrund von Wanderungen schlagen sich in der *Wanderungsbilanz* nieder. Die Anzahl der Wanderungsvorgänge, bezogen auf 1000 E., ergibt die *Mobilitätsziffer* (→ Mobilität).

Warengeld → Geld
Warenkorb → Preisindex
Wärmegewitter → **Gewitter,** → Luftschichtung
Wärmekraftwerk → **Elektrizität,** → Steinkohle
Wärmestrahlung → Stadtklima, → **Strahlung**
Warmfront → Zyklone
Warmsektor → Zyklone

Waschmittelgesetz: Gesetz über die Umweltverträglichkeit von Wasch- und Reinigungsmitteln vom 20. August 1975 (Bundesgesetzblatt I, S. 2255 f.). In § 1 (Grundsatz) heißt es: „Wasch- und Reinigungsmittel dürfen nur so in den Verkehr gebracht werden, daß nach ihrem Gebrauch jede vermeidbare Beeinträchtigung der Beschaffenheit der Gewässer, insbesondere im Hinblick auf die Trinkwasserversorgung, und eine Beeinträchtigung des Betriebs von *Abwasser*anlagen unterbleibt. Wasch- und Reinigungsmittel sind bestimmungsgemäß und gewässerschonend, insbesondere unter Einhaltung der Dosierungsempfehlungen des § 7 Abs. 1

Satz 1 Nr. 4, zu verwenden" (→ Abwasserreinigung; → Belastungsreduktion; → Detergentien; → Fließgewässer; → stehende Gewässer; → Phosphorkreislauf).

Wassergüteklasse → Fließgewässer, → **Saprobitätsstufen**
Wasserkraftwerk → Aluminium, → **Elektrizität**

Wasserkreislauf (Abb. 126): Zur Aufrechterhaltung der Lebensvorgänge auf der Erde wird Wasser von den Organismen sowohl als Baustoff als auch als Nahrungsstoff benötigt. Wasser ist stofflicher Hauptbestandteil der Organismen (→ Stoffkreisläufe in der Biosphäre). Die Vorgänge in den Zellen laufen in wäßrigem Milieu ab. Der Wasserhaushalt am Standort ist für die Pflanzen meist entscheidender als für die Tiere (→ Standortfaktoren), da diese ortsgebunden, jene aber in der Regel beweglich sind.

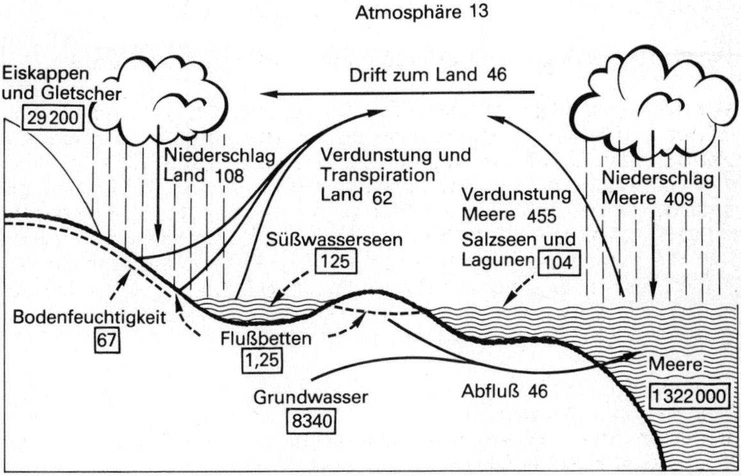

Atmosphäre 13

Eiskappen und Gletscher 29 200
Drift zum Land 46
Niederschlag Land 108
Verdunstung und Transpiration Land 62
Verdunstung Meere 455
Niederschlag Meere 409
Süßwasserseen 125
Salzseen und Lagunen 104
Bodenfeuchtigkeit 67
Flußbetten 1,25
Grundwasser 8340
Abfluß 46
Meere 1 322 000

Abb. 126 Der Wasserkreislauf der Erde. Die Zahlenangaben (in 1000 km^3) bezeichnen den jährlichen Austausch und die Wasserspeicher (Kästchen)
(nach A. N. STRAHLER/A. H. STRAHLER, Environmental Geoscience. Interactions between natural systems and man, Hamilton, Santa Barbara, California 1973 bzw. Funkkolleg Biologie, Studienbegleitbrief 9, Weinheim und Basel 1974, S. 18; verändert)

Man unterscheidet zwischen dem großen und dem kleinen W. Im großen W. findet ein Austausch Meer, → Atmosphäre, Land und wiederum Meer statt. In den großen W. sind die kleinen Wasserkreisläufe eingebettet, der Kreislauf zwischen Meer und Atmosphäre einerseits und der Kreislauf zwischen Land und Atmosphäre andererseits. Die weitaus größte Menge des über den Ozeanen verdunstenden Wassers (→ Evaporation) wird diesen in Form von → Niederschlägen direkt wieder zugeführt. Das Kreislaufschema für die Bundesrepublik Deutschland ist aus Abb. 127 ersichtlich.

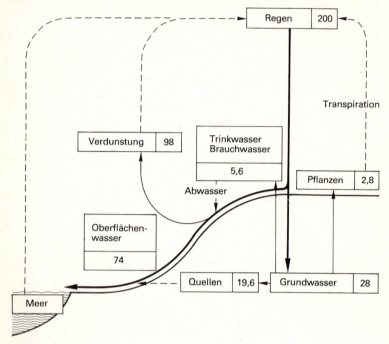

Abb. 127 Der Wasserkreislauf am Beispiel der Bundesrepublik Deutschland (Zahlenangaben in 1000 km^3)
(nach J. BITTEL bzw. Curricularem Lehrplan Geographie/Entwurf für 11/2 in der Reformierten Oberstufe im Saarland; Anhang, Saarbrücken 1974, unveröffentlicht, verändert)

Beispiel: der kleine W. zwischen Land und Atmosphäre als geoökologischer *Regelkreis* im intakten und gestörten Landökosystem (→ Ökosystem):
1. *Wald* (Abb. 128): Unter Waldstandorten findet die Grundwasserbildung besonders intensiv statt (→ Grundwasser). Im Laubwald tropfen die Niederschläge infolge des Blätterdaches nur langsam zu Boden oder laufen an den Stämmen herab und versickern zum größten Teil im Boden (→ Sickerwasser). Der oberirdische Abfluß wird nicht nur durch die Stämme, sondern auch durch den Unterwuchs gebremst. Das Blätterdach bildet einen wirksamen Verdunstungsschutz, das Wurzelwerk sorgt für eine intensive Speicherung des Niederschlagswassers. Da durch die

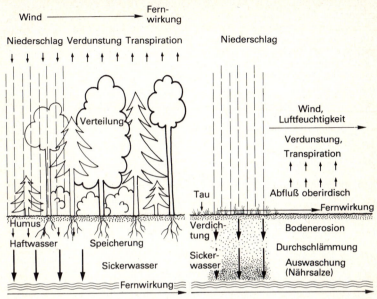

Abb. 128 Wasserhaushalt. – *Links:* Wasserhaushalt im Wald. Regenwasser dringt in den lockeren Boden ein, wird darin gespeichert und speist Grundwasser und Quellen; „die starke Verdunstung erhöht die Luftfeuchtigkeit und fördert die Wolkenbildung sowie die Niederschläge in den im Lee liegenden Gebieten. *Rechts:* Wasserhaushalt nach Entwaldung. Der Regen verdichtet die Bodenoberfläche, fließt oberflächlich ab, bewirkt Bodenerosion und erhöht die Hochwassergefahr." Das Sickerwasser wäscht die Nährstoffe aus dem nicht durchwurzelten Boden aus und speist die Quellen nur schwach oder unregelmäßig. (H. WALTER 1973)
(nach H. WALTER, Allgemeine Geobotanik, Stuttgart 1973, S. 183)

→ Transpiration der Pflanzen ein Teil des Wassers wieder in die Atmosphäre gelangt, kommt es zu einer Erhöhung der *relativen Feuchte* (→ Luftfeuchte) bzw. zur *Nebel-* und Wolkenbildung über dem Wald (→ Wolken). Die durch den → Wind verdrifteten → Luftmassen führen in entfernteren Gebieten zu Niederschlag. Man spricht von der *Fernwirkung des Waldes.*

Verstärkte Grundwasserbildung findet in den mittleren Breiten besonders zu Winter- und Frühjahrsbeginn statt: geringere Direktverdunstung, geringe Transpiration infolge stark herabgesetzter Stoffwechselprozesse bei den Pflanzen sowie besonders leichtes Eindringen des Schmelzwassers in den Boden können hierfür als Gründe genannt werden. Waldstandorte garantieren in besonderer Weise eine ausreichende und dauernde Speisung von Quellen. In Nadelwaldgebieten sind die im Vergleich zu Laubwäldern schlechteren Grundwasserverhältnisse darauf zurückzuführen, daß ein dichterer Baumbestand, fehlendes Unterholz sowie eine gestörte *Humus*bildung infolge Verhärtung des → Bodens das Einsickern größerer Niederschlagsmengen verhindern.

2. Rodungsfläche (Abb. 128, 129): Die Niederschläge treffen direkt auf den (oft nackten) Boden auf und verdichten ihn. Das Regenwasser fließt oberflächlich ab. Die Nährstoffe des Bodens werden ausgewaschen (Gefahr der *Bodenzerstörung*, → Soil erosion). Die Wolkenbildung nimmt ab. Da unter diesen Umständen die Grundwasserbildung nur vermindert stattfinden kann, ist auch die Speisung der Quellen nur schwach und unregelmäßig.

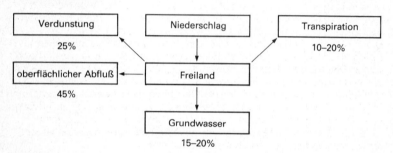

Abb. 129 Wasserhaushalt im Freiland bzw. auf einer Rodungsfläche; prozentuale Verteilung
(nach J. BITTEL bzw. Curricularem Lehrplan Geographie/Entwurf für 11/2 in der Reformierten Oberstufe im Saarland; Anhang, Saarbrücken 1974; unveröffentlicht; leicht verändert)

Im urbanen Ökosystem (→ Ökosystem Industriestadt) erhöht sich der Anteil der direkten Verdunstung noch dadurch, daß durch die oft dichte Bebauung und wegen der Asphaltierung das Regenwasser meist vollständig am Einsickern in den Boden gehindert und in einem Kanalsystem abgeführt wird. Der Grundwasserbildung am Ort wird es somit ganz entzogen. Die Verhältnisse des natürlichen Wasserabflusses werden durch den Menschen in den → Ballungsgebieten einschneidend verändert.

Wasserscheide → Fluß
Wasserverkehr → Verkehr
Wattenküste → Fluß, → **Küste**

Wechselweidewirtschaft: Im Unterschied zur bodenständigen *Weidewirtschaft* die Form der → Viehwirtschaft, bei der das Vieh – vorwiegend in Gebieten mit unzureichender Futtergrundlage – in jahreszeitlichem Wechsel verschiedene Futterplätze aufsucht. Stets werden die Tiere durch

Wanderhirten zu Weidegebieten gebracht, die wegen der Entfernung vom eigentlichen Wohnsitz aus nicht mehr direkt bewirtschaftet werden können.

Von *Transhumanz* („jenseits des bebauten Landes") spricht man, wenn Viehherden, die ackerbautreibenden Besitzern gehören, periodisch zwischen zwei klimatisch verschiedenen Gebieten wandern (Sommerweide im Gebirge, Winterweide in Beckenlandschaften, Flußniederungen und Küstenebenen), so daß winters wie sommers keine Stallhaltung notwendig wird. Transhumanz ist vor allem im europäischen Mittelmeergebiet verbreitet.

Eine Form mitteleuropäischer Transhumanz ist die *Wanderschäferei.*

Almwirtschaft ist die jahreszeitliche Nutzung von Hochweidegebieten (natürliche Weidefläche in der Mattenzone oberhalb der Waldgrenze) in Verbindung mit einem Bauernbetrieb im Tal, wo das Vieh im Winter eingestallt wird. Bei der Almwirtschaft überwiegt die → intensive Rinderhaltung mit der notwendigen Folge stationärer Almgebäude.

Beim *Nomadismus* wandert ein ganzer Volksstamm (→ Mobilität) ohne festen Wohnsitz während des ganzen Jahres mit Zelten (Jurten) hinter seinen Herden her. Durch den direkten Konsum der Viehprodukte sind die Nomaden an den wechselnden Aufenthaltsort der Herden gebunden und können somit keinen Ackerbau betreiben. Der Nomade braucht zur Ergänzung seines Bedarfes seßhafte Bauern und Handwerker, mit denen er → Handel treibt. Nomadismus findet sich noch in W- und Zentralasien, in N-Afrika und in N-Skandinavien, wo die *Rentierwirtschaft* eine Sonderform nomadischer → Wirtschaftsform darstellt.

Weidewirtschaft → THÜNENsche Kreise, → **Wechselweidewirtschaft**
Weihnachtstauwetter → Singularität

Weiler: Bezeichnung für lockere oder enge → Gruppensiedlung von ursprünglich 3 bis 15 Hofstätten (NIEMEIER 1977). Dabei können zu den landwirtschaftlichen Wohn- und Wirtschaftsgebäuden auch Gebäude mit anderer Zweckbestimmung hinzutreten. Der W. ist in Mitteleuropa charakteristische Siedlungsform der in den mittelalterlichen Ausbau- und Rodungsperioden (→ Siedlungsperioden) erschlossenen Siedlungsräume, d. h. vor allem der klimatisch und edaphisch benachteiligten Bergländer; dagegen ist die historisch-genetische Sonderform des → Drubbels dem → Altsiedelland zuzuordnen. Die W. besaßen ursprünglich meist eine ungeregelte *Blockflur* (→ Flurformen), die sich später durch *Gewann*-Bildung der Flurform des Altsiedellandes annäherte.

Wellenfurche → Rippelmarken
Wellenstörung → Zyklone
Weltbevölkerungsexplosion → Bevölkerungsentwicklung

Welthandel: Internationale Handelsbeziehungen (→ Handel) im Rahmen *internationaler Arbeitsteilung* (→ Arbeitsteilung). Die Bundesrepublik

Deutschland ist mit einem Anteil von ca. 10% am gesamten W. beteiligt. Etwa 26% ihres → Bruttosozialprodukts sind Importe, 29% desselben werden für den Export bereitgestellt (Bezugsjahr: 1978). Der wertmäßige Umfang des W.s kommt vor allem in den nationalen → Außenhandelsbilanzen zum Ausdruck. Voraussetzungen für freien W. sind: ein funktionierendes Weltwährungssystem, wirksame Kommunikationssysteme und Freihandelsbestrebungen. Er wird bedroht von allzu unausgeglichenen Außenhandelsbilanzen. Länder mit gravierender Auslandsverschuldung sowie mit passiver Außenhandelsbilanz versuchen diese dadurch auszugleichen, daß sie auf ihre Importe Zölle erheben *(Zollprotektionismus)*, um die Einfuhren zu drosseln. Dem Rückgang der Importe folgt als Gegenmaßnahme der Exportländer die Drosselung anderer Importgüter aus dem ,,Auslöser''land, was langfristig ein erneutes Handelsbilanzdefizit beim ,,Auslöser''land zur Folge hat. Die Bundesrepublik Deutschland wäre mit ihrer aktiven Handelsbilanz von den beschriebenen *Außenhandelsrestriktionen* besonders hart getroffen, da der Binnenmarkt relativ klein ist (etwa im Vergleich zu dem der USA) und besonders viele Arbeitsplätze exportorientiert sind (s. auch → Autarkie).

Weltstadt: In gewisser Weise ein Sondertypus der funktionalen Stadttypen (→ Stadttypen, funktionale). Nach SCHULTZE (1959) und STEWIG (1964) zeichnen folgende Merkmale eine W. aus: in der Regel mehr als 1 Mio E., Sonderstellung im politischen und kulturellen Leben eines Landes (Weltstädte sind fast immer auch *Hauptstädte*), funktionale Verflechtungen auf internationaler Ebene (z. B. Paris als Zentrum der Mode und bildenden Künste, Wien als Zentrum der Theaterkultur). Fast alle Weltstädte verfügen über eine überragende *Verkehrslage* (deshalb entwickelten sich z. B. Chicago, aber auch Frankfurt/M., ohne Hauptstädte zu sein, zu Weltstädten). In den Weltstädten prägen sich alle städtischen Funktionen sowie deren räumliches Gefüge am deutlichsten aus (→ zentraler Ort, → Viertelsbildung, → Citybildung).

Weltverkehr → Verkehr
Werkkapital → intensiv
WERNER-Bericht → EWG

Wettbewerbsfaktoren in Ökosystemen: Organismen, die auf engem Raum miteinander leben, stehen in ständigem Wettbewerb (Konkurrenzkampf) miteinander. Pflanzen nehmen sich gegenseitig das Wasser, das Licht und die Nährstoffe im Boden weg (→ Standortfaktoren). Zwei Arten, die sich in vielen lebenswichtigen Bereichen einander Konkurrenz machen, können nicht nebeneinander im gleichen Lebensraum auf Dauer existieren, da eine der beiden Arten mit der Zeit der anderen konkurrenzüberlegen wird und damit diese Art verdrängt, oder gar zum Aussterben bringt (→ Ökosystem).
Die Konkurrenz, die immer dann auftritt, wenn in einem → Biotop zu-

sammenlebende Organismen die gleichen wesentlichen Umweltgegebenheiten in gleicher Weise nutzen, diese aber nur in beschränktem Umfang vorliegen, stellt somit einen wichtigen Selektionsfaktor im Pflanzen- und Tierreich dar und führt bei Arten innerhalb desselben Biotops zur Ausbildung unterschiedlicher → ökologischer Nischen. In einem gegebenen Lebensraum nutzen die Arten immer nur bestimmte Elemente.

Der Höhlenbrüter Hohltaube, die selbst keine Höhlen bauen kann, tritt in Konkurrenz zum Specht, der seine Höhle selbst anlegt. In einem solchen Fall spricht man von *interspezifischer Konkurrenz,* da Hohltaube und Specht verschiedenen Arten angehören (zwischenartlicher Wettbewerb). Gehören die Konkurrenten derselben Art an, spricht man von *intraspezifischer Konkurrenz* (Wettbewerb zwischen den verschiedenen Individuen derselben Spezies). Die wettbewerbsschwachen Individuen werden gegenüber den kräftigeren gewöhnlich ganz ausgemerzt.

Beim interspezifischen Wettbewerb ringen die einzelnen Arten gegensei-

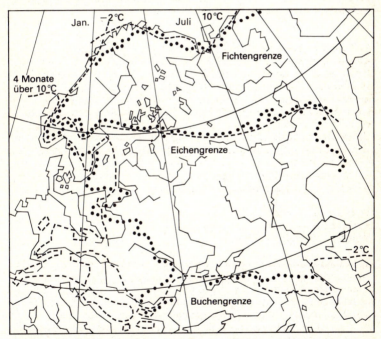

Abb. 130 Nördliche Arealgrenze der Fichte (Picea abies) und der Eiche (Quercus robur) sowie östliche Arealgrenze der Buche (Fagus silvatica) (punktiert) im Vergleich zu Klimalinien (gestrichelt)
(nach H. WALTER, Allgemeine Geobotanik, Stuttgart 1973, S. 19; verändert)

tig um die Vorherrschaft im jeweiligen Lebensraum. Nahe verwandte Arten machen dabei von der Möglichkeit der Einnischung (s. o.) Gebrauch. So leben z. B. Feldmaus und Stadtmaus, Tannenhäher und Eichelhäher in unterschiedlichen Biotopen.
Inter- und intraspezifische Konkurrenz haben einen wichtigen Einfluß auf die Zusammensetzung der Lebensgemeinschaften (→ Biozönose; → Sukzession). Die interspezifische Konkurrenz kann sowohl gegensinnig (Räuber-Beute-Verhältnis) als auch gleichsinnig (→ Symbiose) orientiert sein (→ kybernetische Mechanismen in der Ökologie).
Die W. i. Ö. spielen auch bei den Verbreitungsgrenzen von Arten eine bedeutende Rolle, da z. B. Pflanzen ihr potentielles, klimatisch begrenztes → Areal in der Regel nicht voll ausfüllen. Im Arealgrenzbereich ist die Wettbewerbsfähigkeit stark herabgesetzt, während der Konkurrenzdruck durch andere, besser adaptierte Arten erheblich zunimmt. Die östliche Arealgrenze der Buche z. B. (Abb. 130) liegt im Weichselgebiet, man findet sie aber noch in den botanischen Gärten von Helsinki und Kiew, denn in botanischen Gärten ist der Wettbewerb nahezu ausgeschaltet.

Wetter: Zustand der → Atmosphäre in einem bestimmten, relativ kurzen Zeitraum und in einem begrenzten Gebiet; es ist darstellbar durch Beschreibung der *meteorologischen Elemente* (→ Klimaelemente: → Strahlung, → Lufttemperatur, → Luftfeuchte, → Wolken, → Niederschlag, → Luftdruck, → Wind) und Prozesse (z. B. Wolkenaufzug, → Gewitter, Durchzug einer Schauerfront). Im wesentlichen spielt sich das Wetter in der *Troposphäre* (→ Atmosphäre) ab.
Das W. in Mitteleuropa verdankt seine Unbeständigkeit dem rasch wechselnden Einfluß der verschiedenen → Aktionszentren und der durch sie zugeführten → Luftmassen. Für eine Typologie des W.s gibt es verschiedene Ansätze. Im Sinne der → ökologischen Landschaftsforschung zweckmäßig erscheint die Einteilung nach Art und Stärke des Luftaustauschs: *Strahlungswetter* (austauscharm, → Inversion), *Konvektionswetter* (vorwiegend vertikaler Luftaustausch, → Konvektion), *Advektionswetter* (vorwiegend horizontaler Luftaustausch).
Strahlungswetter (→ Strahlung) herrscht hauptsächlich im Einflußbereich von *Hochdruckgebieten* (→ Luftdruckgebilde). Wegen der *stabilen Luftschichtung* (→ Luftschichtung) findet nur geringer horizontaler und vertikaler Luftaustausch statt. Die → Lufttemperatur ist vom Strahlungsverlauf funktional abhängig und weist einen ausgeprägten Tagesgang auf. Unterschiede im Erscheinungsbild des Strahlungswetters sind vor allem durch unterschiedliche → Luftfeuchte bedingt: je geringer die Luftfeuchte, desto deutlicher ist der Gegensatz zwischen Tageserwärmung durch *Insolation* und nächtlicher Abkühlung durch *Ausstrahlung*. Ausstrahlungsfläche ist bei geringer Feuchte die Erdoberfläche. Hier treten in der Zeit um Sonnenaufgang die tiefsten Temperaturen auf; es kommt fast immer zu → Kondensation am Boden oder an Pflanzen (*Tau, Reif;* → Niederschlag) oder in einer dünnen bodennahen Luftschicht *(Bodennebel)*, bevorzugt in Tal- und Muldenlagen *(Talnebel, Kaltluftseen)*. Bei ho-

her Luftfeuchte bildet sich eine unterschiedlich (einige zehn bis über tausend Meter) mächtige *Grundschicht,* in der durch die nächtliche Abkühlung *Nebel* oder *Hochnebel* entstehen; darüber herrscht Temperaturumkehr (→ Inversion). Da die Obergrenze der feuchten Grundschicht Ausstrahlungsfläche ist, breitet sich der Hochnebel von oben nach unten aus und kann bis zum Boden durchwachsen. Im Spätherbst und Winter kommt es so zur Ausbildung zäher Nebellagen, in den übrigen Jahreszeiten wird der Nebel meistens tagsüber durch Insolationswärme aufgelöst.

Konvektionswetter hat *labile Luftschichtung* zur Voraussetzung und tritt vor allem im Bereich hochreichender feuchter Luft in *Tiefdruckgebieten* oder bei geringem *Luftdruckgefälle* auf. Die *Labilisierung* erfolgt durch Insolation oder indem feuchtkühle Luft über eine wärmere Unterlage geführt wird, z. B. Meereskaltluft über erhitzte Landflächen im Sommer, Polarluft über wärmere Meeresgebiete im Winter. Es kommt zum räumlich begrenzten Aufsteigen von Luftquanten und zur Ausbildung von Schauern und → Gewittern. Da die Konvektionsvorgänge durch Insolation ausgelöst, zumindest aber verstärkt werden, weisen sie meist einen ausgeprägten Tagesgang auf. Insbesondere gilt dies für die tropischen *Zenitalregen.*

Advektionswetter tritt in den mittleren Breiten hauptsächlich im Strömungsbereich von → Zyklonen auf und ist somit durch die für den Durchzug von Zyklonen charakteristische Abfolge von Wettererscheinungen gekennzeichnet. Zwar ist für die Wolken- und Niederschlagsbildung in der Zyklone die vertikale Komponente der Luftbewegung ausschlaggebend, doch wird sie nach Stärke und Umfang von dem horizontalen Austausch bei weitem übertroffen. Darin liegt die ökologische Bedeutsamkeit des Advektionswetters: es führt zur Auflösung von *Smoglagen* (→ Smog) und zur Verbesserung der Luftqualität.

Wetterkarte: Eine aus der Zusammenschau (Synopse) durch viele Beobachtungsstationen entstandene Darstellung der großräumigen → Wetterlage *(synoptische Wetterkarte).* Der W. liegt stets die Darstellung des *barischen Reliefs* (→ Luftdruckgebilde) zugrunde, d. h. der Luftdruckverhältnisse (→ Luftdruck) entweder am Boden (Bodenwetterkarte) oder in einem ausgewählten höheren Niveau der *Troposphäre* (Höhenwetterkarte, s. auch → Topographie). Außerdem enthält sie in international vereinbarten Ziffern und Symbolen Aussagen über die wichtigsten *meteorologischen Elemente* (→ Klimaelemente).

Weltweit werden von etwa 11 000 Wetterstationen die Beobachtungen zu gleichen festgelegten Zeiten (nach Greenwich-Zeit) in dreistündigem Abstand durch die zuständige Zentrale per Computer abgerufen. In der Zentrale, für die Bundesrepublik Deutschland beim Zentralamt des Deutschen Wetterdienstes in Offenbach, werden die Daten gespeichert bzw. zu verschiedenen Zwecken geordnet, zu fertigen W.n verarbeitet und auf internationalem Kanal ausgestrahlt. Die ausgesandten Daten können von allen Wetterämtern im Sendebereich empfangen werden; die W.n selbst

werden von elektronischen Empfangsgeräten vollautomatisch ausgezeichnet.
Heute wird dreidimensionale Synopse angestrebt; als Hilfsmittel dienen dazu Radiosonden, Radar und Wettersatelliten. Ziel ist es, eine größere Genauigkeit der *Wettervorhersagen* zu erreichen. Während sich kurzfristige (bis zu 48 Stunden) und mittelfristige (bis zu 8 Tagen) Vorhersagen hauptsächlich auf aktuelles Beobachtungsmaterial stützen, spielt bei langfristigen Vorhersagen die statistische Auswertung von Beobachtungsreihen eine wichtige Rolle (→ Statistik). Langfristvorhersagen werden vom Deutschen Wetterdienst wegen unzureichender Genauigkeit zur Zeit nicht veröffentlicht.

Wetterlage: Zustand der → Atmosphäre in einem begrenzten Gebiet innerhalb eines Zeitraums mit gleichbleibendem Einfluß der dominanten *meteorologischen Elemente* (→ Klimaelemente; vor allem → Luftdruck, → Wind, → Lufttemperatur, → Luftfeuchte), z. B. Hochdrucklage, Tiefdrucklage, Westlage, Nordlage, Nebellage.
Die *Großwetterlage* integriert eine Mehrzahl von Einzelwetterlagen in zeitlicher Abfolge und im räumlichen Nebeneinander und überspannt Räume in der Größenordnung von Kontinenten oder Kontinentteilen. Mit der Großwetterlage wird der das Wettergeschehen (→ Wetter) im einzelnen kausal bedingende Grundzustand der Atmosphäre (großräumliche Druckverteilung, Strömungsverhältnisse) beschrieben.

Wettervorhersage → Wetterkarte
Wheat-Belt → Belt
Wiesenmäander → Mäander
Wikort → Stadtentwicklung
wilde Müllkippe → Müllbeseitigung
Willy-Willy → Wirbelstürme, tropische

Wind: Jede nach Richtung und Geschwindigkeit *(Windgeschwindigkeit)* bestimmbare Bewegung der Luft. Die bewegende Kraft resultiert stets aus Gegensätzen von → Lufttemperatur und Dichte der Luft in benachbarten Gebieten, die sich in einem horizontalen *Luftdruckgefälle* (→ Luftdruck) äußern. Der Luftdruckunterschied (*Luftdruckgradient* G, → RYDSCHERHAG-Effekt) löst eine gleichmäßig beschleunigte Bewegung der Luftteilchen vom hohen zum tiefen Druck hin aus, die senkrecht zu den *Isobaren* gerichtet ist.
Ist die Bewegung einmal in Gang gesetzt, so unterliegt sie zusätzlichen Kräften, welche richtungsändernd bzw. hemmend auf die Bewegung einwirken.
Die *CORIOLIS-Kraft,* benannt nach dem französischen Mathematiker CORIOLIS (1792–1843), resultiert aus der Tatsache, daß es auf der Erdoberfläche Zonen unterschiedlicher Rotationsgeschwindigkeit gibt. Dadurch erhalten alle frei bewegten Teilchen eine Beschleunigung, die auf der Nordhalbkugel stets nach rechts, auf der Südhalbkugel stets nach links

gerichtet ist. Die Corioliskraft wirkt senkrecht zur jeweils herrschenden Windrichtung und ist von der geographischen Breite (φ) und der Windgeschwindigkeit (*v*) abhängig:

$$A = 2\,\omega \cdot \sin\varphi \cdot v$$

Dabei ist die Winkelgeschwindigkeit der Erdrotation ω eine konstante Größe. Durch die Corioliskraft wird jeder W., bei dem die Bodenreibung ausgeschaltet ist, nördlich des Äquators nach rechts, südlich des Äquators nach links abgelenkt, bis die Luftbewegung senkrecht zum Gradienten, also isobarenparallel erfolgt (*geostrophischer W.* bei geraden, *zyklostrophischer W.* bei gekrümmten Isobaren). Eine solche Luftströmung gleicht Druckgegensätze nicht mehr aus; da Gradientkraft und Corioliskraft sich im Gleichgewicht befinden, erfährt die Luftbewegung auch keine weitere Beschleunigung.

Unter dem Einfluß der Bodenreibung wird dieser Zustand nicht erreicht, da die *Reibungskraft* (R) der herrschenden Windrichtung entgegengesetzt ist und so bewirkt, daß der Wind eine Komponente zum tiefen Druck hin behält. Sie ist über den Ozeanen bis in ca. 1000 m, über den Kontinenten bis in ca. 3000 m Höhe wirksam. Daraus erklärt sich, daß die → Luftdruckgebilde über den Ozeanen eine wesentlich stärkere Erhaltungstendenz haben als über den Kontinenten.

Tiefdruckgebiete mit konzentrischer Anordnung der Isobaren (→ Zyklone) sind großräumige Luftwirbel, deren Zentrum auf der Nordhalbkugel entgegen dem Uhrzeigersinn, auf der Südhalbkugel im Uhrzeigersinn umströmt wird. Dabei weht der W. in der Höhe zyklostrophisch (s. o.), während er in der bodennahen Reibungsschicht eine Komponente zum tiefen Druck hin aufweist. *Hochdruckgebiete (Antizyklonen)* werden auf der Nordhalbkugel im Uhrzeigersinn, auf der Südhalbkugel entgegen dem Uhrzeigersinn umströmt. Die Zusammenhänge zwischen Luftdruckgefälle und W. sind im *barischen Windgesetz (BUYS-BALLOTsches Windgesetz)* regelhaft ausgedrückt: ,,Nahe der Erdoberfläche hat ein Beobachter, der dem Wind den Rücken zukehrt, auf der Nordhalbkugel rechts und etwas

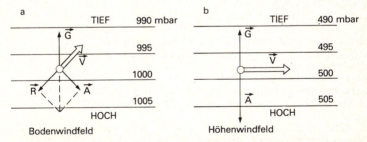

Abb. 131 Kräftediagramme für Windbewegungen – a) am Boden, b) in der Höhe (nach W. WEISCHET, Einführung in die Allgemeine Klimatologie, Stuttgart 1977, S. 125)

hinter sich den hohen, links und etwas vor sich den tiefen Druck. Der Wind ist im allgemeinen um so stärker, je stärker das Luftdruckgefälle ist. Auf der Südhalbkugel ist links und rechts zu vertauschen" [38].
Die *Windgeschwindigkeit* wird in m/s, km/h oder kn (Knoten, sm/h = 1852 m/h) angegeben bzw. in den empirisch definierten Werten der *Beaufort-Skala* ausgedrückt (s. Abb. 132), die jedoch für die Angabe extremer Windstärken, wie sie in großen Höhen, in tropischen Wirbelstürmen (→ Wirbelstürme, tropische) oder in → Tornados auftreten, nicht ausreicht.

Definition (Land)	Beaufort	m/sec	km/h	kn[1]	Definition (See)
Orkan, wirft Bäume und freistehende Leichtbauten um	12	38 37 36 35 34 33	130 120	70 65	Hohe, brechende Wogen, fliegende Gischt, kaum Sicht
Orkanartiger Sturm	11	32 31 30 29 28	110 100	60 55	Hohe Wogen, fliegendes Wasser
Schwerer Sturm, entwurzelt Bäume und beschädigt Häuser	10	27 26 25 24	90	50 45	Hoher Seegang, weiße Gischt, fast zusammenhängend, fliegendes Wasser
Sturm, hebt Dachziegel ab, knickt Äste	9	23 22 21 20	80 70	40	Voll entwickelter Seegang mit langen Wellenkämmen, fliegendes Wasser
Stürmischer Wind, knickt Zweige	8	19 18 17	60	35	Grobe See, fliegendes Wasser beginnt
Steifer Wind, schüttelt Bäume	7	16 15 14	50	30	Grobe See, Schaumstreifen in Windrichtung
Starker Wind, bewegt dicke Äste	6	13 12 11	40	25	Mittlere See, Wellenkämme brechen
Frische Brise, bewegt mittlere Äste	5	10 9 8	30	20 15	Voll entwickelte Schaumkronen
Mäßige Brise, bewegt dünne Äste	4	7 6 5	20	10	Erste Schaumkronen
Schwache Brise, bewegt Zweige	3	4 3	10	5	Mäßige Wellen, keine Schaumkronen
Leichte Brise, bewegt Blätter	2	2 1			Aufgerauhtes Wasser
Sehr leichte Brise	1	1			Gekräuseltes Wasser
Windstille (Flaute)	0	0	0	0	Glattes Wasser

[1] kn = Knoten = sm/h

Abb. 132 Windstärkenangaben in Grad Beaufort, m/s, km/h, kn sowie die Windwirkung über Land und Wasser
(nach W. WEISCHET, Einführung in die Allgemeine Klimatologie, Stuttgart 1977, S. 135)

Windgasse → Dünen
Windgeschwindigkeit → planetarische Frontalzone, → RYD-SCHER-HAG-Effekt, → **Wind,** → Wirbelstürme, tropische

Windkanter: Durch → Korrasion in der Windrichtung glattgeschliffener, meist faust- bis kopfgroßer Stein, bei dem die polierte Schlifffläche mit einer geraden Kante gegen die übrigen Oberflächen absetzt. Wechselt der Stein seine Stellung zur Hauptwindrichtung, so wird er von verschiedenen Seiten geschliffen, und es entstehen mehrer Kanten (Doppelkanter, Dreikanter etc.).

Windrippeln → Rippelmarken
Windriß → Dünen
Winkeldiskordanz → Diskordanz
Wintermonsun → Monsun

Wirbelstürme, tropische: Zyklonale Wirbel mit einem rotierenden Wolkenring von 60–200 km Durchmesser und einer relativ wolkenarmen, ruhigen Zone von 15–30 km Durchmesser, dem „Auge des Zyklons" (WEISCHET 1977). Im Vergleich zu den außertropischen → Zyklonen sind t. W. räumlich relativ begrenzt, weisen jedoch eine erheblich größere Wirbelenergie auf (*Windgeschwindigkeit* bis über 200 km/h). Sie entstehen über Meeren mit einer Oberflächentemperatur von mindestens 26 °C; die hohe → Luftfeuchte über solchen Meeresgebieten liefert die erforderliche latente Energie. Als weitere Voraussetzung für die Entstehung der t.n W. wird meist die Herausbildung eines *Dreimassenecks* genannt: außertropische erwärmte Kaltluft trifft auf eine ausgeprägte *innertropische Konvergenz (ITC,* → Zirkulation der Atmosphäre), an der nord- und südhemisphärische Tropikluft zusammenströmen. Damit eine zyklonale Wirbelbewegung zustandekommen kann, muß die betreffende Stelle mindestens 8° vom Äquator entfernt liegen, da um den Äquator selbst, wegen der zu geringen *CORIOLIS-Kraft,* Druckunterschiede sehr rasch ausgeglichen werden (→ Wind). Daraus ergibt sich eine starke räumliche Begrenzung der Entstehungsgebiete. Die t.n W. ziehen mit den tropischen Ostwinden zunächst westwärts, schwenken dann nach Norden bzw. Süden um und können unter Abschwächung und räumlicher Ausweitung in die Westwindtrift der jeweiligen Halbkugel übergehen.
Wichtigste Verbreitungsgebiete sind das amerikanische Mittelmeer *(Hurrikane)* und die Westküste Mexikos *(Cordonazos),* das Arabische Meer (→ Zyklone), der Golf von Bengalen, die Pazifikküsten Südost- und Ostasiens *(Taifune),* der Südindik *(Mauritius-Orkane)* und die Nordküsten Australiens *(Willy-Willies).*

wirkliches Klima → Klima
Wirkungsgrad → **Energiewirtschaft,** → Kernenergie
Wirkungskataster → Immissionen

Wirtschaft: Gesamte Tätigkeit des Menschen, die auf Beschaffung und Verwendung von Gütern und → Dienstleistungen zur Befriedigung seines Existenzbedarfs gerichtet ist. Die wirtschaftliche Tätigkeit wird unterteilt in *Produktion, Verteilung* und *Konsum (Dreischritt der Wirtschaft)*. Durch die Produktion werden die notwendigen Nahrungsmittel und → Rohstoffe gewonnen, um z. T. weiterverarbeitet zu werden. Wird lediglich für den Eigenbedarf produziert, spricht man von *Subsistenzwirtschaft*. Wird die Produktion nicht an Ort und Stelle vom Erzeuger selbst verbraucht *(Ertragswirtschaft),* so erfolgt die Verteilung der Güter durch den → Handel. Dieser wird auf dem → Markt abgewickelt, der durch verkehrswirtschaftliche Einrichtungen zwischen Erzeuger und Verbraucher vermittelt (→ Verkehr). Das Endziel der Produktion wie auch des Handels und Verkehrs ist der Konsum. Ausgehend von der Differenzierung wirtschaftlicher Tätigkeit in die drei Schritte unterscheidet man zwischen *Urproduktion* (→ Landwirtschaft und *Bergbau*), gewerblicher W. (*Handwerk* und → Industrie) und Handel und Verkehr sowie Konsum. Eine Untergliederung der W. nach Berufsgruppen nimmt J. FOURASTIÉ (1954) zum Anlaß der Erarbeitung des Schemas einer → sozialwirtschaftlichen Entwicklung (→ Wirtschaftssektoren). Die kleinsten wirtschaftlichen Einheiten sind Betriebe und Haushalte. Mit den Phänomenen des Wirtschaftslebens beschäftigen sich vor allem die → Wirtschaftswissenschaften, die → Wirtschaftsgeographie und Wirtschaftsgeschichte sowie die Soziologie.

Wirtschaftsbereiche → Wirtschaftssektoren

Wirtschaftsformation: Die einer einheitlichen → Wirtschaftsform(-en) entsprechende Wirtschaftslandschaft (WAIBEL 1927). Der Begriff wurde in Anlehnung an den der → Pflanzenformation geprägt. WAIBEL hat die W. anhand einer Arbeit über die Sierra Madre de Chiapas in Mexiko erläutert: Er beschreibt den dort vorherrschenden Betriebstyp der *Finca,* einen Kaffeeproduktionsbetrieb (→ Kaffee), und die darin in funktionaler Abhängigkeit stehenden Objekte:
1. Träger der → Wirtschaft: kapitalkräftige Europäer,
2. *Produktionsziel:* Erzeugung eines hochwertigen → Genußmittels für den Weltmarkt,
3. Betriebsform: moderne wissenschaftliche Anbau- und Verarbeitungsmethoden.
Die Finca als wirtschaftliches und technisches Phänomen repräsentiert in diesem Sinne eine bestimmte Wirtschaftsform, der wiederum eine typische Wirtschaftslandschaft entspricht (Wirtschaftsflächen wie Felder, Wege, Arbeits- und Wohngebäude). Mit QUASTEN (1969) läßt sich für die W. folgende neue Formaldefinition vorschlagen: „Eine W. ist eine in einer Erdgegend relevant erscheinende und räumlich angeordnete Gesellschaft von Objekten, die dadurch einander zugeordnet sind, daß sie dem zu einer einzigen Wirtschaftsform gehörenden Produktionsprozeß dienen" [24]. Weitere Beispiele für W.en sind: Reisanbau in Thailand (→ Reis), *Braunkohlen*abbau in der Ville (→ Steinkohle), Kupfererzabbau in der nordchilenischen Wüste (→ Kupfer).

Wirtschaftsformen: Sammelbegriff für verschiedene Arten wirtschaftlicher Tätigkeiten (→ Wirtschaft). In systematischer Hinsicht unterscheidet man zwei Hauptwirtschaftsformen:
1. *Sammelwirtschaft:* Beschaffung von Gütern, die in der natürlichen Umwelt des Menschen ohne Zutun des Menschen vorhanden sind, durch Sammeln, Jagen *(Jagdwirtschaft),* Fangen, Fischen (→ Fischereiwirtschaft),
2. *Produktionswirtschaft:* Erzeugung von Wirtschaftsgütern durch gezielte Arbeitsvorgänge. Sie wird weiter untergliedert in:
2.1 Pflanzenbau (→ Landwirtschaft)
2.1.1 → Grabstockbau, *Pflanzstock-* und *Hackbau*
2.1.2 → Gartenbau
2.1.3 → Pflugbau
2.2 → Viehwirtschaft
2.2.1 → Wechselweidewirtschaft
2.2.2 dörfliche Viehwirtschaft
2.2.3 rationelle Viehwirtschaft (Großbetriebe)
2.3 *Handwerk* und → Industrie, → Handel und → Verkehr.
Bestimmungsmerkmale der W. sind *Produktionsziel* (Eigenbedarfsdeckung, → Markt), Betriebsform/Betriebstyp (z. B. intensiver Schweinemastbetrieb), Betriebsgröße sowie Träger der Wirtschaft. Die W. finden ihren räumlichen, d. h. konkreten geographischen Ausdruck in der → Wirtschaftsformation.

Wirtschaftsgeographie: Wissenschaft von der durch den wirtschaftenden Menschen gestalteten Erdoberfläche, wobei zu beachten ist, daß auch der nicht ständig besiedelte Raum für die W. bedeutsam ist, da sich der menschliche Siedlungs- und Wirtschaftsraum immer weiter ausdehnt. Mittlerweile gilt fast die gesamte *Geosphäre* als Planungsraum der W. Entsprechend der dreifachen Untergliederung wirtschaftlicher Tätigkeit (*Dreischritt der Wirtschaft,* → Wirtschaft) unterscheidet man innerhalb der Allgemeinen W. die Geographie des Sammelns und der Produktion (*Agrargeographie,* Industriegeographie), → Handelsgeographie und *Verkehrsgeographie* sowie die Geographie des Verbrauchs.
Die → Wirtschaftsräume der Erde werden in der Speziellen W. idiographisch beschrieben, gegliedert und in hierarchisch geordneten Systemen erfaßt. Die moderne W. rückt immer mehr ab von ihrem früheren Charakter einer Verbreitungslehre der Wirtschaftsfaktoren und ist bestrebt, Struktur, Funktionalität und Genese des Wirtschaftsraumes zu erfassen. Vorrangige Ziele sind dabei die Bewertung des Wirtschaftspotentials eines Raumes und die Planung des zukünftigen Wirtschaftsraumes. Der raumspezifische Bezug der W. im Unterschied zur Betrachtungsweise der → Wirtschaftswissenschaften zeigt sich vor allem in der Konzentration wirtschaftsgeographischer Fragestellungen auf die → Standortfaktoren in der Wirtschaft.

Wirtschaftsordnung: Das durch die Gesellschaftsordnung eines Staates festgelegte *Wirtschaftssystem.* Alle modernen → Volkswirtschaften sind *Planwirtschaften* insofern, als Wirtschaftsplanung und ständige Revision dieser Planung für sie unverzichtbar sind. Insbesondere unter dem Einfluß weltwirtschaftlicher Bindungen (→ Welthandel) stellen alle W.en letztlich ökonomische Mischsysteme dar, also Kompromisse aus verschiedenen wirtschaftlichen Idealsystemen. Die beiden alternativen W.en sind → Marktwirtschaft und → Zentralverwaltungswirtschaft.

Wirtschaftspolitik: Als Teil der allgemeinen Politik die Gesamtheit aller Maßnahmen eines Staates, das Wirtschaftsleben unter bestimmter Zielsetzung zu planen und zu lenken. Die Ziele selbst werden je nach → Wirtschaftsordnung von Parlamenten (→ Marktwirtschaft) oder von einer Zentralbehörde (→ Zentralverwaltungswirtschaft) festgelegt. Die wichtigsten Einzelziele moderner W. sind: Vollbeschäftigung, Gleichgewicht der → Außenhandelsbilanz, Preis- und *Geldwertstabilität* (→ Geld), Stetigkeit des wirtschaftlichen Wachstums (→ Konjunktur), gerechte Einkommensverteilung. Diese Ziele stehen häufig in Konkurrenz miteinander.

Wirtschaftsraum: Als Objekt der → Wirtschaftsgeographie ein „geosphärisches Wirkungsgefüge, in dessen Rahmen sich auf der Grundlage natürlicher Eignungen und historisch gegebener Standortbedingungen die ökonomische Tätigkeit der Gesellschaft entfaltet" (OTREMBA 1969; → Standortfaktoren). Im Grunde ist der W. identisch mit der → Kulturlandschaft, die im Unterschied zur → Naturlandschaft durch menschliche Tätigkeit beeinflußt ist. Den Siedlungs- und Wirtschaftsraum des Menschen bezeichnet man auch als *Ökumene.* Die Abgrenzung von Wirtschaftsräumen ist schwierig. Der Gesamtwirtschaftsraum „Erde" kann in natürlich bedingte *Wirtschaftszonen* (z. B. → Landbauzonen), aber auch verwaltungstechnisch abgegrenzte Wirtschaftsräume (Staaten) untergliedert werden. In letzteren herrscht meistens eine einheitliche → Wirtschaftsordnung. *Wirtschaftsreiche* sind bereits großdimensionale Wirtschaftsräume mit bedeutender Produktion von Wirtschaftsgütern sowohl für den Binnen- als auch für den Weltmarkt (USA, UdSSR, → EG; → Marktwirtschaft, → Welthandel).

Wirtschaftsreich → Wirtschaftsraum

Wirtschaftssektoren *(Wirtschaftsbereiche):* Aufteilung der wirtschaftlichen Tätigkeit (→ Wirtschaft) in den *primären, sekundären* und *tertiären Wirtschaftssektor.* Der *primäre Wirtschaftssektor* versorgt den Menschen mit Nahrung, Bekleidung und Behausung, soweit es die Bereitstellung der → Rohstoffe betrifft. → Landwirtschaft, → Forstwirtschaft und → Fischereiwirtschaft sind die engeren Wirtschaftsbereiche dieses Sektors. Erste Be- und Verarbeitungsformen der Rohstoffe wie Zubereitung der Nahrung, Herstellung von Textilien oder Sägen von *Holz* etwa zur Errichtung der Behausung fallen schon in den *sekundären Sektor,* zu dem → Industrie, *Handwerk, Baugewerbe* und die → Energiewirtschaft einschließlich des *Bergbaus* gezählt werden (nach H. BOESCH 1969). Der *tertiäre Wirtschaftssektor* oder *Dienstleistungssektor* umschließt private und öffentliche → Dienstleistungen sowie → Handel und → Verkehr. Der prozentuale Anteil der Erwerbspersonen nach den einzelnen W. verändert sich im Laufe der Zeit entsprechend dem zivilisatorischen Fortschritt (→ sozialwirtschaftliche Entwicklung).

Wirtschaftsstufe: Nach dem Abstand, den der wirtschaftende Mensch vom Naturzwang, d. h. den naturräumlichen Gegebenheiten, erreicht hat, unterscheidet man vier W.n:
1. auf der primitiven (tierischen) W. ist wirtschaftliche Tätigkeit nicht mehr als ein Reflex auf Hunger, Frieren usw. (Primitivvölker),
2. die instinktive oder angepaßte W. zeigt bereits Anpassung an Naturverhältnisse und Ausnutzung von Erfahrungen (Naturvölker),
3. innerhalb der traditionellen W. werden Erfahrungen systematisch analysiert und weitervermittelt sowie die wichtigsten Erkenntnisse in der Auseinandersetzung mit der natürlichen Umwelt gewonnen (Altkulturvölker),
4. auf der rationellen W. erfolgt das Wirtschaften nach wissenschaftlichen Erkenntnissen bei optimaler Ausnutzung der natürlichen Gegebenheiten bis zur weitgehenden Beherrschung der Natur (Industrievölker der Gegenwart).
Diese mehr historisch orientierte Betrachtungsweise *(Kulturstufen)* wird unter geographischem Aspekt ergänzt durch den Begriff der → Wirtschaftsformen, die in unterschiedlicher Intensitätsstufung zur Anwendung kommen kann; d. h. jede Wirtschaftsform kann auf jeder W. vorkommen. Beispielsweise kann die *Sammelwirtschaft* auf folgenden Stufen vertreten sein: niedere Sammler und Wildbeuter, höhere Sammler und Jäger/Fischer (etwa staatlich gelenkte Sammelwirtschaft von Heidelbeeren in Polen, Kautschuksammelwirtschaft), moderne *Bergbau*wirtschaft.
Die entwicklungsgeschichtliche Dreistufenlehre (Sammler und Jäger, Hirten, Ackerbauern) gilt heute als überwunden, da in verschiedenen Kulturkreisen der Erde nachgewiesen wurde, daß nicht alle Völker über das Hirtentum zum Ackerbau gekommen sind.

Wirtschaftssystem → NÖSPL, → **Wirtschaftsordnung**

Wirtschaftswissenschaften: Gesamtheit der wissenschaftlichen Disziplinen, die ihre Aufgabe darin sehen, wirtschaftliche Phänomene wie *Produktion,* Arbeitslosigkeit, → Preise sowie deren Beziehungen untereinander zu beschreiben, zu analysieren und zu erklären. Die W. umfassen hauptsächlich die → Volkswirtschaftslehre, → Betriebswirtschaftslehre und, als Hilfswissenschaft, die → Statistik.

Wirtschaftszone → Wirtschaftsraum
Wohnindex → Tag- und Nachtbevölkerung

Wohnungsbaugenossenschaft → Genossenschaft
Wohnviertel → Sanierung, → Slum, → Stadt, → **Viertelsbildung**

Wolken: Sichtbare Ansammlungen kleinster flüssiger oder fester Wasserteilchen in der atmosphärischen Luft (→ Atmosphäre). Sie sind ein Ergebnis der → Kondensation, bzw. bei extrem niedrigen → Lufttemperaturen auch der → Sublimation. Substantiell unterscheiden sich W. nicht von *Nebel,* der lediglich der Erdoberfläche aufliegt.
Die Summe der in Wolkenluft enthaltenen Wassermenge beträgt ca. 0,2 g pro m^3, in Ausnahmefällen bis über 1 g pro m^3; dabei schwankt die Tropfengröße zwischen unter 10 µm und bis zu 200 µm Durchmesser (WEISCHET 1977).
Die Wolkenteilchen sind einerseits so klein, daß sie in der Luft schweben, andererseits aber groß genug, um alle Wellenbereiche des sichtbaren Lichts diffus zu reflektieren (*diffuse Reflexion,* → Strahlung), so daß W. an den beleuchteten Außenflächen weiß erscheinen (→ Albedo). Die Neigung zur Bildung größerer Wolkentröpfchen hängt vermutlich vor allem vom Wasserdampfgehalt der Luft ab (→ Luftfeuchte), denn sie ist in den Tropen stärker als in den höheren Breiten und bedingt dort auch häufigere → Niederschläge unter Ausschluß der Eisphase.
Im allgemeinen bestehen W. des unteren Stockwerks nur aus Wassertröpfchen; in kalter arktischer Luft können jedoch auch hier Eiskristalle auftreten. Die mittelhohen W. sind meist Mischwolken, die aus unterkühlten Wassertröpfchen und Eiskristallen bestehen. Im oberen Stockwerk kommen, bei Temperaturen von unter $-35\,°C$, fast ausschließlich reine Eiswolken vor. Während Wasserwolken scharf umgrenzte Ränder besitzen, ist bei den Eiswolken der Übergang zum wolkenfreien Raum verwischt.

Nach Struktur und Genese lassen sich zwei Hauptarten von W. unterscheiden: *Quellwolken* und *Schichtwolken.*
Quellwolken (Haufen-, Cumuluswolken) verdanken ihre Entstehung der → Konvektion und sind daher auch in Erdräumen mit ausgeprägten Konvektionvorgängen vorherrschend. Dazu gehören insbesondere die Tropen, wo sie auch die größte Vertikalerstreckung erreichen (*Cumulonimbus*wolken, der bis über 10 km Höhe). Merkmale sind eine begrenzte glatte Grundfläche in Höhe des *Kondensationsniveaus,* unregelmäßige blumenkohlartige Quellformen auf der Oberseite und die Neigung zu vertikalem Wachstum. Reichen die Thermikschläuche der Konvektion nur geringfügig über das Kondensationsniveau hinauf, so entstehen Cumuluswolken von nur geringer Mächtigkeit (Cumulus humilis), Schönwetterwolken, die durch abwärtsgerichtete Luftbewegung an den Rändern häufig ausfasern und meist rasch wieder aufgelöst werden. Bei stärkerer *labiler Luftschichtung* (→ Luftschichtung) quellen die Cumuluswolken zu mächtigen Wolkentürmen empor (Cumulus congestus), bis sie das Vereisungsniveau erreichen und sich an einer hochgelegenen Inversionsschicht (→ Inversion) amboßartig ausbreiten (*Cumulonimbus*wolken). Solche bis ins Verei-

sungsniveau reichende Quellwolken liefern vielfach heftige und ergiebige Niederschläge.
Schichtwolken entstehen hauptsächlich durch *Ausstrahlung* oder durch Aufgleitbewegungen der Luft, aber auch durch horizontales Auseinanderfließen von Quellbewölkung nach Erlöschen des Konvektionsvorgangs. Sie bedecken als gleichförmige Schichten, Streifen oder Bänder meist größere Flächen. Besonders charakteristisch ist die Veränderung des Wolkenbildes beim Durchzug der großräumigen Aufgleitfront einer → Zyklone der mittleren Breiten. Die Aufgleitfläche erfaßt zuerst das obere Stockwerk, sinkt dann über das mittlere und untere Stockwerk ab, bis die Front selbst den Beobachter überquert. Auf einzelne vorauseilende *Cirren* folgt der schleier- oder streifenförmige Cirrostratus, der beim Durchwachsen ins mittlere Stockwerk in den Altostratus übergeht. Letzterer ist zunächst durchscheinend (As. translucidus), später dicht (As. opacus) und geht schließlich unmerklich in den alle Stockwerke ausfüllenden Nimbostratus über, aus dem länger anhaltender, meist gleichmäßiger Niederschlag fällt. Durch Ausstrahlung entstehen flache strukturlose Wolkenschichten *(Stratus)* meist im unteren Wolkenstockwerk, entweder als *Bodennebel* der Erdoberfläche aufliegend oder als *Hochnebel* in geringen Höhen über der Erdoberfläche. Stratusdecken können bei herbstlichen oder winterlichen Hochdruckwetterlagen (→ Wetterlage) der Polargebiete und der mittleren Breiten vor allem in den Niederungen oft wochenlang den Witterungscharakter bestimmen (→ Wetter). Schichtwolken entstehen schließlich auch, wenn feuchtwarme Luft ohne Aufgleiten über kältere Luft oder einen kälteren Untergrund hinwegfließt. An der Grenzfläche bilden sich wellenförmige Wolkenbänke oder -bänder, die je nach Höhenlage als *Stratocumulus,* Altocumulus oder Cirrocumulus zu klassifizieren sind (s. Abb. 133).

Abb. 133 Übersicht über die Hauptwolkenarten
(nach W. WEISCHET, Einführung in die Allgemeine Klimatologie, Stuttgart 1977, S. 191)

Würgeboden → Frostboden
Wurzelsprengung → Verwitterung

Wüstung: Untergegangene Siedlung. SCHARLAU (1957) unterscheidet Ortswüstungen und Flurwüstungen, die jeweils vollständig oder partiell sein können. Während der spätmittelalterlichen Wüstungsperiode (ca. 1250–1550 n. Chr.) fielen regional unterschiedlich bis über 30% der Siedlungen in Mitteleuropa wüst. Wichtigste Gründe sind wirtschaftliche Krisen, z. B. als Folge des Verfalls der Getreidepreise nach vorausgegangener starker Ausweitung des Getreideanbaus *(Vergetreidung)*, Epidemien, z. B. die Pest im 14. Jh., Siedlungskonzentration unter grundherrschaftlichem Druck oder aus wirtschaftlichen Erwägungen, Fehlsiedlungen auf ungünstigen Böden.

Wüstungsländerei → Einzelsiedlung, → Siedlungsperioden

Z

Zahlungsbilanz: Wertmäßige Gegenüberstellung aller Warenumsätze (→ Außenhandelsbilanz) und → Dienstleistungen (insbesondere Transport-, Versicherungs- und Bankleistungen) des Inlandes im Wirtschaftsverkehr mit dem Ausland (→ Welthandel).

Zehrgebiet → Gletscher
Zelge → Bodennutzungssystem, → Haufendorf, → **Zelgenwirtschaft**

Zelgenwirtschaft: Vor allem in Süd- und Mitteldeutschland seit dem frühen Mittelalter verbreitete Form der Flureinteilung und -bewirtschaftung (→ Flur). In der Hochform ist die gesamte Flur (→ Flurformen) in drei Abschnitte *(Zelgen)* aufgeteilt, die in einem rotierenden System abwechselnd mit Wintergetreide, Sommergetreide oder Hackfrüchten genutzt *(Fruchtwechselwirtschaft,* → Bodennutzungssystem) bzw., im dritten Jahr, als Grünland oder → Brache *(Rotationsbrache)* liegengelassen wird. Die Z. setzte *Flurzwang,* d. h. Verbindlichkeit der festgelegten Anbau- und Erntefolgen, voraus. Da ein Betrieb an jeder Zelge beteiligt ist, erfordert Z. *Gemengelage* und begünstigt so die *Besitzersplitterung.*

Zenitalregen → Konvektion, → Luftschichtung, → Niederschlag, → **Niederschlagsverteilung,** → Wetter

Zentraler Ort: Nach W. CHRISTALLER (1933) [6] eine Siedlung, in der Güter und → Dienstleistungen über den Eigenbedarf ihrer Einwohner hinaus erzeugt und angeboten, d. h. für die Mitversorgung eines gewissen Umlandes bereitgestellt werden (→ Stadt-Umland-Bereich). Zentralität ist damit die relative Bedeutung einer Siedlung in bezug auf das sie umgebende Gebiet (nach SCHÖLLER 1953). Städte (→ Stadt) besitzen bereits aufgrund ihrer Entstehungsvoraussetzungen (→ Stadtentwicklung) einen *Bedeutungsüberschuß* in diesem Sinne, d. h. Städte sind z. O.e. Das von CHRISTALLER entwickelte *Modell der zentralen Orte* sei im folgenden skizziert:
1. Der relative Bedeutungsüberschuß verleiht einem Ort (einer Stadt) Zentralität. Der Bedeutungsüberschuß wird ermittelt mit Hilfe der *Telefondichte* $Z_z = T_z - E_z (T_g : E_g)$, wobei Z die Zentralität, $_z$ den z. O., $_g$ das *Ergänzungsgebiet* (→ Stadtregion), T zehn Telefonanschlüsse und E 400 Einwohner bedeuten (Erfahrungswerte für Süddeutschland um 1930).
2. Entsprechend der Größe der Städte, den von ihnen ausgeübten Funktionen und der Größe der Ergänzungsgebiete gibt es eine Hierarchie der z. O.e:
Z. O. der 1. Stufe ist der *Marktort* (M-Ort, 1000 E.), der 2. Stufe die Amtshauptstadt (A-Ort, 2000 E.), der 3. Stufe der Kreishauptort (K-Ort, 4000 E.), der 4. Stufe der Bezirkshauptort (B-Ort, 10000 E.), der 5. Stufe

der Gauhauptort (G-Ort, 30 000 E.), der 6. Stufe der Provinzhauptort (P-Ort, 100 000 E.), der 7. und höchsten Stufe der Landeshauptort (L-Ort, 500 000 E.). (Die Zahlen in Klammern sind die jeweils typischen Einwohnerzahlen.)

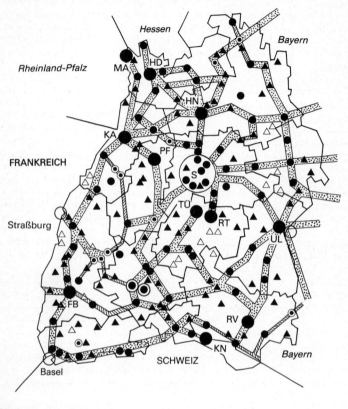

● Oberzentrum
◎ Geplantes Oberzentrum
• Mittelzentrum
⊙ geplantes Mittelzentrum
▲ Unterzentrum
△ geplantes Unterzentrum

▦ Entwicklungsachse
≈ Entwicklungsachse in Erholungsräumen

Abb. 134 Zentrale Orte und Entwicklungsachsen in den Planungsregionen Baden-Württembergs
(nach F. MALZ, Taschenwörterbuch der Umweltplanung, München 1974, S. 45)

3. Die z. O.e und ihre Ergänzungsgebiete sind räumlich so einander zugeordnet, daß sich auf jeder Stufe der Hierarchie eine regelmäßige Sechseckform ergibt (s. Abb. 135). Dabei liegen die z. O.e gleicher Rangordnung jeweils in den Eckpunkten des Sechsecks, der z. O. der nächst höheren Stufe im Zentrum desselben Sechsecks. Die zentralörtlichen Einrichtungen nehmen von Stufe zu Stufe zu, wie am Beispiel der Gesundheitsversorgung zu erkennen ist: M-Ort: praktischer Arzt und Dentist, A-Ort: Apotheke zusätzlich, K-Ort: kleines Krankenhaus und Ortskrankenkasse zusätzlich, B-Ort: größeres Krankenhaus zusätzlich, G-Ort: Fachärzte zusätzlich.

CHRISTALLERs Theorie der z. O.e ist bis in die heutige Zeit stark beachtet geblieben. Viele Grundvoraussetzungen haben sich jedoch durch die Wirtschaftsentwicklung seit dem Erscheinen von CHRISTALLERs Arbeit [6] verändert. Insbesondere ist es kaum möglich, die neuen *Industriestädte* (z. B. Leverkusen oder Wolfsburg), die von Anfang an mit Versorgungseinrichtungen für Wohn- und Arbeitsbevölkerung ausgestattet wurden, dem zentralörtlichen Schema zuzuordnen. Dieses läßt sich eigentlich nur für historisch gewachsene Siedlungsmuster anwenden. Das Prinzip – vor allem das räumliche Anordnungsmuster – versagt auch bei Küstenstädten, Städten, die sich an neueren Verkehrsleitlinien (Kanälen, Eisenbahnlinien) entwickeln (→ Stadtlage), sowie bei Orten mit Rohstoffvorkommen (→ Rohstoffe, → Standortfaktoren). Solche Städte wachsen wegen ihrer Bedeutung für → Wirtschaft und Verkehr sehr schnell, unabhängig von ihrer zentralörtlichen Bedeutung für das unmittelbare Umland, vor allem infolge der kräftigen Fernwirkung, die sie besitzen (→ Stadttypen, funktionale).

Große *verstädterte Zonen* (→ Verstädterung) wie z. B. das *Ruhrgebiet* unterliegen eigenen zentralörtlichen Gesetzen: die Zentren im → Verdichtungsraum sind untereinander nicht hierarchisch zugeordnet, sondern ergänzen sich durch Funktionsteilung gegenseitig (Essen als „Einkaufsstadt", Bochum als „Bildungs"-/*Universitätsstadt*). Der wichtigste Einwand gegen CHRISTALLERs Modell richtete sich immer wieder gegen die heute überholte Telefonmethode. Zur Erfassung des Bedeutungsüberschusses eines Ortes wird neuerdings das Verhältnis der Erwerbstätigen im *tertiären Wirtschaftssektor* (→ Wirtschaftssektoren) zu den Gesamtbeschäftigten ermittelt.

O. BOUSTEDT (1962) hat mit Hilfe des sog. *Dispersionsfaktors* eine Methode entwickelt, mit der eine Zentralitätsabstufung von Städten in größeren Gebieten ermittelt werden kann. Der Dispersionsfaktor ist der Prozentanteil der Gemeinden eines Untersuchungsgebietes mit einer bestimmten Ausstattung (s. Tab. 50). Der Dispersionsfaktor 6,5 für Krankenhäuser bedeutet z. B., daß 6,5% aller Gemeinden in Bayern mit Krankenhäusern ausgestattet sind. BOUSTEDT errechnete nun für ganz Bayern die Dispersionsfaktoren für zentrale Institutionen, unterteilt nach *Einzelhandels*geschäften und allgemeinen zentralen Einrichtungen. Das Ergebnis in der Reihenfolge der Häufigkeit zentralörtlicher Ausstattungen zeigt die Tab. 50. Aus der Kombination der Werte für beide Gruppen

Tabelle 50 Zentrale Institutionen in Bayern und ihr Dispersionsfaktor

Zentrale Institutionen	Gemeinden mit den jeweiligen zentralen Einrichtungen	
	absolut	in % aller Gemeinden (Dispersionsfaktor)
Gruppe A: Einzelhandelsgeschäfte		
1. Eisen-, Stahl- und Metallwaren	939	13,2
2. Schuhwaren	928	13,1
3. Fahrräder und Zubehör	745	10,5
4. Rundfunk-, Schallplatten- und Fernsehgeräte	405	5,7
5. Landmaschinen	339	4,8
6. Uhren, Gold- und Silberwaren	326	4,6
7. Glas- und Porzellanwaren	207	2,9
8. Möbel und Teppiche	163	2,3
9. Optische und feinmechanische Artikel, Fotobedarf	156	2,2
Gruppe B: Allgemeine zentrale Institutionen		
1. Apotheken	645	9,1
2. Kinos	637	8,9
3. Krankenhäuser	461	6,5
4. Drogerien	388	5,5
5. Baywa-Lagerhäuser (ohne Nebenstellen)	385	5,4
6. Höhere Schulen	294	4,1
7. Rechtsanwälte	270	3,8
8. Fachärzte	269	3,8
9. Sparkassen und regionale Banken	257	3,6
10. Krankenkassen (ohne Nebenstellen)	52	0,7
11. Zeitungsverlage	47	0,7
12. Zweigniederlassungen der Bayerischen Raiffeisen-Zentralkasse	20	0,3

Nach BOUSTEDT 1962 bzw. G. SCHWARZ, Allgemeine Siedlungsgeographie, Berlin 1966³, S. 377

wird nun ein Gesamtindex für jeden Ort errechnet. Den höchsten Zentralitätsgrad besitzen Gemeinden, die von beiden Gruppen sämtliche ausgewählten Institutionen besitzen. Von 7119 Gemeinden Bayerns ermittelte BOUSTEDT 338 „zentrale Orte", die er in vier Gruppen unterschiedlicher Zentralitätsgrade einstufte. Dabei wurde gleichzeitig bewiesen, daß jeweils höherrangige Ausstattung an größerer Einwohnerzahlen gekoppelt ist. So wurden 29 Gemeinden mit 1000 bis 2000 E. mit der niedrigsten Zentralitätsstufe gezählt, 12 Gemeinden mit über 50000 E. mit der höchsten.

In neuerer Zeit wird das Modell der z. O.e von der → Raumordnung stark beachtet. Durch die Bildung eines leistungsfähigen zentralörtlichen Versorgungsnetzes gerade im ländlichen Raum versucht man den immer noch vorhandenen Abwanderungstendenzen aus infrastrukturell unterversorgten Gebieten (→ Infrastruktur) entgegenzuwirken (→ Landflucht). Die zuverlässigste Methode, um Größe und Leistungsfähigkeit eines zentralörtlichen Bereiches zu ermitteln, ist die Befragung der Bevölkerung über ihre *Versorgungsbeziehungen.* Ergeben sich dabei Doppel- oder gar Mehrfachorientierungen, d. h. werden die Bedürfnisse der gleichen *Versorgungsstufe* in mehreren Orten befriedigt (Einkaufspendler, → Pendler), so müssen die Bewohner solcher Gemeinden unverhältnismäßig hohe Fahrtkosten und Zeitverluste (in Abhängigkeit von den sich addierenden Wegstrecken) in Kauf nehmen. Solche Mißstände können behoben werden durch die Festlegung sog. *Zwangszentralitäten,* die die Bürger unbedingt aufsuchen müssen (z. B. Behördendienste). Wird die Verkehrsstruktur zwischen Orten mit solchen Zwangszentralitäten und dem gewünschten zentralörtlichen Bereich entsprechend ausgebaut (→ Verkehrspolitik), so werden auch die „freiwilligen" Versorgungsbeziehungen auf diesen Ort konzentriert, was zu dessen weiterem Ausbau als voll ausgestattetes Zentrum einer bestimmten Versorgungsstufe beiträgt. Es ist Ziel der Raumordnung, den Planungsraum mit einem funktional aufeinander abgestimmten Netz z. O.e auszustatten, in denen die Bedürfnisse der Bevölkerung, entsprechend der Häufigkeit und Spezialisierung, bei günstiger

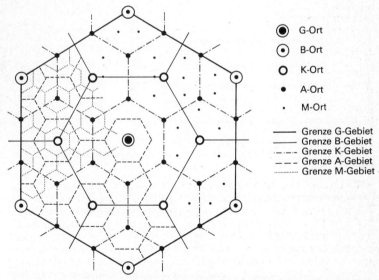

Abb. 135 Verteilung der Städte nach CHRISTALLERs System der zentralen Orte
(nach G. SCHWARZ, Allgemeine Siedlungsgeographie, Berlin 1966³, S. 383)

Tabelle 51 Gliederung der zentralen Orte und ihrer Verflechtungsbereiche

Zentralitätsstufe	Einwohner Zentralort (Z)	Umland (U)	Verflechtungs-Bereich (Z + U)	max. Entfernung in km	Ausstattungskatalog mit wesentlichen zentralen Einrichtungen	Bedeutung für die Versorgung der Bevölkerung[1]
	1	2	3	4	5	6
Klein-zentrum	1000–2000	5000–6000	6000–8000	5–7	Mittelpunktschule, Kindergarten, Spiel- und Sportstätten, praktischer Arzt, Zahnarzt, Apotheken, Einzelhandelsbetriebe, Handwerks- und Dienstleistungsbetriebe, Zweigstelle Kreditinstitut, Postamt, Kino	Deckung des „Grundbedarfs" in sozialer, kultureller und wirtschaftlicher Hinsicht
Unter-zentrum	6000–8000	10000–12000	16000–20000	12–15	Weiterführende Schulen, Mittelpunkt- oder örtliche Realschule, höherqualifizierte Einzelhandelseinrichtungen, kleines Krankenhaus, Niederlassung von Kreditinstituten, Dienstleistungen verschiedener freier Berufe, Kirche, untere Verwaltungsbehörden	Deckung des „qualifizierten Grundbedarfs"

Mittelzentrum	15 000–20 000	20 000	35 000–40 000	30	Zur Hochschulreife führende Schulen, Berufsschule, Sonderschule, öffentliche Bücherei, Krankenhaus mit 3 Fachabteilungen, Fachärzte, größere Spiel- und Sportanlagen, vielseitige Einkaufsmöglichkeit, Großhandelszentrum, höhere Verwaltungsbehörden, Anschluß an das Fernstraßennetz, Organisationen	Deckung des „gehobenen Bedarfs"
Oberzentrum[2]			$>$ 500 000		Hochschulen, Fachhochschulen, Sportstadien, Spezialkliniken, Theater, Museen, spezialisierte Einkaufsmöglichkeiten, Dienststellen höherer Verwaltungsstufen, größere Bank- und Kreditinstitute	Deckung des „höheren, episodisch spezifischen Bedarfs"

[1] Die zentralen Orte der nächsthöheren Stufe übernehmen jeweils auch die Bedarfsdeckung der niedrigeren Stufe (Mittelzentrum übernimmt gleichzeitig Aufgaben des Klein- und Unterzentrums).
[2] Keine Angaben, da die Oberzentren wegen der Konzentration von zentralen Einrichtungen mit überregionaler Bedeutung zumeist keinen spezifischen abgrenzbaren Einflußbereich haben.
Nach F. MALZ, Taschenwörterbuch der Umweltplanung, München 1974, S. 647

Erreichbarkeit der entsprechenden Einrichtungen befriedigt werden können (s. Abb. 134, Seite 216). 1968 wurde von der Ministerkonferenz für Raumordnung ein vierstufiges Gliederungsschema der z. O.e bundeseinheitlich festgelegt (s. Tab. 51). Werden die in diesem Schema vorgeschriebenen Werte hinsichtlich Ausstattung mit zentralen Einrichtungen und maximal zumutbaren Wegstrecken nicht erreicht, so muß der betreffende Raum zentralörtlich neu geordnet werden, um annähernd gleichwertige Lebensverhältnisse in allen Teilräumen der Bundesrepublik Deutschland zu schaffen.
Als absolute untere Grenze zur Herausbildung eines privatwirtschaftlichen und öffentlichen Versorgungsbereiches gelten etwa 5000 Einwohner.

Zentralverwaltungswirtschaft: In ihrer idealtypischen Ausprägung die → Wirtschaftsordnung, in der eine Zentralbehörde den gesamten Wirtschaftsablauf nach einem einheitlichen Wirtschaftsplan lenkt (→ Wirtschaftspolitik). → Preise für Güter und → Produktionsfaktoren sind zentral festgelegt und dienen damit der Zentralverwaltung zur Erreichung bestimmter Ziele. Es gibt fast ausschließlich Gemeineigentum; insbesondere sind die *Produktionsmittel* (Schlüsselindustrie: *Schwerindustrie*) verstaatlicht. Die *Produktion* richtet sich nach dem Bedarf.
Realisierungshindernisse dieses Ideals sind z. B.: Revisionsbedürftigkeit der für mehrere Jahre gültigen Zentralpläne, Mensch als nicht gänzlich „verplanbarer" Wirtschaftsfaktor, monopolistische Machtausübung durch den Staat, Notwendigkeit individueller Leistungsentgelte (Prämien) zur Erreichung von Planzielen, Diskrepanz zwischen realem Bedarf und *Produktionsziel,* das zentral festgelegt wird. In der Z. trägt das *Kollektiv* als Masse von Einzelverbrauchern und nicht die zentrale Planungsbehörde die Folgen der Planung. Ökonomische Mischsysteme mit überwiegend zentralverwaltungswirtschaftlichen Elementen sind z. B. die sozialistischen Wirtschaften der UdSSR und der VR Polen. Zentralverwaltungswirtschaftliche Züge trug auch die deutsche Kriegswirtschaft im Zweiten Weltkrieg.

Zersiedelung: Planloses Hinauswachsen vor allem von Städten in den ländlichen Bereich (→ Verstädterung, → Stadtentwicklung) einerseits und das planlose Errichten von Einzelbauwerken (z. B. Wochenendhäuser) im ländlichen Bereich andererseits. In beiden Fällen gehen Freiflächen, insbesondere für die Naherholung, verloren. Im Rahmen der → Raumordnung werden Konzepte entwickelt, die der Z. entgegenwirken sollen.

Zeugenberg → Schichtstufe

Zirkulation der Atmosphäre, Allgemeine (AZA; auch *planetarische Zirkulation, planetarisches Windsystem*): Gesamtheit der durchschnittlichen Zirkulationsmechanismen in der Lufthülle. Auslösender Motor ist die unterschiedliche Zufuhr von *Energie* gemäß der Energieverteilung im → solaren Klima. Die Abwandlung durch tellurische Einflüsse (→ Klimafaktoren) bleibt dabei unberücksichtigt. Die AZA bewirkt einen ständigen globalen Massen- und Energieaustausch innerhalb der → Atmosphäre (s. Abb. 136 und 137).

1. Die tropische Zirkulation

Da am Äquator die Erwärmung am intensivsten ist, entsteht hier ein erdumspannender *thermischer Tief*druckgürtel (→ Luftdruckgürtel), die *äquatoriale Tiefdruckrinne*, eine im ganzen windschwache Zone *(Mallungen, Doldrums)*, die jedoch schon im 500-mbar-Niveau von hohem Druck überlagert ist (→ Luftdruck); die *isobaren Flächen* sind durch die Erwärmung und durch die Fliehkräfte der Erdrotation, die am Äquator ihren höchsten Wert erreichen, stark angehoben (→ Wind). Die äquatoriale

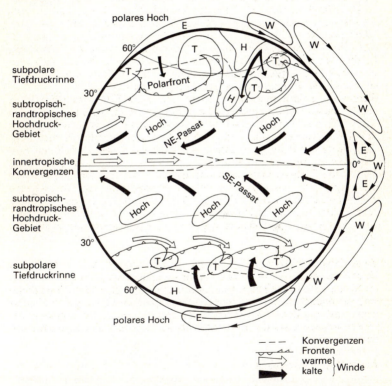

Abb. 136 Schema der allgemeinen Zirkulation der Atmosphäre auf der Erde (nach H. FLOHN bzw. J. BLÜTHGEN, Allgemeine Klimageographie. Lehrbuch der Allgemeinen Geographie, Berlin 1966[2], S. 396)

Zirkulation der Atmosphäre, Allgemeine

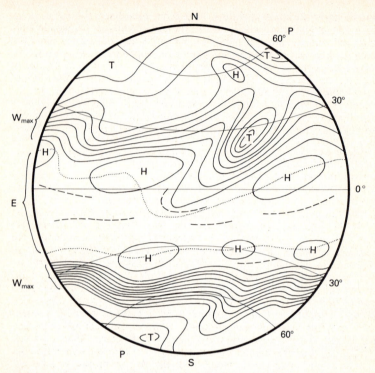

Abb. 137 Schema der allgemeinen Zirkulation der Atmosphäre in höheren Luftschichten (etwa 500 mbar-Niveau); E: Zone der tropischen Ostwinde; W_{max}: mäandrierender Strahlstrom innerhalb der Westwindtrift; P: Zentrum des polaren Höhen-Tiefs; punktierte Linie: Grenzlinie zwischen Ost- und Westwinden (nach H. FLOHN bzw. J. BLÜTHGEN, Allgemeine Klimageographie. Lehrbuch der Allgemeinen Geographie, Berlin 1966[2], S. 396)

Tiefdruckrinne löst in den angrenzenden Breiten zwischen etwa 10° und 30° die *Passate* aus. Sie entstammen dem bei durchschnittlich 30° gelegenen *subtropisch-randtropischen Hochdruckgürtel*, einer Zone absinkender Luftbewegung mit häufigen Windstillen *(Roßbreiten)*. Die Passate haben in der bodennahen Reibungsschicht bis ca. 2000 m Höhe eine Komponente zum tiefen Druck hin (NO-Passate der Nordhalbkugel, SO-Passate der Südhalbkugel) und sind durch die *Passatinversion* von dem *Oberpassat* getrennt, der als *geostrophischer Wind* weht, d. h. als reiner Ostwind. Durch neuere Messungen konnte nachgewiesen werden, daß der mächtigere Oberpassat (auch „Urpassat" genannt) einen Ausgleich zu dem äquatorwärts wehenden Bodenpassat leistet. In der äquatorialen Tiefdruckrinne strömen die Bodenpassate zusammen und bilden eine mehr oder weniger stark ausgeprägte Konvergenz (*innertropische Konvergenz, ITC*); die aufgeheizte und äquatorwärts immer feuchter werdende Luft steigt auf und durchbricht dabei die Passatinversion (→ Inversion): ein Band verstärkter Niederschlagstätigkeit kennzeichnet die ITC (→ Niederschlagsverteilung). Ihre Lage entspricht etwa dem meteorologischen Äquator der Erde (FLOHN 1960). Mit der jahreszeitlichen Wanderung des Zenitstandes der Sonne geht eine Verlagerung der ITC und der anschließenden Windfelder mit einer zeitlichen und räumlichen Verzögerung einher. Dabei kommt es stellenweise (Indischer Ozean, Golf von Guinea) zur Aufspaltung der ITC in einen nördlichen und einen schwächeren südlichen Zweig (*NITC* bzw. *SITC*), zwischen denen sich die bis zu 3 km mächtigen *tropischen Westwinde* ausbilden (→ Monsun).

2. Die Zirkulation in den mittleren Breiten
In den höheren Schichten der *Troposphäre* (→ Atmosphäre) herrscht ein durchgehendes *Luftdruckgefälle* vom Äquator zu den Polen, welches in den mittleren Breiten, im Bereich der → planetarischen Frontalzone, am stärksten ausgeprägt ist, da hier auch die solare Wärmezufuhr am stärksten abnimmt (→ solares Klima). Diesem Druckgefälle entspricht eine westliche Höhenströmung, die in den mittleren Breiten ihre größte Intensität erreicht. Hier überwiegen auch in Bodennähe westliche Winde (*außertropische Westwinde* zwischen 30° und 65°). Als Folge des Gegensatzes zwischen den oft frontartig aneinandergrenzenden → Luftmassen, verstärkt durch tellurische Einflüsse (Meeresströmungen, Land-Meer-Verteilung), verläuft die Höhenströmung nicht breitenkreisparallel, sondern zeichnet sich durch mehr oder weniger starke Wellenbildung aus (mäandrierender *Jetstream* zwischen 30° und 45°). Durch den → RYD-SCHERHAG-Effekt bilden sich äquatorseits des Westwindbandes antizyklonale Wirbel *(dynamische Hochs),* die den subtropisch-randtropischen Hochdruckgürtel immer wieder neu regenerieren, polseits zyklonale Wirbel (*dynamische Tiefs,* → Zyklone), die bei ihrer Wanderung nach Osten polwärts in die *subpolare Tiefdruckrinne* ausscheren. Innerhalb dieser Wirbel kommt es zum Energieaustausch zwischen niederen und höheren Breiten.

3. Die polare Zirkulation
Über den Polargebieten wird ganzjährig Kaltluft gebildet, so daß sich hier ein ca. 3 km hoch reichendes *thermisches Hoch* aufbaut, das in größeren Höhen durch tiefen Druck überlagert ist. Aus diesem *Polarhoch* fließt in der bodennahen Reibungszone kalte Luft mit kräftigen NO- bzw. SO-Winden zur subpolaren Tiefdruckrinne hin aus; darüber wehen die geostrophischen *polaren Ostwinde,* die ihrerseits in Höhen oberhalb von ca. 3 km von Westwinden abgelöst werden.

Zollprotektionismus → Agrarpolitik, → **Welthandel**
Zoomasse → Biomasse
Zooplankton → **Plankton,** → stehende Gewässer
Zunft → Genossenschaft

Zungenbecken: Langgestreckte, im Bereich der ehemaligen *Gletscherzunge* (→ Gletscher) liegende Hohlform, die durch → glaziale Übertiefung entstanden ist (Abb. 138). Das Z. ist in weitem Bogen von *Endmoränen*-Staffeln (→ Moräne) umgeben und z. T. in Zweigbecken aufgegliedert. Beim Eisrückgang füllten sich die Hohlformen mit Wasser; es entstanden *Zungenbeckenseen* (z. B. die Alpenrandseen, Schweriner See).

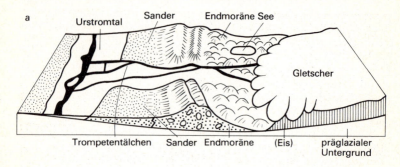

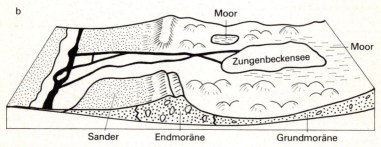

Abb. 138 Entstehung eines Zungenbeckens[1]. a) Von Schmelzwasserbach durchbrochener Endmoränenwall vor der im Rückzug begriffenen Gletscherzunge, b) Grundmoräne, Zungenbeckensee, Endmoräne, Sander und Urstromtal nach Eisrückzug (= glaziale Serie)
(nach H. WILHELMY, Geomorphologie in Stichworten, Bd. 3 – Exogene Morphodynamik, Kiel 1972, S. 89)

[1]Trompetentälchen: vom Schmelzwasser geschaffener Durchbruch durch einen Endmoränenkranz, der sich im Schotter- oder Sander-Schwemmkegel des Moränenvorfeldes trichterförmig (wie eine Trompete) erweitert.

Zungenbeckensee → Zungenbecken
zurückgewichene Küste → Küste
Zwangswanderung → Flüchtlinge, → **Wanderung**
Zwangszentralität → zentraler Ort

Zyklone: Bezeichnung für die *Tiefdruckgebiete oder Depressionen,* die

außerhalb der Tropen (→ Wirbelstürme, tropische), insbesondere im Bereich der → planetarischen Frontalzone entstehen. Es sind mehr oder weniger konzentrische → Luftdruckgebilde, welche auf der Südhalbkugel im Uhrzeigersinn, auf der Nordhalbkugel entgegen dem Uhrzeigersinn umströmt werden (→ Wind).
Nach dem von J. BJERKNES und T. BERGERON 1918 entwickelten

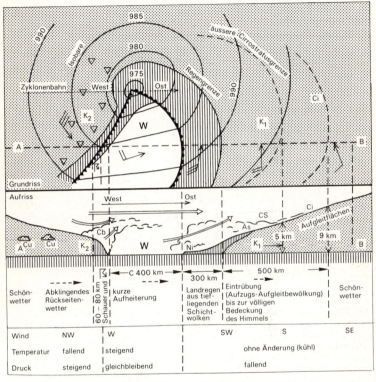

Abb. 139 Modell einer idealen Zyklone in Grundriß und Profil

Zyklonenmodell kommt es an der *Polarfront* zur Bildung einer ostwärts wandernden Welle, auf deren Vorderseite die wärmere Luft zum kalten Gebiet und auf deren Rückseite die kältere Luft zum warmen Gebiet hin vorstößt. Dabei breitet sich die warme Luft in der Höhe, die kalte Luft am Boden rascher aus, so daß ein *Warmsektor* mit schräg gestellten Grenzflächen *(Warmfront* bzw. *Kaltfront)* entsteht, der – ausgehend vom Zentrum der Z. – allmählich vom Boden abgeschnürt wird (*Okklusion,* Zusammenschluß). Die Z. wandert im allgemeinen mit der hochreichenden, dem *Subtropenhoch (subtropisch-randtropischer Hochdruckgürtel,* → Luftdruckgürtel) entstammenden Strömung der wärmeren → Luftmassen, vorwiegend also in östlicher bis nordöstlicher Richtung (Abb. 139).

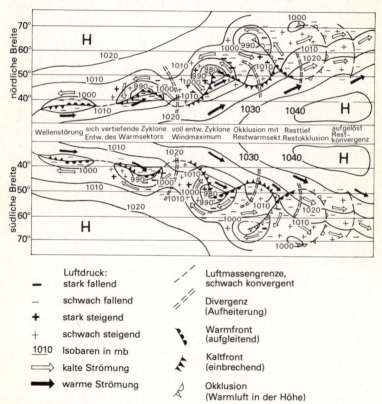

Abb. 140 Schema einer Zyklonenfamilie mit den verschiedenen Entwicklungsstadien einer Zyklone innerhalb der
(nach J. BLÜTHGEN, Allgemeine Klimageographie. Lehrbuch der Allgemeinen Geographie, Berlin 1966[2], S. 319, vereinfacht)

Durch die an den Fronten auftretenden typischen Wettererscheinungen (→ Wetter) ist für den Durchzug einer Z. ein bestimmter Wetterablauf charakteristisch, welcher je nach Struktur und Zugrichtung der Z. vielfältig abgewandelt sein kann: auf der Vorderseite setzt nach langsamem Wolkenaufzug (→ Wolken) bei auffrischendem Wind aus südlichen Richtungen Landregen ein. Im Warmsektor steigt die → Lufttemperatur deutlich an; bei anhaltend starkem Wind aus Süd bis West bleibt es trüb ohne wesentlichen → Niederschlag, kann aber auch – bei weit geöffnetem Warmsektor – vorübergehend aufheitern. Der Einbruch der Kaltluft deutet sich durch Herannahen einer Schauer- oder Gewitterfront (→ Gewitter) an. Bei deren Durchzug frischt der Wind böig auf und dreht auf westliche bis nördliche Richtungen. In der Rückseitenkaltluft fallen noch einzelne Schauer, der Wind flaut ab, und in einem nachfolgenden Zwischenhoch kann sich vorübergehend Wetterberuhigung einstellen.

Der *zyklonale Niederschlag* macht in den maritim beeinflußten Gebieten der mittleren Breiten den überwiegenden Anteil des Jahresniederschlags aus. „Als Ursache für die Entstehung der außertropischen Wirbel spielen die Unregelmäßigkeiten der oberen Strahlströmungen eine große Rolle. ... Die Wirbel entstehen dabei an den Stellen, wo die Gegensätze am größten sind, erreichen aber erst dort die größte Energie, wo die Höhenströmung an Stärke abnimmt. Demgemäß sind z. B. über der Nordhemisphäre vornehmlich die Gebiete um Neufundland und vor Japan als die hauptsächlichen Brutherde der Zyklonen anzusehen. Die Hauptsturmenergie entfaltet sich aber erst weit draußen auf den Ozeanen" [26].

Indem sich am nachschleifenden Abschnitt der Polarfront immer neue *Wellenstörungen* bilden, entstehen ganze *Zyklonenfamilien,* deren Glieder die verschiedenen Entwicklungsstadien aufweisen (Abb. 140, Seite 228).

zyklonaler Niederschlag → Niederschlag, → Niederschlagsverteilung, → **Zyklone**
Zyklonenfamilie → Zyklone
zyklostrophischer Wind → Wind

Nachweis der Literaturzitate

[1] ALTENKIRCH, W., Ökologie. Studienbücher Biologie, Frankfurt am Main/ Aarau 1977 – [a] S. 179 zu „kybernetische Mechanismen in der Ökologie", [b] S. 16 zu „Ökologie", [c] S. 136 zu „trophisches Niveau"

[2] Bundeszentrale für politische Bildung (Hg.), Informationen zur politischen Bildung, H. 162, Bonn 1975, S. 4 zu „Kernenergie"

[3] BORCHERDT, CH., Die Innovation als agrargeographische Regelerscheinung, in: Abhandlungen des Geographischen Instituts der Universität des Saarlandes 6/1961, S. 15 zu „Innovation"

[4] BORCHERDT, CH./MAHNKE, H. P., Das Problem der agraren Tragfähigkeit mit Beispielen aus Venezuela, in: Stuttgarter Geographische Studien 85/1973 zu „Tragfähigkeit"

[5] BRÜNGER, W., Einführung in die Siedlungsgeographie, Heidelberg 1961, S. 92 zu „Platzdorf"

[6] CHRISTALLER, W., Die zentralen Orte in Süddeutschland, Jena 1933; Nachdruck Darmstadt 1968 zu „zentraler Ort"

[7] FOCHLER-HAUKE, G., Verkehrsgeographie, Braunschweig 1972^3, [a] und [b] S. 10 zu „Verkehr"

[8] HASELOFF, W./SCHRAMM, H., Kybernetik und Politik, Frankfurt am Main 1976 – [a] S. 67 zu „Kybernetik", [b] S. 61 zu „kybernetische Mechanismen in der Ökologie"

[9] HENDINGER, H., Landschaftsökologie, Westermann-Colleg Raum und Gesellschaft, H. 8, Braunschweig 1977 – [a] S. 34 und [b] S. 36 zu „kybernetische Mechanismen in der Ökologie", [c] S. 18 zu „ökologische Landschaftsforschung", [d] und [e] S. 38 zu „Stickstoffkreislauf" [d] und „Stoffkreisläufe in der Biosphäre" [e]

[10] HOFMEISTER, B., Stadtgeographie, Braunschweig 1969 – [a] S. 87 zu „City", [b] S. 125 zu „Satellitenstädte", [c] S. 25 und [d] S. 35 zu „Stadtentwicklung", [e] S. 26 zu „Stadt, Physiognomie", [f] S. 123 zu „Stadt-Umland-Bereich", [g] S. 77 zu „Viertelsbildung"

[11] KNOCH, K.; nach SCHERHAG, R./BLÜTHGEN, J., Klimatologie, Braunschweig 1973^7, S. 11 zu „Klimatologie"

[12] KULL, U./KNODEL, H., Ökologie und Umweltschutz, Stuttgart 1974/1975 – [a] S. 137 zu „Aerosole", [b] S. 59 zu „Kohlenstoffkreislauf", [c] S. 144 zu „Lärm", [d] S. 137f. zu „Luftverschmutzung", [e] S. 60 zu „Phosphorkreislauf", [f] S. 61 zu „Stoffkreisläufe in der Biosphäre"

[13] LIEFMANN-KEIL, E., Einführung in die politische Ökonomie, Freiburg i. Br. 1964, S. 154 zu „Bruttosozialprodukt"

[14] MAIER, J. u. a., Sozialgeographie, Braunschweig 1977 – [a] S. 38 zu „Gruppe", [b] S. 22 und [c] S. 70 zu „Sozialgeographie"

[15] MALZ, F., Taschenwörterbuch der Umweltplanung, München 1974 – [a] S. 26 zu „Agrarstruktur", [b] S. 95 zu „Bodenspekulation" und [c] S. 362 zu „Müll"

[16] MANSHARD, W., Bevölkerungswachstum und Ernährungsspielraum, in: Geographische Rundschau 30/1978, Heft 2, Braunschweig 1978, S. 44 zu „Tragfähigkeit"

[17] MÜLLER, P., Tiergeographie, Stuttgart 1977 – [a] S. 14 zu „Biogeographie", [b] S. 114 zu „Biom", [c] S. 18 zu „Biosphäre", [d] S. 13f. zu „Tiergeographie"

[18] MÜLLER, P., Die Gestaltung der natürlichen Umwelt in Verdichtungsgebieten. Funktionswandel des Bodens, Schriftenreihe für ländliche Sozialfragen, Agrarsoziale Gesellschaft e. V., Göttingen (Hg.), Hannover 1974, S. 48 zu „Ökosystem"

[19] MÜLLER-WILLE, W., Langstreifenflur und Drubbel, Deutsches Archiv für Landes- und Volksforschung VIII, Leipzig 1944, S. 33 zu „Drubbel"

[20] NEEF, E., Das Gesicht der Erde. Taschenbuch der Physischen Geographie, Zürich und Frankfurt/M. 1974[3], S. 619 zu „Geologie"

[21] NIEMEIER, G., Siedlungsgeographie, Braunschweig 1977[4] – [a] S. 63 zu „Flur", [b] S. 63 zu „Ortsnamen"

[22] OBST, E., Allgemeine Wirtschafts- und Verkehrsgeographie, Berlin 1965, S. 235 zu „Rheinisch-Westfälisches Industriegebiet"

[23] OTREMBA, E., Die Güterproduktion im Weltwirtschaftsraum, Stuttgart 1976[3], S. 191 f. zu „Bodennutzungssystem"

[24] QUASTEN, H., Die Wirtschaftsformation der Schwerindustrie der Luxemburger Minett, Diss. Saarbrücken 1968, S. 22 zu „Wirtschaftsformation"

[25] RUPPERT, H., Bevölkerungsentwicklung und Mobilität, Braunschweig 1975 – [a] S. 9 zu „Bevölkerung", [b] S. 9 zu „generative Struktur"

[26] SCHERHAG, R./BLÜTHGEN, J., Klimatologie, Braunschweig 1973[7], S. 62 zu „Zyklone"

[27] SCHMITHÜSEN, J., Allgemeine Vegetationsgeographie, in der Reihe: Lehrbuch der Allgemeinen Geographie, Berlin 1961[2] – [a] S. 125 zu „Klimaxgesellschaft", [b] S. 121 zu „Naturlandschaft", [c] S. 7 zu „Vegetationsgeographie"

[28] SCHMITHÜSEN, J., Was ist eine Landschaft? Erdkundliches Wissen 9, Wiesbaden 1964, S. 12 zu „Landschaft"

[29] SCHÖLLER, P., Aufgaben und Probleme der Stadtgeographie, in: Erdkunde 1953, S. 161 zu „Stadtgeographie"

[30] SCHOPFER, P., in: Funkkolleg Biologie, Studienbegleitbrief 9, Weinheim und Basel 1974, S. 68 zu „Photosynthese"

[31] SCHWARZ, G., Allgemeine Siedlungsgeographie, Berlin 1966[3], S. 366 zu „Stadt"

[32] STEINBUCH, K., Automat und Mensch, Heidelberg 1971[4], S. 325 zu „Kybernetik"

[33] STORKEBAUM, W., Entwicklungsländer und Entwicklungspolitik, Braunschweig 1974[2], S. 106 zu „Monostruktur"

[34] TSCHUMI, P., Ökologie und Umweltkrise, Bern 1976 – [a] S. 126 zu „Abwasserreinigung", [b] S. 3 zu „Ökologie", [c] S. 45 zu „ökologische Nische", [d] S. 49 zu „Stickstoffkreislauf"

[35] TSCHUMI, P., Allgemeine Biologie, Frankfurt am Main/Aarau 1975, S. 131 zu „trophisches Niveau"

[36] UMWELT ABC, Fischer Taschenbuch Nr. 1383, Frankfurt/M. 1973, S. 46 zu „Grundwasser"

[37] WALTER, H., Allgemeine Geobotanik, Stuttgart 1973, S. 205 zu „Stickstoffkreislauf"

[38] WEISCHET, W., Einführung in die Allgemeine Klimatologie, Stuttgart 1977, S. 130 zu „Wind"

[39] WILHELMY, H., Geomorphologie in Stichworten, Bd. 1 – Endogene Kräfte, Vorgänge und Formen, Kiel 1971, S. 9 zu „Geomorphologie"

[40] WÜLKER, W. in: Funkkolleg Biologie, Studienbegleitbrief 9, Weinheim und Basel 1974 – [a] S. 48 und [b] S. 38 zu „Stoffkreisläufe in der Biosphäre"